# Écoute le murmure de ton âme

ISBN : 978-2-36188-479-6



www.editions-tredaniel.com
info@guytredaniel.fr
www.facebook.com/editions.tredaniel
@tredaniel_eso
@editions_exergue

FLORENCE LÉAUTAUD

# Écoute le murmure de ton âme

## pour trouver ta mission de vie

ÉDITIONS
EXERGUE
27, rue des Grands-Augustins,
75006 Paris

# Sommaire

# Avant-propos

Je souhaite partager à travers l'écriture de cet ouvrage le résultat de mon cheminement jusqu'à ce jour.

Mes découvertes, mes messages qui sont aussi les vôtres et ma prise de conscience sont ces expériences que j'ai aujourd'hui à cœur de vous faire découvrir.

Tout ce qu'est cet univers d'énergie, ce voyage quotidien, toutes ces puissances sans limites font partie de mon évolution dans ce monde spirituel.
Il est, bien sûr, mon chemin personnel sans aucun lien avec des formations, quelles qu'elles soient. Résultat de ma propre expérience, d'une connexion et d'une guidance de chaque instant.

C'est dans la joie et l'amour que je suis aujourd'hui dans cette semence divine pour vous donner la graine de votre propre semence vers la conscience : il y a bel et bien autre chose, et nous avons tous une mission à remplir !

Nous ne sommes pas entourés de vide, mais de multitudes d'informations et d'énergies reliées à une intelligence cosmique.

Chacune de nos missions est une pierre à l'édifice de notre ascension. Une étincelle divine de la sagesse éternelle pour notre âme.

Je vous laisse découvrir comment un chemin de vie peut nous mener dans notre mission de vie.

Ma mission est pour vous tous !
Toutes ces pensées, tout ce qui m'arrive et ma vision personnelle sont en toute humilité ce que je vous invite à découvrir.
Mais soyez libre dans votre propre pensée !

C'est simplement le moyen que j'ai trouvé, que de vous faire part de mon expérience spirituelle, à travers cette écriture.

Et parce que c'est à chacun de trouver sa propre mission, j'espère que ce livre sera un outil complémentaire afin de vous y aider.

Changeons notre regard, osons, il est temps pour nous de laisser entrer la lumière.

# Mes premiers pas de vie spirituelle

*« La conscience de l'homme,*
*c'est la pensée de Dieu. »*
Victor Hugo

Si quelqu'un m'avait dit qu'un jour je mettrais une partie de ma vie dans un livre, je ne l'aurais pas cru.
J'imagine que je n'aurais jamais accepté de dévoiler quoi que ce soit concernant ma vie privée.
Mais le temps faisant, la maturité se profilant, je sais maintenant qu'il est important de faire connaître mon expérience.

Si cette transmission peut aider certains d'entre vous à oser penser différemment, alors j'aurai contribué à cet éveil.
Oser vivre sa vie, même parfois à travers diverses épreuves, n'est pas un hasard.
Avec simplicité et respect pour l'univers et mes proches, je vais donc partager une partie de ma vie.

Je suis la quatrième d'une fratrie de six enfants.
Les aînées, deux grandes sœurs, Annick et Nadine, puis six ans et demi me séparent de mon frère aîné, Gérard, le dernier de la première couvée !

Je suis donc l'aînée de la seconde couvée, comme le disait souvent maman.
Juste après moi, avec seulement seize mois d'écart, arrivait ma petite sœur, Nathalie, et, dix-huit mois après, Valérie, la petite dernière.
De tous les enfants, je suis la seule née à l'hôpital après une grossesse difficile, et surtout lors d'un accouchement compliqué.
Les circonstances que je vais vous relater trouvent leur source dans les nombreux récits de ma maman qui, lors de certaines discussions sur ce sujet, me resservait en insistant l'histoire de son accouchement !

Le fait est qu'elle avait souffert comme jamais et avait même cru en mourir à cause des complications survenues.
À cette époque, les femmes vivaient leur délivrance à la maison, ce fut le cas pour mes cinq autres frères et sœurs.
Je ne vous explique pas les dégâts émotionnels occasionnés en mode culpabilité à chacun de ces instants où maman racontait son histoire !
Comme un rituel, ces épisodes du passé revenaient à chaque anniversaire.
Mais venons-en à cet événement qui a porté ma réflexion aujourd'hui avec différentes manifestations vers mon éveil spirituel.
Selon les affirmations de ma mère, j'étais rattachée par la main à une autre vie, un jumeau qui n'a pas survécu au passage.
Au moment de mon arrivée dans ce monde, l'expulsion de ces bébés a tout simplement mal tourné. L'être à qui j'étais reliée n'a pas subsisté.
La poche a éclaté au visage du médecin accoucheur, qui n'avait jamais connu pareil accouchement de toute son expérience gynécologique.

Je vous épargne les détails qui, dans mon imagination de petite fille, ont longtemps fait l'effet d'un véritable film d'horreur.
Une réalité qui était bien difficile à entendre et à comprendre.
Je ne sais pas exactement ce qu'il s'est vraiment passé.
C'était le sujet de discussion inévitable où chacun apportait sa part de précisions.
Maman terminait son récit en me décrivant comme un magnifique bébé et ma sœur aînée, pour achever le tout, rajoutait : « Ah non alors ! Qu'est-ce que tu étais moche ! »
Pourtant, un bébé de quatre kilos et trois cents grammes, sans vouloir m'envoyer des fleurs, c'est plutôt pas mal !
Aujourd'hui, et après un travail personnel, je me suis libérée de cette histoire.

Tout cela pour en venir à cette constatation, je n'étais pas toute seule dans le ventre de ma maman. C'est peut-être aussi l'une des réponses à ce qui m'a été permis de vivre et de comprendre plus tard.
Au plus lointain de mes souvenirs, je n'ai jamais été seule !
Dans ce type de grossesse gémellaire, deux âmes occupent l'espace vital dans une seule poche, voire plusieurs selon le cas. Une cohabitation entre elles prend place.

L'incarnation d'une âme se présente au moment de la division cellulaire, ce qui pourrait expliquer le phénomène de grossesse gémellaire non reconnu par la science. Pourtant, ces cas non distingués sont tout simplement issus d'un fonctionnement lié au choix de l'âme, selon la particularité d'existence terrestre ou d'un simple passage.
L'âme qui s'incarne, même à ce moment particulier de son incarnation, a déjà sa destinée toute tracée : soit une expérience de vie sur terre, soit un passage d'âme qui sera inaperçu. Ou bien encore

une nouvelle confrontation avec la mort qui a pu ne pas être bien vécue par l'âme concernée dans sa vie précédente sur terre.
Quel que soit le choix effectué, ces âmes se retrouvent en lien existentiel dans une fonction d'accompagnement les unes envers les autres, et cela quel que soit le rôle choisi.
Si ce n'est qu'un passage, alors le ventre de la maman sélectionnée est l'instrument de franchissement vers la lumière.
Je vous donnerai plus d'explications sur le sujet dans le chapitre « La femme dans son rôle divin ».

Pour ma propre expérience à ce moment de mon incarnation, le choix de mon âme était de poursuivre en cette personne que je suis maintenant. Quant à l'âme de mon jumeau, elle devait en passant par la matière rejoindre le chemin vers la lumière. Cette étape fait partie d'une phase d'action dans l'ascension de l'âme. Chaque âme doit trouver la lumière avant d'entamer une nouvelle expérience terrestre.

Il n'empêche que, lors de la grossesse de ma mère, les deux âmes qu'elle portait pendant cette gestation de neuf mois, la mienne et celle de mon jumeau, ont renoué le lien que nous avions certainement dans une vie antérieure.
C'est ainsi que dès le début de cette vie, j'avais déjà vécu une mission spirituelle d'accompagnement.

J'ai reçu beaucoup de synchronicités, et cela durant la majeure partie de mes plus jeunes années.
Pendant mon enfance et mon adolescence, j'ai fait comme si je ne comprenais pas, de sorte à ne pas me différencier des personnes qui m'entouraient.
J'avais le sentiment ou du moins je me sentais déjà comme différente des autres.

Souvent, et à plusieurs reprises, maman me disait que j'étais forte et indépendante.
Cela m'a valu au moment de la séparation de mes parents d'être placée dans une famille d'accueil.
Je n'avais pas compris pourquoi j'avais été la seule à être éloignée, et maman m'a répondu bien plus tard : « Tu étais la plus forte, j'ai cru bien faire ! »
Ce n'est pas un mauvais souvenir. Cette famille en question était des plus charmantes et m'a beaucoup apporté à ce moment particulier de mon existence.

Au fil du temps, de nombreux phénomènes sont survenus et le plus surprenant fut dans le commencement de mon apprentissage à l'école.
Transportée dans ces souvenirs, je me vois dans la cour de récréation assise par terre à gratter les petits cailloux dans le béton qui revêtait le sol de cet espace de jeu.
Si je me laisse aller à ce vagabondage dans cette mémoire, j'ai la sensation physique de ressentir la résistance des gravillons que je n'arrive pas à désolidariser des autres.
C'est très étonnant que mon corps ait gardé cette sensation, c'est aussi très émouvant.
Ce détail n'est pas le plus important. Ce qui me bouleverse à ce moment-là, c'est la certitude d'être en conversation. Le seul bémol est que je ne sais pas avec qui... Pas une seule personne ne se trouve autour de moi. Tout ce ressenti me revient et m'enveloppe pour appuyer et confirmer mes convictions.
Ce lointain souvenir reste dans mes pensées tout comme le prénom de mon amoureux à cette époque, Franck.
Je ne peux en dire davantage sur ces moments d'échanges intérieurs, mais je reconnais que j'aimais particulièrement ces instants de solitude et de dialogue.

Étaient-ce mes premières connexions ?
Ou bien les retrouvailles avec cette âme qui m'avait accompagnée lors de ces neuf mois ? Un contact d'âme à âme renoué lors de l'expérience *in vitro* permet des passages d'informations par le biais des mémoires énergétiques.
Je vous détaillerai ces mémoires un peu plus loin.

Voici une autre anecdote dont l'impact va certainement être un exemple de moyen de communication avec l'univers chez les enfants.
Mon cas n'est pas unique, c'est cette aptitude, ou cet outil qu'est l'écriture guidée, qui m'a été donnée d'expérimenter à mon insu en toute innocence, dont je vais vous exposer le déroulement. C'est le souvenir le plus marquant.
Mes débuts, peu ordinaires, se sont révélés dès que j'ai pu tenir un crayon et en découvrir toute l'utilité.
À l'âge de 3 ou 4 ans, j'avais déjà une écriture parfaite.
Je me rappelle très bien détenir une multitude de cahiers d'écriture rangés très soigneusement, que je ne voulais absolument pas partager avec mes frères et sœurs.
Je passais le plus clair de mon temps à écrire dans mes précieux cahiers dès que je trouvais un moment de tranquillité.

D'un caractère plutôt paisible et indépendant, j'aspirais le plus souvent à la solitude.
Je n'étais pas sans arrêt le nez dans mes cahiers, je jouais et appréciais bien évidemment la compagnie de mon frère et mes sœurs.
Mais dès les premières heures du jour naissant, je n'avais qu'un désir, écrire !
Je me levais très tôt le matin quand la maison était dans un calme absolu pour vaquer à mon occupation favorite : l'écriture.

Le silence du foyer toujours endormi était à son apogée !
Pas même un ronflement ! C'était extraordinaire dans cet appartement où tout était généralement en mouvement avec ses huit habitants permanents.
Sans compter nos animaux : chien, lapin, tortue et même souris blanches, qui étaient nos compagnons de vie et qui s'intégraient parfaitement, tous différents les uns des autres, à cet ensemble familial.

J'ai gardé en mémoire la manière dont je rangeais mes trésors d'écriture, avec tellement de soin et de respect.
Du bout de mes doigts me revient la façon dont je les alignais, jusqu'à l'odeur de papier que ces cahiers dégageaient.
La pile bien ordonnée d'où ne dépassait pas un seul cahier, d'une superposition parfaite.
Tenir le crayon, m'appliquer, me concentrer, tout cela reste gravé dans le souvenir de mon enfance, encore aujourd'hui.
Ce besoin d'écrire m'a conduite selon les histoires des uns et des autres à des moments de conflits, puisque je chapardais les cahiers dans les cartables de mes aînés.
Même si maman m'a toujours fournie en papier, mes brefs larcins ont suscité des révolutions, et après bien des années ma famille m'a avoué que j'avais été très ennuyeuse avec cette écriture.

Je dois admettre qu'au tout début je volais leurs cahiers d'écolier pour repasser soigneusement sur tous les mots qu'ils s'étaient appliqués à faire à l'école.
C'est de cette manière autodidacte que j'ai pu me faire la main, jusqu'à ce que je sois autonome dans la formation de mes lettres.
La méthode de cet apprentissage qui allait être le moyen pour moi de pouvoir écrire en constituant les caractères de l'alphabet sans l'aide de quiconque est inscrite à tout jamais.

Puis, cette gestuelle acquise, les écritures ont pu prendre place sous je ne sais quelle dictée !

En tous les cas, je me souviens très bien ressentir ce besoin de me retrouver seule pour faire ces pages de textes, dont je ne comprenais absolument pas le contenu.

C'était devenu une obsession, plus encore, un devoir !

Je prenais ce travail très au sérieux et personne n'était autorisé à y toucher.

Je veillais sur mes piles de cahiers et si l'un d'eux avait bougé, c'était le scandale à ne pas manquer.

Ne me demandez pas ce que ces rédactions signifiaient, je n'ai en revanche aucun souvenir, et pour cause, au grand questionnement de tous, je ne savais pas lire.

Pendant des heures, j'écrivais dans une concentration profonde, où tout ce qui m'entourait soudain disparaissait. Ma main devenait avec ce crayon l'ultime attraction de mon esprit.

À mon entrée en maternelle avec une écriture parfaite, ce fut évidemment la bonne surprise pour la maîtresse d'école.

Mais, au grand étonnement de celle-ci, la lecture était pour moi une véritable lacune !

Cette institutrice n'avait jamais connu pareil cas, je n'étais pas capable d'assembler deux syllabes.

Quant à moi, je ne comprenais pas avec toute mon innocence pourquoi celle-ci me regardait comme si j'étais une extraterrestre.

Personne ne pouvait éclairer le questionnement de ma maîtresse, même pas maman, qui avait autre chose à faire que de chercher le pourquoi du comment.

Son travail de couturière, ses six enfants et la tenue parfaite de sa maison ne lui permettaient pas de s'intéresser à cette situation.

C'était ainsi, et ce n'était pour elle rien de plus qu'une capacité qui m'était allouée.

Les gamins nés il y a une bonne cinquantaine d'années n'étaient pas aussi considérés qu'aujourd'hui. Les parents n'apportaient

pas d'importance à ce qu'ils constataient plutôt comme des possibilités intellectuelles, de l'adresse, de l'imagination, de la clairvoyance, de la créativité, etc.
Sans pour autant négliger leur progéniture, ils laissaient les qualités de chacun se développer sans vouloir en prendre le pouvoir et modifier le cours de la vie.

Toujours est-il que mes innombrables cahiers resteront un mystère.
Personne n'a pu éclairer ma curiosité.
Je n'ai malheureusement pas pu retrouver la moindre piste de mes écrits.
Hélas ! La vie bousculée de mes parents et de notre famille entière n'a pas permis de conserver ce genre de souvenirs.
Mes sœurs et frère aînés n'ont pu disposer de plus d'informations pour satisfaire mes attentes.

C'est lors d'un départ précipité avec maman, frère et sœurs, dans l'urgence, que j'ai dû dire adieu à tous ces précieux cahiers...
Je me remémore cette fuite du domicile conjugal avec ma mère, c'était vital, donc pas de discussion possible.
Nous avions emporté le strict minimum et, bien sûr, mes écritures ne faisaient pas partie des choses indispensables.
C'est à cette période que j'ai dû laisser derrière moi mes cahiers et leur contenu, qui resteront à jamais inconnus.
Mais le drame familial venait d'être évité, et la conscience de mes jeunes années a compris ce sacrifice.
J'ai toujours la vision de cet endroit, cet immeuble de quartier, où volaient par la fenêtre les affaires les plus essentielles que mon oncle récupérait à toute hâte pour les empiler dans le coffre de sa voiture.
Tonton René était là pour nous aider à nous mettre à l'abri de la violence de notre père.

Mais à ce moment-là personne ne pouvait comprendre que parmi les affaires les plus importantes, vitales pour moi, se trouvaient mes cahiers...
J'attendais de voir quelques pages voler, comme un oiseau dans ce ciel brouillé de tant de choses. Mais non, aucune page de mes précieuses écritures ne tombait par la fenêtre...
C'est la boule au ventre très certainement que j'ai dû grimper dans cette voiture qui nous emmenait sur un autre chemin.

Aujourd'hui, malgré ces écritures oubliées, le souvenir qui remonte maintenant et que j'ose accepter est tout bonnement que déjà à cette époque de ma vie, l'écriture, semble-t-il, était mon outil de communication avec l'univers. Ce furent mes premières transmissions divines.

Eh oui ! Tout cela était de l'écriture guidée, j'entendais et retranscrivais.
Mais comme aucune attention n'a été accordée à mes cahiers à cette époque, j'en déduis simplement que ça ne devait pas être le bon moment pour ces textes d'être révélés au grand jour !
J'ai pu en avoir la confirmation quelque temps après l'annonce de ma nouvelle mission de vie.
Je me suis autorisée à poser la question : pourquoi n'avait-on pas permis que je retrouve mes écrits ?

Les informations arrivent toujours aux périodes les plus justes.
Visiblement, et tout simplement, ces textes confiés et retranscrits étaient parvenus trop tôt !
Sachez et retenez ceci : « Avec l'univers, quand ce n'est pas le moment, ce n'est pas le moment. »

Je n'ai plus le souvenir, après cet épisode de ma vie, d'avoir rétabli cette manière de communiquer.

À plusieurs reprises, maman me disait : « Je ne sais pas ce que tu feras plus tard avec tout ça ! »
Pour finir, je n'ai rien fait de tout cela puisque personne à ce moment-là ne s'était intéressé à ce que j'avais pu écrire.
Elle m'a confié sur le tard que mon choix scolaire l'avait profondément déçue, elle aurait préféré que je fasse des études pour devenir avocate. Mais ce n'était véritablement pas l'option idéale qui me permettrait de me mener sur le chemin de ma mission de vie.
Vous comprendrez la raison plus tard.

J'aimerais faire une parenthèse concernant mon expérience scolaire.
L'écriture ne fut pas un problème pour moi, mais l'apprentissage de la lecture fut plus délicat.
J'adorais les livres et les posséder, mais je ne les lisais pas forcément tous.
C'est une de mes professeurs, et pas des moindres, celle de français en classe de cinquième, qui m'a communiqué l'amour de la lecture.
Je n'oublierai jamais Mlle Cléront, j'espère qu'elle ne m'en voudra pas de la citer dans mon livre. Je la remercie du fond du cœur.
Avec ce bel amour qu'elle a su donner dans son enseignement, tout en accomplissant sa mission de transmettre, elle m'a inculqué le goût de la lecture.
Voilà une rencontre sur ce chemin de mon apprentissage de la vie qui fut bien loin d'être un hasard.
J'ai ainsi dévoré des livres et pu découvrir de merveilleux auteurs…

À plusieurs reprises dans ma vie de petite fille, une voix intérieure venait me rassurer et me procurer du courage à des moments où je vivais certaines situations difficiles.
Ces désagréments de vie devaient être et faire partie des expériences à mener dans cette vie d'enfant que j'étais.
J'ai continué sur mon chemin avec des signes de l'univers, mais je ne m'en rendais absolument pas compte. C'est aujourd'hui que

je constate toutes ces synchronicités qui m'étaient destinées et que j'ai ignorées.
Tout simplement parce qu'à cette époque de ma vie, je m'étais sans le vouloir déconnectée de mon être.
Mais la protection divine était là, et ma petite voix toujours fidèle.
À cet instant d'écriture, je ne peux m'empêcher de sourire, et je remercie l'univers et l'intelligence divine ou spirituelle.

Comme la plupart d'entre nous, la vie, et surtout la famille dans laquelle je me trouvais, n'était pas vraiment dans l'énergie spirituelle.
À vrai dire, le mot « spiritualité » était totalement inconnu et absent de notre vocabulaire.
C'est aussi au travers de notre éducation, de nos parents proches ou éloignés, mais également de la société en général que notre être se façonne, différemment des autres.
Voilà un exemple type de ce qui arrive lorsque nous nous fermons aux signes de l'univers.
En fait la réalité est bien plus subtile, car nous sommes en permanence dans cette guidance universelle que nous ignorons par peur de percevoir l'authenticité des choses et des êtres. Nous occultons ce phénomène par crainte du jugement des personnes qui nous entourent.

Aujourd'hui, tout cela est dans mes souvenirs, mais heureusement ma mémoire d'âme s'est reconnectée à ma mémoire physique et à ma mémoire énergétique, et cela forme l'être que je suis maintenant. C'est l'esprit venu vivre toutes ces expériences sur la terre et accomplir sa mission de vie.

Nous bloquons parfois nos ressentis dès notre enfance. Les chocs émotionnels et autres traumatismes mettant en doute notre moi supérieur peuvent paralyser la communication divine.

Cette communication est perceptible chez bon nombre d'enfants. Jusqu'à l'âge approximatif de 6 ans, certains captent des énergies. Ces phénomènes sont difficiles à reconnaître pour les adultes. Dès notre incarnation, ce sens est très sensible et fragile, mais possible pour chacun d'entre nous.

Dans mon parcours, l'histoire des cahiers a installé ce genre de conflit de blocage et a donc établi la distance entre mon être et l'univers. Les liens entre l'intelligence cosmique et mon être ne pouvaient plus entrer en résonance après cet épisode. D'autres expériences ont aussi malheureusement ébranlé ma confiance en cette communication.

Toutefois, lorsque l'univers essaie de nous réveiller, les moyens peuvent être assez surprenants.
J'avais 16 ans, nous étions trois ou quatre amies à la terrasse d'un café. Nous discutions devant notre verre de limonade de nos petits amoureux respectifs.
Puis je ne sais quelle force m'a poussée à annoncer à l'une de mes amies qui ne m'avait rien demandé que son petit ami allait partir. Sur le coup, toute l'assemblée s'est mise à pouffer de rire.

Pas moi. Mon regard sur mes amis en disait long, une puissance intérieure continuait à m'encourager à dire que ce départ serait accidentel, définitif et qu'il en serait ainsi !

Je me souviens du froid que cette annonce avait laissé entre nous toutes. Nous nous sommes quittées ce jour-là avec un malaise dont je me suis sentie responsable bien évidemment.
Le plus douloureux pour moi fut la nouvelle quelques semaines plus tard du décès de ce petit copain, survenu dans un accident de moto. Je n'ai plus jamais voulu revivre ce genre d'expérience. Malgré moi, bien des années plus tard, un autre avertissement se manifesta à nouveau.

C'est une personne qui m'était très chère, dont je n'avais pas su repérer l'information du départ qui m'avait été transmise. Simplement des signes avertisseurs, comme le chiffre trois allié à la cassure nette qu'allait subir cette personne, m'ont été apportés pour indication. Trois jours plus tard, l'annonce de son décès accidentel m'a bouleversée. Je n'ai rien pu faire en amont pour prévenir des signaux que j'avais reçus. Ces derniers n'auraient pu être justifiés, et d'ailleurs comment se permettre d'avancer ce genre de révélation ?
C'est après cette dernière épreuve que j'ai pris conscience que je devais écouter, et sûrement apprendre à maîtriser ces informations pour ne plus en souffrir.
J'étais à cette période une adulte et une mère de famille.

Il est fondamental de garder, à la suite de ces expériences décrites, la tête sur les épaules, et surtout de ne pas éprouver de la peur.

L'intuition peut jouer des tours, et les prédictions sont à considérer comme un potentiellement possible.

Beaucoup de personnes reçoivent des informations et restent dans l'angoisse. Je dirais que cette angoisse est porteuse d'énergie et qu'elle risque d'apporter des données négatives influentes dans le mécanisme de la loi d'attraction.

Soyez prudent, et ne vous laissez pas guider par l'ego.

Oui, nous captons. De plus, nous sommes tous capables de le faire, mais il n'est pas question d'utiliser ces facultés pour engendrer la peur ni pour soi ni pour les autres, pour lesquels il est plutôt sage et bienveillant de ne pas dévoiler quoi que ce soit, surtout sans autorisation de leur part.

Trop de personnes perçoivent des énergies et se laissent emporter par des croyances sur des chemins dont l'origine ne provient pas de guidance de l'univers, mais de celle de leur ego.

En restant à l'écoute de votre être et de la sagesse dont il est nécessaire, vous serez capable de savoir faire la différence avant que les lois de l'univers ne vous les fassent entendre.

### MESSAGE DE L'UNIVERS À FLORENCE

Sur le chemin de lumière,
Ton âme trouvera la voix,
Celle de la prière,
Comblera ta foi.
Il n'y a pas de faux pas,
Simplement la profondeur du soi.
Je suis l'ange pour célébrer,
Ta sublime lucidité.
Profondeur de ton être,
Accepte avec humilité,
D'être ton propre maître sur ta voie.
Sous la guidance,
De l'ange rayonnant la joie,
La source jaillissante,
Viendra en toi.
Pour mettre en lumière,
Ton propre univers,
Relié à celui des enfants de la terre.
Le moi est une composante de l'être,
Comme le fa l'est à la partition !

# Capter les messages de l'univers, l'écoute intérieure

*« L'humain n'est rien,*
*l'être est tout ! »*

FLORENCE LÉAUTAUD

La plupart d'entre nous ne savent pas ce qu'ils sont venus faire sur la terre et cherchent parfois jusqu'à la fin de leur vie terrestre.

Les maladies, le mal-être, la rancune, l'insatisfaction, la jalousie, l'agressivité et tant d'autres manifestations négatives de ce type sont effectivement des signes que vous n'êtes pas sur le chemin de votre mission de vie !
Même si ces désordres sont dans certains cas nécessaires à l'expérience de la vie terrestre, ils ne doivent pas participer à l'emprisonnement de l'être.

Quand bien même il est compliqué de trouver sa mission de vie, il est au contraire très simple de s'apercevoir que nous ne sommes pas sur le chemin menant à la mission que nous avons choisie lors de notre incarnation sur la terre.

Avez-vous déjà eu cette pensée ou ce sentiment que tout va de travers à certains moments de votre vie, malgré tout ce que vous entrepreniez ?
La perte de votre travail, l'instabilité récurrente, l'impression de ne pas être à sa place, les différends au sein de votre famille ou avec vos amis qui se multiplient, parasitent votre vie. Ces obstacles qui déséquilibrent votre quotidien engendrent la mauvaise santé ou encore une succession d'incidents, voire d'un accident plus dramatique.

Avez-vous ressenti cette forte impression que quelque chose vous arrête sur le chemin que vous êtes en train d'expérimenter ?
Vous êtes-vous posé la question : « Mais qu'est-ce que je fais sur cette terre ? »
Vous êtes-vous déjà senti prisonnier de votre vie ?

Ces éléments sont des signes de l'univers pour vous alerter : « Attention, tu n'es plus sur ta route ! »
Ce sont ce que nous pourrions appeler des synchronicités !
Toutes ces manifestations nuisibles ne sont pas là uniquement pour vous faire souffrir.
Seule une prise de conscience et être capable d'en capter le sens peut vous aider à comprendre et à considérer l'intérêt d'un changement dans votre vie.

Malgré les nombreux moyens proposés dans le domaine du développement personnel et qui sont censés apporter des solutions, plus rien ne fonctionne ?
À cela, vous entendrez certaines personnes qui vous parleront d'amour, de pardon. Oui, mais ce n'est pas suffisant.

Prenons l'exemple d'un projet immobilier que vous essayez de mener à bien.

Si l'obtention de votre prêt pose un problème, que votre dossier est perdu ou que vous faites des découvertes désagréables concernant la construction ou la situation du bien, alors examinez ces désagréments avec attention. Ils sont parfois des rendez-vous manqués vous avertissant subtilement.

Tous ces signes sont présents pour vous montrer que vous êtes en train de faire fausse route.

Ce sont des synchronicités, ce n'est pas le malheur qui s'abat sur vous. Considérez plutôt ce phénomène comme une alerte.

D'autres états peuvent paralyser votre projet. Dans ma propre expérience, ce fut au niveau du travail que cela n'avançait pas. J'avais beau passer des heures sur un dossier, rien, nada, pas d'issue... Ce blocage se reproduisait sur un bon nombre de mes affaires depuis plusieurs mois.

Je me sentais épuisée et découragée.

À ce moment de mon existence, j'exerçais l'activité de commerciale.

Ce témoignage que j'apporte est intéressant, il participe à une étape importante de ma propre évolution spirituelle.

Cet épisode est bien antérieur à l'annonce de ma mission de vie.

Alors que j'étais depuis plusieurs mois ballottée d'un dossier de clientèle à un autre, dans un état de remise en question totale, j'ai un beau matin entendu la petite voix venue de mon profond ressenti me dire : « Arrête, stop ! »

Sur le moment, j'ai levé les yeux de mon bol de thé.

Puis j'ai attendu en restant attentive et curieuse aussi.

J'ai prêté intérêt à cette petite voix à l'intérieur de moi, qui me répétait sans cesse : « Arrête, arrête ! » Dans la poitrine, une sensation douce et difficile à décrire m'invitait à interpréter ce ressenti.

Concentrée et à l'affût de cette voix familière et insolite, je me suis donné un temps de réflexion et de silence. Pourquoi ? Et à quel moment cette voix était-elle déjà intervenue ?

Elle ne m'était pas inconnue, c'est évident.

En y réfléchissant un peu, je me suis rendu compte que c'était durant mon enfance.
La petite voix qui était certainement celle de la cour de récréation, vous vous souvenez ?

La même voix qui me rassurait lorsque j'étais sous l'emprise de mes peurs, il y a bien des années quand j'étais une petite fille.
Je me suis rappelée aussi, à cette seconde très précise, des histoires enfouies qui remontaient à la surface d'une façon invraisemblable.
Les souvenirs sont revenus instantanément.
Enfant, je me cachais sous mon lit et je priais pour qu'il n'arrive rien à ma maman, alors que les scènes de ménage éclataient avec une violence intolérable pour la fillette que j'étais.
Cette petite voix m'a rassurée un bon nombre de fois, et c'est celle-là même que j'entendais à nouveau !

« Ça y est ! » C'est incroyable ! Lorsque nous sommes prêts à ouvrir la porte au bon moment, les souvenirs ressurgissent aussi vite.
C'est fabuleux après tout ce silence, toute cette période de ma vie durant où je ne l'avais plus écoutée.

Avais-je tout simplement feint de ne pas l'entendre jusqu'à aujourd'hui ?

En me questionnant sur ce ressenti intérieur, je restais sans bouger, détendue, mon corps et mon esprit en alliance, tout à l'écoute, dans l'attente peut-être d'une réponse.
La mémoire de ce corps au moment de mes demandes protectrices durant cette période venait de s'ouvrir.
Cette sensation profonde, langage de l'âme, sait nous donner cet instinct de survie.
C'était ma voix intérieure, j'en suis convaincue maintenant.
Je dirais même certaine puisque c'est cette perception que j'ai de nouveau décelée lorsque l'univers m'a donné ma mission de vie.

En un temps éclair, tout est redevenu comme si je devais retrouver le contact.
Cette démonstration de souvenirs, de quiproquos et de quiétude aussi était stupéfiante. Mais qu'est-ce que ce flash-back pouvait bien vouloir dire ?
C'était pour le moins incroyable, mais aussi perturbant.
Je n'étais plus cette petite fille et mon raisonnement à ce sujet était plutôt embarrassé, entre écouter, comme je le faisais enfant, et stopper par peur de ne savoir où cela allait m'emmener.
C'est justement à ce moment que parfois le mental peut prendre le dessus et malheureusement se substituer à la synchronicité.
Puis l'hésitation passée, je me suis donné la liberté d'écouter ma petite voix à nouveau, la connexion à mon être.
J'avoue avoir ressenti un grand soulagement de ses retrouvailles, comme si l'enfant que j'étais revivait en moi.
J'ai eu l'impression de me donner l'occasion de renouement, voire de réconciliation avec l'ouverture d'esprit, dans cette même innocence d'écoute infantile.
Les enfants ne cherchent pas à maîtriser leur pensée systématiquement.

Vous vous doutez bien que mon choix d'éveil s'est fait très vite ressentir, et a pris de l'importance dans ma vie !
C'est elle, la petite voix de mon enfance, qui me guide désormais au quotidien. Celle qui m'a demandé si j'étais prête à repartir et devenir ce que je suis aujourd'hui en écrivant ces lignes.
Cette voix que j'ai enfin retrouvée, n'en déplaise à ceux qui pensent qu'entendre des voix est un phénomène de maladies mentales.
Je ne demande à convaincre personne de cette manifestation qui se fait en moi. Je ne fais qu'apporter mon témoignage et oser évoquer ce qui est tabou pour certains.
Je me permets simplement avec légèreté de dire que si vous entendez une petite voix, ne pensez pas que vous êtes atteint de quelque maladie mentale que ce soit…

Je ne parle pas de double ou de voix entendue par l'oreille.
L'oreille est un outil qui appartient à la matière, notre corps physique. Aucune voix ne me vient de cette manière, je vous le répète.

Il y a bien sûr des cas de schizophrénie, mais, croyez-en mon expérience, vous saurez faire la différence, et les personnes qui vous entourent aussi.
Je n'ai aucune crise de démence et suis parfaitement à l'aise dans mes baskets.
J'ai bien les pieds sur terre, tout en étant bien connectée à l'intelligence cosmique.

Une petite parenthèse pour vous assurer que ce n'est pas la même réception :
Lorsque vous doutez d'un son ou de la provenance d'un message, concentrez votre attention sur les bruits environnants.
Mettez votre oreille au travail et reconnaissez autour de vous au moins trois bruits distincts.
Vous ferez ainsi la différence entre votre perception interne et externe.

Revenons à l'instant où ce phénomène est intervenu, buvant mon thé du matin, celui qui pour moi est le plus savoureux. Le petit déjeuner est un moment précieux, comme pour beaucoup d'entre vous. Ne me demandez pas quoi que ce soit avant d'avoir pris ce temps de récupération.
Ce moment, où mon esprit reprend conscience en douceur de mon corps dans son intégralité, est devenu LE MOMENT !

Je venais de renouer la connexion avec mon guide à la seconde précise où je me posais des questions sur mon travail et sur ma vie de famille.

Comment devais-je faire avec cette fonction que j'occupais sans plus aucune motivation ? Devais-je tout arrêter ? Continuer et feindre mon mal-être ?
Mais alors, quelles en seraient les conséquences sur mes proches ?

Et puis voilà, je retrouve ma guidance. Inutile d'essayer de réfréner cette vérité comme tout un chacun après ce questionnement, car le mental prend habilement le relais. L'ego reprend vite le dessus et essaie de garder le contrôle…
Fallait-il que j'arrête de penser ou que j'arrête ce travail ?
Lorsque le mental a repris tout pouvoir, il n'est pas question de capituler dans une tourmente qui vous déstabilise, surtout lors de grande préoccupation.
Le petit vélo dans la tête, vous connaissez : il suffit d'un coup de pédales et ça repart… Apprenez à reconquérir votre faculté de maîtriser vos pensées.

Voici un petit truc pour couper court à la prise de tête !
Pour cela, concentrez-vous sur une chose ou une image à portée de main.
Observez et trouvez la beauté, la curiosité ou autre, et donnez à votre mental de quoi se nourrir.
Reprenez vos pensées, et vous constaterez qu'elles seront alors plus ordonnées.

Malheureusement, beaucoup d'entre nous ne captent pas ces messages de l'univers à cause de cet ego qui est très fort. Il l'est suffisamment pour que l'être laisse tomber cette petite voix et considère que tout cela n'est qu'illusion.
Certains individus parlent même de délire. D'autres pensent que la folie commence comme ça !
Et comme nous le savons tous, le mot « folie » déclenche en nous la peur !

Notre cerveau est capable de faire ressortir des traumatismes pas forcément vécus par la personne elle-même, simplement sur des faits que celui-ci aura enregistré comme données, associés à l'une de ses peurs.
Nous sommes bombardés d'informations de ce type et de paréidolies[1].
Il est aussi un lien dont je parlerai plus tard, celui de nos mémoires d'âme reliées à nos vies antérieures.
Nous combinons immédiatement la folie et la maladie mentale avec l'enfermement.

Il suffit que l'une de ces vies antérieures soit associée à une mémoire d'âme d'une privation de liberté pour que l'inconscient déroule le stratège de protection.
Voilà bien des jugements qui entraînent des blocages et mettent des barrières bien tristes à notre éveil.
Je ne veux pas dire qu'il ne faut pas avoir un ego.
Mais il doit être en harmonie avec notre être.

Pour ma part, le plus fort de tout est que, ces réflexions à peine terminées, j'entends cette petite voix, qui visiblement a retrouvé son rôle, me dire : « Confiance ! », puis : « Écoute. »
Cette fois, je me suis dit : « C'est un message… »
J'entends : « Je suis prête ! »
Rien de magique à tout cela, le temps pour moi était venu, simplement.

1. Mot utilisé en psychologie : illusion sensorielle consistant à associer une forme organisée familière à un stimulus informe ou sans rapport objectif, par exemple : reconnaître une forme humaine ou animale dans le contour d'un nuage. La paréidolie peut être visuelle ou auditive.

C'est à ce moment que je me suis permis d'ouvrir mon oreille spirituelle, le cœur battant, les sens en éveil, et de retrouver la joie. Il n'était plus question maintenant de laisser qui que ce soit se mettre en travers de mon chemin.

J'ai donc accepté d'ÉCOUTER.
Je n'ai malheureusement rien entendu à ce moment-là.
Toutefois, j'avais décidé de rester tranquille à la maison et de prendre un peu de temps pour moi, après cette matinée riche en émotions.
Je ne vous cache pas que je mettais tout espoir de pouvoir poursuivre ce délicieux discours intérieur.

Ce même jour donc, alors que je prenais un magazine sereinement, j'ouvris une page au hasard. Il ne s'agit pas de circonstances fortuites, car s'y trouvait sans que je le sache au premier abord ma réponse.
Je découvrais un article sur la naturopathie qui attira toute mon attention d'une manière assez étrange.
À l'instant même, une chaleur a parcouru tout mon corps, qui devint de plus en plus forte à la lecture d'un article sur la thérapeutique du docteur Bach et ses élixirs. Je ne connaissais pas à cette époque cette technique de soin. Pourtant, j'ai perçu une douce impression ranimant ma curiosité à mon être, dans la même émotion de la connexion du matin. J'ai su en une fraction de seconde que c'était la réponse que j'attendais.
J'ai ressenti une présence sur mon côté droit, une douceur, une chaleur enveloppant tout mon corps avec volupté. Sans chercher à comprendre, je me suis laissée aller dans cette allégresse. C'était le premier contact physique avec mon guide, mon ange gardien.
Un long soupir s'en est suivi, un soupir d'apaisement, un souffle d'où j'ai eu l'impression que s'évacuait quelque chose de mon être après ce merveilleux contact. Ce fut comme une libération

intérieure, un moment inoubliable d'une véritable communication divine.

Mon corps tout entier, pris dans l'agréable sensation de cette présence auprès de moi, et mes yeux humides de larmes de joie m'ont portée dans une émotion intense. Cette sensation sublime est gravée au plus profond de mon être.
C'est à un amour divin que je venais de me connecter. Et si c'était ce fameux amour inconditionnel que je découvrais ?

J'ai tout de suite voulu donner des réponses à ce questionnement et à ma curiosité.
La petite voix tout au fond de moi s'est fait entendre à nouveau. Elle me demandait de continuer : « C'est le chemin ! »
Mon cœur s'est emballé, puis doucement je me souviens de cette envie de rire comme ivre de bonheur…
J'ai entendu, et écouté.
Finalement, j'ai compris que la réponse était juste devant moi dans les pages de ce magazine.
Je devais reprendre des études pour devenir naturopathe.
J'ai formulé à voix haute l'engagement de travailler avec les fleurs du docteur Édouard Bach.
Comme un pacte, une promesse d'amour.
Le ressenti avait été si fort, et cet appel de la fleur que je découvrais maintenant était forcément ma route aussi.
Cela me serait confirmé à la suite de ma formation de conseillère.
Je suis allée jusqu'à mon agrément, et j'enseigne à mon tour aujourd'hui la thérapie du docteur Bach avec toute la passion qui m'anime.

À partir du moment où j'ai entendu ce message, tout s'est ouvert à moi, l'éclaircissement de mes études de naturopathe, puis l'iridologie. Une force intérieure me soutenait vers ce but.

J'ai pu, grâce à cette voie choisie, continuer à développer mes techniques énergétiques.
Les moyens pour financer mes intentions sont finalement arrivés pour les réaliser sans soucis, que ce soit d'ordre familial ou autre.

Puis le souhait d'ouvrir mon cabinet.
Tout s'est déroulé formidablement, ce fut beaucoup de travail, certes, mais avec une facilité déconcertante…
Tout cela pour vous démontrer que lorsque nous sommes sur le bon chemin dans notre mission de vie, l'univers envoie et donne tous les outils pour le bon fonctionnement de votre ou de vos projets.

La demande d'aide est très importante, il faut oser.
Osez demander, c'est votre lumière intérieure qui se relie à la lumière divine.
Notre éducation judéo-chrétienne, ou toute autre religion, ne nous autorise pas à créer. Or, si nous ne nous autorisons pas, nous ne lançons pas l'énergie de notre création à l'univers.
C'est cette pulsion d'informations qui transmet notre volonté à l'univers.
Notre création interne est aussi la demande de notre capacité du créateur que nous sommes.

Ce témoignage est simplement là pour vous donner un aperçu, mais aussi un petit coup de starter.
Si vous ressentez que vous avez au fond de vous cette connexion, alors osez l'écouter.
C'est de cette façon aussi simple que vous capterez les messages de l'univers, par l'écoute intérieure.
Bien entendu sans débordement et sans exagération de votre part, il ne s'agit pas de s'inventer cette petite voix et de faire n'importe quoi.

Vous l'avez compris, il y a une énorme différence. La petite voix de votre être ne vous fera jamais faire des choses complètement extravagantes. Elle s'en tiendra à vous apporter une guidance, c'est tout. Elle saura vous accompagner sur votre chemin, sur ce qui est bien pour vous sans vous mettre en danger. J'insiste sur ce fait, cette petite voix est votre alliée.

Si ce n'est pas le cas, alors ce n'est pas de la même petite voix dont nous parlons !
Éprouvez ce sentiment en vous, que quelque chose à l'intérieur est là discrètement, habitant votre moi profond.
Vous savez déjà que vous êtes venu pour accomplir quelque chose de précis !
Cela ne sera que positif dans votre vie, à condition que vous le vouliez. N'oubliez pas que vous êtes maître de vos choix.

Tristement, peu d'entre nous acceptent de recevoir cette présence.
Je le déplore mais respecte la liberté de chacun.
Un certain nombre de personnes sont sensibles aux signaux d'alarme et rejettent leur malheur, la faute sur les autres, ou pensent tout simplement qu'elles ne sont pas chanceuses…
Alors, n'ayez pas honte, pas peur de ce que vont penser les autres autour de vous, si vous décelez quelques signes vous annonçant un virage dans votre vie.
Encore une fois, permettez-vous de croire et de ressentir ce que l'univers vous envoie.

Je ne parlerai pas de ceux qui sont convaincus que c'est une punition suprême et considèrent que les épreuves sont leur lot quotidien.
Dans ce cas, les énergies sont au plus bas.
Vos sentiments et votre écosystème énergétique sous l'emprise négative investissent tout votre corps physique et provoquent

des souffrances, quelles qu'elles soient, pouvant même aller jusqu'à la faiblesse du corps physique.
Les maladies dites plus graves, non héréditaires, qui engendrent la mort peuvent découler d'une mauvaise hygiène de vie, couplée d'un dysfonctionnement énergétique aussi.
Bien sûr, d'autres causes sont à l'origine de ces maladies gravissimes, mais je laisse le corps médical y répondre, mieux que personne.

Tout est dit, si vous n'êtes pas sur le chemin vers votre mission de vie, vous ne pouvez pas être heureux !

Si vous êtes heureux, pleinement satisfait, alors dites-vous que vous êtes sur le bon chemin, vers votre mission de vie.
Lorsque nous sommes heureux, nous rayonnons de bonheur et nous sommes à ce moment-là dans le partage du bonheur sans même que nous en ayons conscience.
Peut-être aspirez-vous à une vie plus riche, une ouverture d'esprit plus profonde.
Mais comment et d'où nous vient ce phénomène de ressenti du bonheur ? Ces états émotionnels que nous interprétons comme étant heureux ?

La perception ou l'agitation du bonheur.

Certaines personnes empruntent le mot « vibration », mais ce n'est en rien lié à un caractère mécanique quel qu'il soit. Nous ne pouvons pas utiliser la définition du mot « vibration » en parlant d'un système de ressenti qui n'appartient pas à la matière. Nous n'émettons aucune vibration d'où le bonheur pourrait provenir.
En ce qui me concerne, j'aborde la question avec la perception d'une émotion particulière, apportant un état d'être supérieur.

Le bonheur fait vivre notre être avec une impression suprême. Je vais exprimer et nommer cette impression : « la sensation du bonheur », après vous avoir donné mon point de vue.
C'est une évidence, lorsque vous êtes dans votre mission de vie, vous nourrissez à ce moment-là votre âme et faites naître une information très puissante. Celle-ci augmente le bon fonctionnement énergétique et offre une qualité divine de l'être très harmonieuse.
Lors de l'accomplissement de votre mission de vie se crée une communion de l'âme à l'esprit qui dépend d'une accumulation de données liées au bonheur. Cet amas de perceptions appartenant à la « sensation du bonheur » permet à l'être toutes les connexions divines à son âme, le portant sur son chemin de vie.
Cette quantité, ou abondance de bonheur, se répercute dans tout votre être et ainsi appelle d'autres ressentis équivalents au niveau de l'information, et des états du même acabit.
Ainsi, vous rayonnez de bonheur, l'attirez et le distribuez autour de vous.
Le bonheur est contagieux !
Alors, osez le bonheur et resplendissez-le.

C'est pour cela qu'il est important de nourrir son âme grâce à la mission de vie. Cette mission, que l'âme aura choisi d'expérimenter dans cette vie présente, est sa nourriture.

Ne confondez pas les différentes missions.

Vous avez la mission quotidienne de nourrir votre corps physique avec votre travail et profession.

Le travail est votre emploi, votre profession est le moyen d'alimenter votre corps physique et faire vivre votre famille.

Nous pouvons également être sur notre chemin de vie dans notre mission vers le bonheur et, toutefois, ressentir comme un ralentissement, d'où l'expression : « Je rame ! »

C'est un blocage lié à vos mémoires, qui encombre le bon déroulement de votre chemin.
Là, intervient le soin énergétique de resynchronisation SE&R.
Je pratique ce protocole et l'enseigne avec Benjamin lors de nos formations en soins énergétiques SE&R.
Cette resynchronisation vise à restaurer les liens entre la mémoire d'âme et la mémoire énergétique.
Mais nous reviendrons sur ce sujet dans un autre chapitre.
Une fois ce bon fonctionnement rétabli, les personnes retrouvent plus de facilités à continuer leur chemin vers leur mission de vie et capter les messages de l'univers. Leur énergie vitale reprend ainsi son processus normal.

Cette notion de bonheur n'est plus perturbée et peut de nouveau être récupérée d'une manière naturelle, agissant sur les potentiels positifs pour votre évolution et celle de votre âme.

Le bonheur, ne l'attendez pas venant d'une personne quelconque.
Le bonheur, c'est à vous-même de le trouver, personne ne peut prétendre vous l'apporter.
Le bonheur se partage, il se communique, il s'épanouit en harmonie avec votre vie.
Le bonheur est en vous, il faut le nourrir et se l'autoriser.
Rayonner de bonheur procure à votre entourage des énergies positives.

S'il vous plaît, ne recherchez plus de coupable, mais cherchez plutôt à écouter votre être et votre guide. Votre être intérieur est en connexion directe à l'univers.

Il est grand temps pour tous les humains de se réconcilier avec leur être profond, leur petite voix intérieure ou leur âme, appelez-la comme vous voulez. Il n'y a pas de qualificatif précis à mon sens. Le plus important est de se réconcilier avec, c'est tout !
Atteindre la connexion de l'âme, c'est trouver l'amour de soi et de la vie.

Il n'est jamais trop tard pour connaître sa mission !
Voici l'exemple de l'une de mes consultantes.

Marie, une mamie adorable, s'est installée dans le fauteuil juste devant moi. Posée et droite sur cette assise, son regard me fixant, avec ses grands yeux bleus tout humides d'émotion.
Marie engage la conversation sans attendre :
« Voilà, je suis venue vous voir, Florence, parce que je veux savoir si je suis dans ma mission. Comme vous le constatez, je n'ai plus beaucoup de temps pour m'y mettre… j'ai 85 ans. »

Puis avec un large sourire pour appuyer cette demande, elle reprend :
« Ce n'est pas trop tard, n'est-ce pas ? »

Non, ce n'est pas trop tard, il n'est jamais trop tard !

Pour Marie, le fait de se poser cette question et d'entendre la réponse va la rassurer sur bien des niveaux pour la continuité de sa vie.
J'irai même plus loin en disant que cette curiosité peut l'aider à préparer sa fin de vie et sa vie future.
Je vois déjà le sourire sur les lèvres de certains.
Mais la récolte de demain est le semis d'aujourd'hui.

Eh oui, nous pouvons préparer avec ce genre d'interrogation nos futures vies.

Se libérer aussi de la peur de la mort en sachant que notre âme est éternelle.
Recevoir les messages de l'âme pour comprendre certains blocages existentiels.
Nous aborderons aussi ce sujet lors d'un prochain chapitre.
À tout moment de la vie, oui, parce que ce sont nous les humains qui avons instauré les années, le calendrier, les heures et cette course contre la montre que nous nous infligeons.
Le temps qui passe n'a vraiment aucune incidence sur l'univers !
L'important est de trouver par quel moyen nous pouvons nourrir notre âme, et cela appartient à chacun selon son histoire, à n'importe quel âge.
Il n'y a pas de mauvais chemin, mais plusieurs chemins vers sa mission de vie !
Le temps ne compte pas, les chemins se profilent en temps et en heure.
Le respect est l'une des grandes valeurs de notre parcours.
Le respect de soi, mais aussi des choix de chacun.
Parce que chacun a son propre chemin, il y a celui de nos enfants, celui de nos parents, de nos amis, de nos voisins et de toutes les personnes nous entourant.
Nous partageons ensemble nos expériences de vies, quelles qu'elles soient.
Nous devons absolument considérer les choix de chacun, leur libre arbitre. Nos chemins se croisent, se retrouvent, se suivent parallèlement et se séparent aussi.
Ainsi va la vie au fil de nos rencontres de vie en vie.
Pas d'expériences et de connaissances sur terre sans l'aide de son prochain…
Nul besoin d'avoir peur du temps qui passe !
L'important est de savoir reconnaître votre connexion.

Parce que les enfants sont riches de cette écoute intérieure, je vous conseille, à vous parents et grands-parents, de conserver les dessins des petits. Prenez note des suggestions que ces derniers expriment, surtout s'ils les défendent avec fermeté.
L'idéal serait de mettre en place un carnet, aussi utile que celui de la santé, où les indications seraient inscrites et un suivi serait tenu au fil de la vie de l'enfant.
Entendre les projets de vie et les transcrire en respectant bien leurs mots. Cette pratique peut donner des indices sur le souhait profond de l'âme. Si la signification n'est pas très claire sur le moment, il ne faut pas faire d'interprétation, d'autres indices seront peut-être profitables lors du choix de leur orientation.

En suivant un jour un couple avec un petit garçon au cours d'une promenade au bord d'un lac, j'ai surpris une conversation des plus intéressantes.
L'enfant s'était arrêté soudainement devant deux cygnes qui nageaient tranquillement accompagnés de leurs petits. Les cygneaux restaient tout contre l'un des adultes.
Le gamin interpella son papa en lui demandant : « Et si la maman cygne meurt ? »
Alors le papa rétorqua très vite : « Non, il n'y a pas de raison que la maman cygne meure ! »
Puis ils sont repartis sans épiloguer sur le sujet la main dans la main.
L'enfant a posé cette question très naturellement et innocemment. Pourtant, l'information m'est arrivée aussi instantanément, il avait une mémoire toujours active qui l'avait poussé à exprimer la peur de la perte maternelle.
Cette interrogation lui est venue du profond de son être, tout simplement sous forme de message ou de lecture d'une information du subconscient. C'est un point que cet enfant à l'âge adulte

devra certainement travailler. En ayant cette information en tant que parent, il est plus facile de comprendre certains comportements de son enfant.

Voilà ce genre de manifestations qui pourra être utile de noter et de considérer dans ce carnet familial.

Regarde au lointain,
Toi qui cours.
Nul n'est certain,
Qu'il ne faudra pas prendre un détour !

Si tu cherches en vain,
Il te faut garder en toi,
Le souffle du divin.
Qui, à chacun de tes pas,
Donnera la foi éternelle,
Vers ta liberté nouvelle.

À Florence.

# La connexion à votre âme au service de votre être

*« Telle la douceur du cachemire est le vagabondage de l'âme durant son voyage. »*

Florence Léautaud

Maintenant que vous avez pris connaissance de vos possibilités à capter les messages de l'univers, voici les moyens d'utiliser cette connexion de l'âme.
Pour ma part, je nomme l'âme, et non l'esprit.
Cette âme immortelle est en lien direct avec le cosmos, l'univers, la source divine, ou encore l'intelligence cosmique.
L'âme qui est directement connectée à votre guide, devrais-je dire plutôt à vos guides spirituels.
Effectivement, nous avons tous plusieurs guides.
Vous pouvez n'en nommer qu'un seul, bien sûr, selon le ressenti, le besoin du moment, mais aussi la situation.

Dans le chapitre « Les anges et leurs manifestations », je vous donnerai un peu plus d'éclaircissements concernant ce monde angélique.
C'est de tout cet univers énergétique dont je vais vous partager mon point de vue.
Je voudrais tous vous sensibiliser à la manière et l'importance de vous reconnecter à votre âme et vos guides spirituels.
Pensez plutôt qu'il est maintenant inutile d'intellectualiser toutes nos pensées et nos expériences, et surtout celles les plus spirituelles.

Ne soyez pas dans le déni, ne croyez pas que les autres vous jugeront ou vous feront passer pour anormal. Ce sont vos peurs !
Ce sont ces mêmes peurs qui vous empêchent d'être et d'éveiller votre curiosité.
Aujourd'hui, nous savons tous que les anges, ces énergies divines, sont bel et bien présents parmi nous.
De nombreuses personnes ont pu témoigner de leur rencontre, lors d'une EMI (expérience de mort imminente) par exemple. Mais il n'y a pas que ce genre d'expériences. Nombreux sont ceux et celles qui ont perçu « la petite voix », comme je vous l'ai décrite au début de mon livre pour ma propre expérience.
C'est cet appel intérieur qui cherche à vous avertir d'un danger ou tout simplement qui vous interpelle afin de vous guider.
Laissez-moi vous relater une circonstance plutôt banale, mais extrêmement vécue, qui se trouve être la plus fréquente de ce genre de situation intuitive. La simplicité de cet exemple va certainement vous toucher, car finalement il semblerait que nous soyons nombreux à avoir connu ce qui suit.

Je vais continuer avec cette communication interne de la petite voix. Celle qui vous dit de changer de direction, alors que vous êtes sur la route habituelle pour vous rendre sur votre lieu de travail ou tout simplement à l'école.

Ce sont des chemins qui vous sont familiers et que vous prenez régulièrement.
Puis un beau jour, vous éprouvez le besoin de changer de route, vous ressentez comme un message ou entendez votre petite voix intérieure : « Change de chemin ou prends plutôt cette rue que celle-ci... »
Parfois, c'est dans le ventre que ça se passe.
Cela peut être autre chose qu'une petite voix comme simplement une sensation physique.
Quelque chose comme une appréhension dont vous ne connaissez pas la provenance, mais qui vous met dans une situation de mal-être.
Vous ne savez pas pourquoi, mais finalement vous changez votre parcours.
En fin de compte un instant plus tard, voire quelque temps après, vous allez apprendre qu'un accident ou tout autre chose s'est produit sur votre route habituelle...
Les exemples de ce genre, il en existe beaucoup d'autres.

Laissez-moi vous partager une de mes expériences personnelles pour vous donner quelques précisions sur le déroulement d'un avertissement de ce type.

Alors que je quittais mon domicile pour me rendre à mon cabinet, je suis surprise en ouvrant la porte du garage, car un camion en bloque la sortie !
Nous attendions une livraison, mais pas si tôt !
Un peu agacée, mais comprenant la difficulté de stationnement dans la rue, je m'adresse donc au chauffeur.
Celui-ci s'excuse et me dit n'en avoir que pour cinq petites minutes.
Je retourne dans ma voiture, n'ayant pas le choix, et attends patiemment qu'il libère la sortie.
La voie enfin dégagée, je prends la route et, juste au moment de tourner à gauche pour m'engager dans une petite rue pour

me rendre à mon travail, j'entends cette petite voix qui m'interpelle : « À droite ! »
Mais je suis pressée, et comme j'ai déjà perdu suffisamment de temps, je ne prête pas attention à ce conseil.
Je continue à rouler sur cette route étroite, plus rapide pour rejoindre l'autoroute que je dois emprunter.

Lorsque soudain à nouveau arrêtée par un autre camion, je me retrouve dans la même situation que quelques minutes auparavant !
Une livraison de chantier cette fois-ci qui ne durera que cinq petites minutes également !
En faisant preuve de patience, je m'interroge : « Mais m'empêcheriez-vous de me rendre à mon cabinet ? »
Sans attendre de réponse, j'ai repris mon chemin sur cette voie exiguë.
Quelques kilomètres plus loin, à l'entrée d'un virage en épingle, je suis à nouveau bloquée, mais cette fois à cause d'un accident qui venait juste de se produire.
Un face-à-face entre deux voitures qui heureusement n'avait causé que des dégâts matériels, grâce à la vitesse raisonnable de ces deux conducteurs.
Une des personnes avait déjà appelé les secours.
J'ai rassuré une des conductrices en panique encore sous le choc de l'accident.
Elle n'arrivait plus à maîtriser ses émotions.
J'avais dans le coffre de mon auto des flacons d'élixirs de fleurs de Bach, ce qui a bien permis de calmer cette personne en larmes, décontenancée par les dommages de son véhicule.
Cette fois, j'étais vraiment très en retard, mais j'ai compris que j'avais été retardée sur mon chemin pour me protéger du danger.
Une fois les secours arrivés, j'ai dû faire demi-tour sur cette étroite route et je suis repartie en prenant un autre itinéraire, celui que j'aurais dû emprunter si j'avais écouté la voix !

Le comble de tout ça est que malgré le temps certain que j'avais pris, je n'étais pas en retard. Le rendez-vous que j'avais prévu ce matin-là au cabinet en première heure n'est pas venu.

En réfléchissant à cette journée, si je n'avais pas été retardée par ces deux camions successivement, j'aurais pu être moi aussi impliquée dans cet accident.
Une fois de plus, malgré mon entêtement et la prise de pouvoir de mon ego sur moi, j'ai cette certitude que j'avais été protégée.
Je remercie encore l'univers de cette protection divine.
Je ne vous surprendrai pas en vous disant que, depuis ce jour, lorsque j'entends ces avertissements, je les écoute.

Cette connexion de l'âme à l'être permet l'intuition, cette petite voix est le moyen de communiquer avec l'esprit qui nous habite.
La plupart des gens ont peur de suivre leurs pressentiments par crainte de se tromper.

Il suffit, pour être sûr qu'il s'agit bien de la petite voix protectrice et accompagnatrice sur notre chemin, de vous demander si cette intuition n'est pas en lien avec une espérance, un souhait profond ou une peur.
Votre ressenti doit être dénué de peur, c'est à cela que vous distinguerez si c'est bon pour vous ou non.
Osez emprunter le chemin que votre intuition vous suggère, il n'y a pas d'erreur commise, mais une potentialité qui s'ouvre à vous, et qui sait, peut-être même une vérité intérieure.
Cette vérité que nous cherchons arrive parfois comme un cadeau de l'univers.
Pour que cette intuition soit saine, il faut être en mode pensée cristal, c'est-à-dire transparente sans intention.
Écoutez ces avertissements, soyez attentif, votre être sait vous parler aussi.

Attention toutefois, je me permets de vous avertir que ces informations vous arrivent de l'intérieur, elles sont sous forme d'intuition. Cette petite voix ne peut pas s'entendre venant de l'extérieur. Ce n'est pas avec votre sens auditif, donc l'oreille, que vous l'entendrez. Tous les bruits, sons ou musiques venant de l'extérieur et captés par l'ouïe ne sont pas du même ressort que la petite voix dont je vous parle. Dans ce cas, ceux-ci peuvent être assimilés à une synchronicité.
Ce qui n'est pas du tout la même chose.
Un exemple concret, l'émission d'une chanson à la radio diffusée spontanément suite à un questionnement existentiel de la personne. Ce peut être un message subtil répondant à un questionnement sous cette forme.
Nous ne sommes pas dans la réception et communication internes de l'être à ce moment-là.
L'oreille est un organe appartenant à la matière qui nous compose dans notre constitution d'être humain, elle ne capte pas l'information dite « subtile ».

Je vous propose une méthode pour travailler cette intuition : la technique des petits papiers.
Je l'ai pratiquée lorsque j'étais plus jeune sous forme de jeu. Avec le temps, je l'ai améliorée pour mes consultants afin de leur permettre ce développement intuitif.

Choisissons un exemple professionnel où vous devez apporter une réponse à une offre d'emploi.
Munissez-vous du nombre de petits papiers correspondants en fonction du nombre de propositions.
Si vous avez trois offres, alors vous prendrez trois papiers, une offre, un papier.
Pour chaque proposition, vous utiliserez un morceau de papier différent.

Vous écrirez de manière simple sur chacun d'eux les titres de postes correspondant aux offres. Vous pouvez les numéroter aussi.
Pliez les papiers sans tricher, il ne doit pas apparaître de marque qui pourrait distinguer l'une des situations, cela afin de conserver l'anonymat de ces propositions.

Détendez-vous en prenant plusieurs grandes inspirations et expirations. Essayez de vider votre mental, ne laissez plus vos pensées vous envahir, mettez-vous en état cristal.
Choisissez un premier papier sans en regarder le contenu.
Appliquez les deux mains dessus, respirez profondément.
Posez-vous la question : « Ce poste est-il bon pour moi ? » Vous pouvez fermer les yeux si cela aide à votre concentration.
Une fois que vous vous sentirez prêt, permettez à votre corps et à votre être de s'exprimer.

Puis, aussitôt, soyez attentif à ce qui intervient…
Que ressentez-vous ? Est-ce une lourdeur, un bâillement, une petite angoisse ou encore de la joie, une sensation de légèreté… ?
Essayer de reconnaître l'information venant de la perception.
Ne vous laissez pas envahir par vos pensées, seulement le ressenti du corps.

Notez ces perceptions et messages sur une feuille ou directement sur le papier en question. Toujours sans regarder à l'intérieur des papiers, prenez le deuxième puis de la même manière interrogez et recevez les réponses.
Après les prises de notes sur chacun des papiers, ouvrez ceux-ci et comparez.
Votre intuition doit être sans influence de l'ego, je vous le rappelle.

Si vous ne fonctionnez pas avec la sensation physique, alors écoutez le oui ou le non venu presque instantanément après la question.

Il est important dans ce cas de ne pas laisser le blabla du mental intervenir.
L'exemple de ce poste peut être remplacé par tout autre sujet existentiel.
Vous pouvez ainsi trouver une aide précieuse sur différents choix ou un besoin d'éclaircissement au sujet d'une rencontre, amoureuse ou amicale. Utilisez cette méthode pour sélectionner votre parfum, un plat, une boisson, etc.
Servez-vous aussi de cette pratique pour vous épauler lorsque le doute s'empare de votre liberté d'action.

Si nous laissons nos sens en éveil, même si vous pensez que vous n'en avez pas les capacités, vous aurez néanmoins une perception. Si petite soit-elle.
Adressez-vous à votre être, demandez-lui ou plutôt demandez-vous.
C'est une bonne habitude de la vie quotidienne que l'on peut utiliser en créant ce lien de guidance qui permet l'accès à votre sens intuitif.
C'est un lâcher-prise, une action de communication de l'âme et de l'être.
La simplicité, la franchise, la foi, le détachement, la confiance, la spontanéité, et l'humilité sont des valeurs de notre moi profond qui sont indispensables pour accueillir cette intuition.
La méfiance ferme la porte. Parce que si vous êtes dans le doute, c'est que vous êtes déjà dans le mental. Alors, faites-vous confiance, cette technique vous offrira des réponses plus que pertinentes.
Plus vous laisserez votre intuition s'éveiller, plus celle-ci grandira.
L'intuition est le signe d'une bonne connexion à son être profond.
C'est le guide le plus puissant que nous ayons.
Alors confiance en vous !
L'intuition est le langage de l'âme.
Accordez-vous des discussions intérieures…

La liberté de ton être,
Surgie comme le tourbillon
Sous l'océan céleste,
Au plus profond de ton âme,
La lumière éclaire le tréfonds.
Celui qui sait reconnaître,
Où se perd la conscience,
Permet en toute innocence
L'immersion de son inconscient.

Laisse vibrer ta profondeur,
De la grâce divine
L'harmonie de l'illumination est en toi.
Libère ton corps et ton cœur,
Vers un océan de douceur.

FLORENCE LÉAUTAUD

# La rencontre avec votre guide

*« La larme sur la joue est le nectar de l'émotion qui sommeille en ton être ! »*

FLORENCE LÉAUTAUD

Sur ce sujet, je n'ai pas envie d'essayer de vous convaincre. Il est compliqué dans notre société de donner son opinion à propos de ces phénomènes ressentis sans passer pour une personne extravagante.

Je préfère vous proposer de poser ce livre que vous tenez entre vos mains et de laisser les émotions ou plutôt le langage du corps ressortir de votre être. Demandez-vous intérieurement :

« Les anges existent-ils ? »
« Est-ce que j'ai un guide, là tout près, avec moi ? »

Si vous connaissez le prénom de l'énergie angélique, que nous appelons ange gardien, qui est la vôtre, nommez-la !

Ne vous souciez pas des croyances. Après tout, nous sommes des humains, nous avons besoin de matérialiser les énergies que nous percevons.

Si vous en ressentez le désir, permettez-vous de visualiser l'apparence des anges avec de magnifiques ailes et les couleurs de l'arc-en-ciel l'entourant, par exemple.

Sachez simplement que cela n'est pas utile. Ces énergies ne peuvent être dans la matière.

Fermez les yeux et ressentez ce qui se passe dans votre corps, dans votre cœur. Là, tout au fond.
Sans attente particulière, mais en toute sérénité, laissez votre inconscient s'exprimer. Permettez-vous de ressentir...
Quoi que vous perceviez de différent en vous ou autour de vous sera votre réponse...
Prenez tout le temps nécessaire en vous mettant dans les conditions de méditation. Pourquoi pas ?

Eh bien, vous verrez, il n'y a pas que du vide !
Soyez-en certain...

Voici quelques-unes de ces manifestations :
- Un sentiment de chaleur ou de froid.
- Un fourmillement ou des frissons.
- Une pression ou un petit tremblement inexpliqué.
- L'endroit où vous vous trouvez semble plus serein, une sensation de bien-être, de calme plane autour de vous.
- L'énergie de cet endroit a changé, le silence est plus important.

Tellement de ressentis différents se traduisent qu'il m'est impossible de tous les décrire.

Ce langage du corps que nous occultons trop souvent est réellement présent. Notre corps est capable de nous faire passer une multitude de messages, à la seule condition que nous soyons à son écoute.

Tout comme pour la méthode des petits papiers dont je vous ai fait part pour développer ce ressenti, nous allons aller un peu plus loin dans ce langage du corps de la rencontre intérieure.
Pour la plupart, c'est la douleur qui éveille le fait que le corps se manifeste.
Il est aujourd'hui reconnu par le milieu médical qu'une sonnette d'alarme est tirée lorsque la douleur physique se fait sentir. C'est le signe d'un dysfonctionnement de la machine, une complication dans l'organisme telle que la fièvre avertit également d'un trouble vital...
Écoutez votre corps et donnez-vous l'aptitude de laisser s'exprimer les ressentis, qu'ils soient d'ordre physique ou émotionnel.
Les émotions jouent un rôle précieux dans l'équilibre de votre énergie vitale.

Je vous propose une méditation si vous souhaitez rencontrer votre ange gardien.

J'aimerais apporter cette précision qui me semble importante concernant notre ressenti : les énergies des anges n'ont pas du tout la même perception que la nôtre ! En fait, elles nous utilisent pour cohabiter avec notre monde de matière. Leur puissance céleste ne nous est pas accessible sans cette cohabitation entre l'âme, l'énergie angélique et le corps physique. L'âme quant à elle est directement en connexion à ces guides, en constance.
Ces énergies angéliques sont différentes de notre aptitude énergétique.

Cependant, les anges et les archanges ont une résonance autrement décelable de nous-mêmes, les humains, qui sommes matérialisés.
Alors, pour que nous puissions faciliter cette rencontre, il vous faudra une bonne concentration.
Vous devrez vous trouver dans un endroit calme, sans aucun élément pouvant perturber ce moment de retrouvailles spirituelles.

Vous pouvez avant cette méditation demander à l'univers angélique ou naturellement à votre ange gardien de vous aider, par une simple invocation de vous allouer cette connexion divine.
Aussi, demandez à vos guides ou vos anges de bien vouloir vous rejoindre, afin de vous soutenir dans cette communion avec votre être. Accordez-leur aussi cette rencontre.
N'oubliez pas que ce système énergétique spirituel vous laisse le libre arbitre et n'intervient jamais sans votre autorisation ou sollicitation.

La méditation qui suit va vous permettre d'utiliser un outil pour rentrer en contact avec ce monde cosmique.
La question sur les anges et leur existence n'a plus lieu d'être à ce moment-là.
« Suis-je accompagnée par ces anges, guides, archanges ou tout autre être appartenant à une dimension supérieure qui nous est inconnue ? »
Qui peut répondre à cela ?
Chaque personne est reliée à son énergie angélique. Avec votre date de naissance, vous pouvez trouver très facilement quelle est la vôtre.
De nombreux ouvrages vous donneront cette information.
Je vous recommande *La Bible des anges* de Joane Flansberry.

À présent, je vous propose de vous laisser guider pour ressentir ces énergies subtiles…

Vous pouvez rendre cette circonstance encore plus agréable avec une musique de relaxation de votre choix.

## MÉDITATION, RENCONTRE AVEC VOTRE GUIDE

Installez-vous confortablement...
Allongé ou assis dans un endroit où vous ne serez pas dérangé pendant cette séance de rencontre avec vos guides.
Prenez de grandes inspirations et expirations profondes...
Respirez doucement et agréablement.
Laissez votre corps se détendre, et même s'étendre sur toute la surface que vous occupez en ce moment même.
Laissez-vous porter par cette détente totale de votre corps.

Puis laissez votre esprit en éveil et permettez-vous de visualiser un escalier, un magnifique escalier de lumière...
Cet escalier rejoint le ciel et est bordé par de superbes nuages blancs tout cotonneux...

Je vous invite tout en continuant à respirer doucement et agréablement à monter une première marche...
Toujours doucement, vous allez monter une deuxième marche puis une troisième...
Toujours en ressentant cette magnifique douceur qui vous envahit.
Puis une quatrième marche se présente sur ce sublime escalier...
Ressentez à présent la lumière qui pénètre l'ensemble de votre être...
Votre corps est léger, sans tension... décontracté...

Une lumière angélique d'une clarté et d'une pureté comme vous n'en avez jamais vu vous entoure. Montez, montez, encore... Et encore...
Continuez cette ascension vers le plus haut...
Ressentez...
Cet escalier possède un nombre de marches aussi nécessaire que le sera le temps de vos besoins à vous sentir complètement dans cette espace de lumière.

Lorsque vous franchirez la dernière marche, prenez le temps de ressentir cette lumière qui envahit tout votre corps, tout votre être est lumineux... calme, reposé, léger... amour...
À présent, avancez doucement dans cet endroit qui est le vôtre, c'est votre sanctuaire, celui-là même où votre guide va venir vous rejoindre.
Cet espace est le vôtre et vous allez en être le créateur...

Permettez-vous de mettre dans cet endroit tout ce que vous aimeriez y trouver, même ce qui vous semble inaccessible.
C'est peut-être une plage de sable fin, une prairie avec des arbres somptueux, grandioses.
Ajoutez-y des oiseaux aussi... écoutez le chant des oiseaux !
Ou le ruisseau qui s'écoule tout près.
Visualisez des fleurs, des papillons...
Même le vent ! Ressentez le vent... Écoutez le vent dans les feuillages, le bruit du vent se mélange à celui des vagues... Laissez aller votre imagination.

Faites de ce lieu votre endroit... Un endroit paisible, doux...

Ressentez cet endroit, ce lieu magique que vous venez de créer. Il vous entoure, comme vous êtes heureux et rempli de joie !
Votre cœur rayonne d'amour...
Vous êtes en parfaite harmonie avec vous-même...

Ressentez toute votre âme qui se nourrit de ce moment de communion intense. Tout votre être en paix !

Puis maintenant, si vous le souhaitez, vous pouvez vous asseoir dans cet endroit paisible, vous pouvez ressentir de nouveau toute la lumière qui vous entoure et vous berce.

Vous allez à présent inviter votre guide à vous rejoindre !

Appelez-le, accordez-vous cette rencontre, puis regardez… regardez ce petit chemin, votre guide est là, il vous attend !
Il vous rejoint… demandez-lui… de vous rejoindre, laissez-le vous retrouver…

Saluez-le, dites-lui que vous l'attendiez, que vous êtes très heureux de cette rencontre, ressentez à ce moment-là votre joie, la paix et l'amour.
Laissez votre guide s'approcher de plus en plus, de plus en plus près de vous !

Puis sentez à nouveau tout cet amour qui vous envahit.

Laissez votre être vivre la communication divine avec lui…
Envoyez aussi de l'amour à votre guide. Vous le pouvez, il suffit de le penser très fort et de laisser votre cœur faire le reste… Puis dans la douceur extrême qui vous berce, adressez-vous à lui…
Demandez à votre guide : « Comment te nommes-tu ? »
Peut-être vous répondra-t-il.

Et si ce n'est pas le cas, cela n'a pas d'importance.
Ce sera pour une prochaine fois…
Continuez à ressentir sa présence, tout cet amour…
Tout cet amour qui vous entoure…

Vous allez maintenant lui demander si vous êtes sur votre chemin, le chemin vers votre mission de vie.

Oui, permettez-vous cette question.
Attendez, écoutez votre corps… Laissez-vous le temps nécessaire à la réponse.

Je vous laisse en sa compagnie quelques instants…

Puis à nouveau, ressentez l'amour, cet amour inconditionnel…

Vous pouvez lui demander s'il y a un autre message pour vous. S'il n'y a pas de message, remerciez votre guide et dites-lui l'amour que vous avez pour lui.

Dites-lui que vous reviendrez le voir, rendez-lui grâce et revenez doucement pour redescendre.
Vous allez maintenant descendre cet escalier de lumière, posez vos pieds doucement et descendez les marches l'une après l'autre, lentement…
Ressentez toujours cette lumière et cet amour inconditionnel.
Descendez, continuez… Ressentez votre corps, encore tout léger et enivré par la douceur dans laquelle votre guide vous a entouré tout au long de cette rencontre.

Vous continuez à descendre doucement, très doucement, puis prenez conscience de votre corps.
Continuez à prendre conscience de vos pieds, de vos jambes et de tout votre corps physique.
Commencez par remuer doucement les pieds, puis les mains…
Maintenant que vous êtes arrivé en bas de l'escalier, tout en gardant les yeux clos, vous allez vous remercier de vous être permis cette rencontre.
« Merci… Merci… »

Vous allez revenir ici et maintenant… Ici et maintenant, je vais compter jusqu'à trois, et vous êtes là avec moi. Je compte un, je compte deux, puis je compte trois… Vous ouvrez les yeux. Vous êtes ici et maintenant.

Votre corps se sent bien dans la douceur, la présence et votre être est joyeux.
Vous allez vous étirer doucement et reprendre conscience de votre corps.
Quelle que soit la réponse, quelle que soit l'émotion ou l'information, il fallait l'entendre, et vous pourrez recommencer cette expérience autant de fois que vous le souhaiterez, toujours dans le respect de votre guide, si celui-ci est en accord avec votre demande.

Il est toutefois possible que vous n'ayez pas la satisfaction de rencontrer votre guide à chaque fois.
Ce n'est pas grave.
Ce moment de rencontre avec votre être est aussi important. Appelons cela les retrouvailles, si vous le voulez bien ?
Ce travail sur vous vous permettra d'avancer et d'améliorer grandement votre vie présente, de vous préparer à de bien plus belles incarnations futures.
Il se peut également qu'une émotion vous envahisse.
Vivez cette émotion, si les larmes l'accompagnent, alors pleurez.
Si ce sont les rires qui se manifestent, alors riez aux éclats, avec force.
Laissez sortir les larmes ou les rires de votre corps !

« Accueille ton corps dans l'amour,
ton esprit fera le reste ! »

FLORENCE LÉAUTAUD

# Les anges et leurs manifestations

*« Si tu veux avancer, sors de l'ombre du vieux chêne et prends ton envol. »*

Florence Léautaud

À travers la méditation que je vous ai proposée, vous avez ressenti la présence de l'ange ou de votre guide.

Comme vous l'avez constaté, c'est vous qui avez créé cet univers environnant pour accueillir cette belle énergie angélique qui vous accompagne.

Je vous l'ai démontré avec cette méditation, nous pouvons tout matérialiser.

J'aimerais vous faire comprendre que nous sommes tous créateurs.

Dans cette situation en particulier, nous avons réalisé un endroit, mais nous avons aussi senti la brise, entendu les oiseaux et ainsi de suite.
Alors que nous sommes tranquillement assis dans notre fauteuil ou allongés dans notre lit, vous remarquerez cette capacité et la force de notre imaginaire.

Tout simplement, prenez conscience que vous êtes capable de capter des énergies, de les ressentir et de faire naître une image.
Votre cerveau est d'une très grande habileté grâce aux données invraisemblables qu'il contient.
Si vous lui apportez d'un aspect émotionnel fort des informations à traduire, surtout si vous êtes en quête de réponses, alors il manifestera ce ressenti d'une manière structurée selon son système constructeur.
Le cerveau analyse vos besoins en vous fournissant les réponses dans la matière que nous nommons des visions.

Une multitude d'images représentatives concordent à votre demande, vous amènent même à penser que ce que vous visualisez est la réponse à votre ressenti bien réel.
Ne sous-estimez pas les capacités de cette intelligence de la matière.
Rappelez-vous que le cerveau appartient à ce véhicule que nous incarnons, afin de servir notre âme sur cette terre.
Ces deux intelligences, celle de la matière et la spiritualité, peuvent coïncider, à condition que vous en preniez bien conscience et sachiez faire la distinction entre les deux.

Les énergies des guides sont reliées à l'intelligence spirituelle énergétique.
Pourquoi ? Eh bien, parce que nous sommes aussi un système énergétique avec une intelligence énergétique, composée de mémoires multiples (nous reviendrons sur cet écosystème plus loin).
Il n'empêche que ces énergies existent bel et bien.
C'est cela que je voulais vous démontrer. Nous pouvons et sommes dotés de pouvoirs pour aussi concrétiser des ressentis.
Nous sommes créateurs.

Comme nous explorons sur terre, nous avons besoin de ce monde de la matière pour expérimenter.
Voilà pourquoi je précise lors de mes consultations cette subtilité.
Je capte des énergies angéliques, en notifiant qu'elles sont notre lien spirituel entre notre monde physique et l'intelligence cosmique.
Ces énergies ne peuvent pas se matérialiser, sauf si nous laissons notre fabuleux mental s'en occuper.

Je me suis permis une expérience avec deux de mes amies aussi sensibles que moi à ces énergies angéliques.
Ces dernières m'affirmaient qu'elles pouvaient voir les anges.
Sans douter de leur bonne foi, je leur ai proposé ceci : nous allons nous mettre en réception et relier toutes les trois la même énergie angélique.
Prenons celle de l'archange Gabriel pour exemple.
En accord sur ce choix, nous devions établir la connexion et donner nos ressentis sur papier, une fois la séance terminée. Le but était de préciser les visions que nous aurions chacune de cet archange Gabriel.
Il suffirait ensuite de faire les comparaisons.
Je savais que ces personnes joueraient le jeu avec sincérité, c'est pourquoi cette expérience était importante.

Eh bien, la résultante ne me surprit guère.
Les sensations telles que celles de ressentis d'amour inconditionnel, de paix profonde, de joie furent identiques ou semblables, à un cheveu d'ange près, si je peux m'exprimer ainsi.
Quant à la visualisation, les choses allaient se gâter !
Toutes les descriptions furent différentes, sauf pour certaines, où les points communs se rejoignaient, comme les ailes fantastiques, la lumière entourant cette énergie, etc.

Les couleurs étaient diverses, les formes aussi et bien d'autres points étaient présentés avec des traits et des originalités bien distincts pour chacune d'entre nous.
Alors, nous pouvons en déduire que nous avons notre propre aptitude à visualiser ces énergies existantes, selon nos mécanismes, croyances bien sûr, et d'une manière qui est personnelle à chacun.
Considérons aussi que c'est en fonction de ce que notre intelligence a enregistré depuis le début de la fonctionnalité de celle-ci.
Mais aussi de notre vécu et notre éducation.

Autant vous dire que nous possédons tous une banque de données extraordinaires et individuelles.
Cette expérience a été difficile pour mes amies sur le coup, elles ont dû reconnaître que finalement ma théorie était exacte.

L'imagination donne de quoi faire de magnifiques matérialisations de nos ressentis énergétiques. Mais cela restera une illusion de cette belle connaissance.

Je vais aller plus loin dans cette investigation.
Je tiens à formuler ce qui suit en vous laissant maître de vos propres pensées.
C'est ma façon de voir et d'appréhender ces choses.

Les énergies angéliques et toutes ces énergies divines, qui se trouvent être dans la lumière, peuvent se matérialiser par notre superbe machine avec l'aide de notre cerveau, ou notre esprit si vous préférez, ou même l'intelligence humaine.
Nous aurons de magnifiques anges, archanges, saints, etc.

Cependant, je souhaite attirer votre attention sur des ressentis moins agréables. Ces perceptions que l'on nomme énergies ou entités négatives attisent l'émotion de la peur.

Ces énergies subtiles et négatives existent, mais l'interprétation et le contrôle de celles-ci, que certains individus prétendent maîtriser, sont faussement établis.
Ce ressenti qui vous met mal à l'aise, c'est la société humaine qui a potentialisé la substantification de ces énergies négatives afin de garder le pouvoir, le contrôle, sur votre bonheur et sur votre être en attisant la peur.
Pour certains, ils sont tellement persuadés de voir des monstres, des êtres diaboliques, ou que sais-je encore, qu'ils finissent par vivre avec la certitude qu'ils en sont entourés.

Comment se prétendre heureux en étant sous l'influence de tels personnages imaginaires ?

Restituez à votre esprit le calme, la douceur et la paix, la liberté de votre être en vous envoyant beaucoup d'amour.

L'amour est un bouclier extraordinaire, et pour ceux qui doutent, essayez !
Une très vieille guérisseuse m'a dit un jour que le souffle provenant du Divin était capable de faire parvenir ces ressentis néfastes dans la lumière.

Ne laissez pas votre faculté de matérialiser prendre le dessus sur votre intelligence divine.
L'ego joue un rôle dangereux, doué de s'octroyer le pouvoir sur votre être, allant jusqu'à vous persuader de ces phénomènes, pour vous prouver à travers des faits et des actes, qui auront été créés bien évidemment par le discernement de la loi d'attraction.

Pour que votre âme reste connectée à cette lumière, vous pouvez changer les schémas qui vous entraînent dans les peurs.
Ces peurs vous affaiblissent et vous rendent vulnérables.

C'est ce que l'homme a mis en place pour mieux vous manipuler, LA PEUR.
Pour cela, il vous donne tous les caractères possibles de personnifications pour vous aider à la matérialisation de ces obscurs ressentis.
La sensation que vous transformez en image est une manifestation de vos peurs.
L'humain a besoin de se rassurer continuellement.

Là est le reflet des conséquences d'une société où tout se trouve dans la matière.
Soyez libre et alerte face à ces ressentis. L'énergie angélique vit en vous, elle est à vos côtés en constance.
Notre âme, cette partie divine, est reliée à la lumière. C'est ce qui la maintient dans cette force d'amour.
Les peurs créent la non-confiance en soi et la perte de contrôle.
La foi crée la liberté et la confiance.
Il n'est nul besoin de discerner la présence des anges, mais d'accepter qu'ils fassent partie de l'être et du « je » que nous sommes.
Voir les anges avec les yeux ou entendre les messages avec les oreilles résultent de la combinaison « émotion et intelligence » de la matière, c'est-à-dire notre cerveau.
Sachez simplement que les énergies angéliques ne peuvent appartenir à la matière. Elles restent dans le monde du subtil.
Encore une fois, j'essaie de vous montrer la différence, parce qu'il est nécessaire aujourd'hui de rétablir la sincérité dans ce domaine.

Nous attirons des situations directement en lien avec nos émotions de peur sans même nous en rendre compte.

Je ne veux choquer personne, mais nous nous exposons donc à des situations dont nous sommes à l'origine.

Je vous laisse méditer cette idée.

Les énergies angéliques que nous appelons plus communément les anges, les archanges, les guides sont depuis trop longtemps mises de côté. Les anges sont au chômage et n'attendent que notre bonne volonté pour les retrouver à nos côtés.
La peur encore une fois prend le dessus sur le fait de rentrer dans le moule de cette société en marge de toutes ces énergies.

Pour ma part, après avoir vécu leur magnifique présence lors de mon accident, j'ai conservé les noms des anges.
Je me suis corps et âme mise dans cette quête angélique, et simplement en prenant contact avec chacune de ces énergies, j'ai constaté beaucoup de similitudes entre mes ressentis et mes messages.
Alors, je continue de les désigner en respectant l'angélologie et les 72 anges appartenant à cette science.

Tout comme dans la numérologie ou l'astrologie, cette résonance entre les anges, les guides et les saints est une véritable science apportant des réponses quant à vos choix de vie au moment de votre incarnation.
En hébreu, ange se dit *Malakh* ou *Mal'ak*, ce qui signifie « messager, envoyé ».

Les 72 anges permettent aussi selon les perceptions de se situer parmi tous les ouvrages abordant l'angélologie.
Plusieurs livres décrivent les anges de lumière et leurs dévotions.
C'est à chacun de trouver celui qui lui convient, en restant dans cette conscience que les énergies de ces êtres sont lumière et amour, qu'elles nous habitent en constante.
C'est dans la profondeur de votre être, dans la sagesse et l'intégrité que vous pourrez les ressentir à vos côtés.

L'ange de naissance appelé aussi « ange gardien » est très important, il vous accompagne du début de l'incarnation, c'est-à-dire au moment de la division cellulaire, jusqu'à la prochaine incarnation. Cet ange cessera sa fonction auprès de vous lorsqu'il aura passé le relais à l'ange gardien de la vie future, pas avant. N'ayez plus peur de vous retrouver seul au moment du grand voyage. Votre ange veillera sur votre âme.

L'ange de naissance connaît tout de vous. Il sait même votre choix de mission de vie et tellement plus encore…

Il est facile de trouver sa référence et son nom simplement avec votre date de naissance.

Vous pouvez prendre contact avec lui, parce que sans signe de votre part, cet ange vous laissera le libre arbitre et ne se manifestera pas.

C'est si bien de se sentir toujours accompagné et, finalement, de ne jamais être seul. Notre évolution spirituelle dépend de ces retrouvailles.

Voici un texte qui m'a été insufflé lors de l'écriture de ce chapitre :

Nulle peur ne peut se substituer à la sincérité,
Nul besoin d'accuser ton prochain.
La flèche de l'éternité,
Se contente d'afficher la vérité.
Nul être ne peut
Prétendre la détenir.
Seule la délivrance terrestre
Apporte la lumière.
Le cœur relié à l'être
Sait qui va vers ce chemin
Où chacun
Doit s'abstenir de la piètre vérité
Qu'il maintient
En donnant à son prochain
Une vision de magnificence.
Nous demandons, à vous
Enfant de la terre,
De rester en joie
Et de garder l'univers.
Comme un champ de lumière
Où chacun pourra
Y trouver l'étincelle qui le gouverne,
Sans abîmer la couronne divine
Qui anime la flamme
De chaque être humain.

# L'existence intérieure, rétablir le lien avec son être

*« Le murmure de l'âme fait naître*
*la puissante révélation de ton être. »*

Florence Léautaud

Il existe aujourd'hui un nombre inconsidérable d'ouvrages sur le développement personnel, qui sont de très bons outils pour l'ouverture des consciences.

Ces textes qui sont tous écrits par des thérapeutes et auteurs de niveaux variés et de différentes manières sont pour certains de fabuleuses méthodes.

Elles sont si nombreuses qu'il m'est difficile de pouvoir toutes les citer.

La méditation individuelle est pour moi un outil fantastique.

J'aimerais vous donner celles qui me sont les plus chères et avec lesquelles j'aime travailler.

La méthode Ikigai (développée par M. Hector Garcia), les petits bonshommes allumettes (M. Jacques Martel), l'EFT, les fleurs

du Dr Bach (Docteur Édouard Bach), les soins énergétiques qui permettent un nettoyage des chocs émotionnels, et surtout une bonne réception des énergies, vous octroyant une bonne force vitale.
Les soins énergétiques, oui, mais pas n'importe quels soins non plus ! Plusieurs catégories existent.
Évidemment, je vous conseille la technique SE&R (élaborée par Benjamin Léautaud et moi-même), qui remet les personnes en harmonie sur leur chemin de vie. Véritable purification et équilibrage énergétique.
Cette pratique permet de retrouver les liaisons énergétiques en l'état, tel que nous les avons au moment de l'incarnation.

Quel que soit le concept, c'est à chaque individu selon sa sensibilité de trouver sa méthode, celle qui lui conviendra et lui apportera selon ses besoins ou ses propres expériences les moyens de découvrir l'outil ou les techniques. Ces options lui serviront d'instrument pour ce merveilleux voyage d'ouverture de pleine conscience…

Une ouverture de pleine conscience requiert une guérison.
C'est pour cela qu'il est parfois nécessaire d'allier ce concept, issu d'une gestion et d'une régulation des émotions, à des thérapies diverses elles aussi…
Peut-être ressentirez-vous le désir d'être accompagné par un thérapeute.
Cette question ne concerne que vous, cela doit être votre souhait tant que vous restez un électron libre.

Prenez garde toutefois à ne pas donner trop d'importance à tous ces instruments, tellement nombreux de nos jours. Le principal est de ne pas se perdre au cours de cette exploration. Il faut garder à l'esprit que l'important demeure le voyage pendant lequel vous allez

vous retrouver en parfaite harmonie avec votre corps physique, votre âme et votre être intérieur.
Le but est de rétablir le lien avec respect et confiance en vous-même. Gardez à l'esprit que vous devez rester votre propre maître.

Attention à toutes ces personnalités qui prétendent détenir ce titre de MAÎTRE. Vous êtes LIBRE et devez le rester.

Il y a un tel besoin de croire celui qui, parce qu'il possède un bagage intellectuel ou spirituel, peut vous donner des informations justes. Justes pour qui ? Pour cette personne ; oui, parce que c'est sa propre vérité. Dans ce domaine spirituel, qui peut prétendre détenir la vérité ?
Je vais, et j'en suis désolée, comparer ces quêtes spirituelles à un réel commerce qui s'est établi depuis ces dernières années.

Ne considérez pas forcément tout ce qui vous est transmis comme argent comptant, soyez plutôt curieux. Ainsi, vous découvrirez votre propre vérité et aussi celle qui vous mettra sur la voie de la réflexion.
Approfondir ses connaissances et solliciter sa curiosité ouvrent des portes et apportent des solutions parfois très surprenantes.

L'ego peut être capable du pire en vous faisant, avec flatterie et ruse telle la fable du corbeau et du renard, croire aux paroles d'un tiers pour rendre l'être dépendant.
Outrepassant l'amour, sauf celui de lui-même, certains de ces personnages vous laisseront entendre qu'ils sont votre sauveur. La personne souvent très sympathique, douée de se mettre en miroir pour vous rassurer, peut aisément devenir un gourou, dictateur, manipulateur… donc prudence !

Il est néanmoins des êtres qui bénéficient de ce titre de maître, après un manifeste de réelles expériences de sagesse. Ils sont dotés d'une maîtrise de soi acquise par une riche connaissance des vécus obtenue par l'humanité depuis des siècles.
Ces vrais maîtres partagent leurs savoirs et parfois même s'investissent dans l'enseignement. Ils ne sont absolument pas dans ce rôle du jeu de l'illusion et de la dépendance.
C'est à cela que vous les reconnaîtrez. Ils vous laissent libre et n'attendent pas de vous de projection affective afin de vous tenir à leur portée.
Je suis dure avec les mots, mais si nous pouvons les appeler maîtres, il faut que ces pointures soient dignes de respect inconditionnel de l'humain et de toute forme de vie, sans pouvoir ni possession.
Ces enseignants ne sont ni flatteurs ni manipulateurs, ils ne cherchent pas la séduction, ni la reconnaissance. Ils sont humbles et sans faux sourires…
Ces personnes doivent être dans leur vie ce qu'elles professent, et c'est là que tout se gâte…

La vie de ces gens se déroule dans la discrétion et la recherche intérieure. Les médias ou les moyens de communication *via* Internet ne sont pas leurs priorités. L'argent n'est pas un but premier pour les véritables maîtres.
Quant à nous, nous pouvons leur apporter notre gratitude et notre respect pour les connaissances qu'ils nous livrent.
Mais surtout ne pas s'adonner au fanatisme.

Vous êtes votre propre MAÎTRE et le perdurerez si vous vous reconnectez à votre propre ÊTRE !

Votre force intérieure est puissante, mais vous en doutez parce que la société et les informations sont pour la plupart faussées.

Nous sommes créateurs et, dès notre tendre enfance, cette forme de créativité est enfouie sous des couches d'obligations sociétales. Malheureusement, peu de personnes restent indifférentes à ces programmations et se retrouvent parasitées par cette intoxication de manifestes dits « instructifs ». La société façonne et prend le pouvoir sur notre liberté d'être.
Cette merveilleuse machine que nous sommes s'enraye et ne sait plus laisser ou faire passer la manifestation de l'âme, qui sert de guide à notre être.

Beaucoup de confusion règne actuellement dans ce domaine du développement spirituel.
L'expérience intérieure de l'être ne peut se décrire, elle se ressent, elle se vit directement en lien avec l'intelligence divine au-delà de toute description.

Je n'adhère pas à toutes ces manifestations ou expériences de transcendance, ces formes d'extase mystique.
Je dirais que cela peut s'avérer dangereux pour les personnes qui ne seraient pas prêtes.

Ces états non naturels, comme les sorties hors du corps, ne doivent pas s'effectuer sous prétexte d'une expérience ou d'une satisfaction personnelle.
Ces connexions ne se cherchent pas pour le plaisir ou le pouvoir, car dans ce cas nous perdons le véritable chemin, et c'est à ce moment-là que ces personnes sont prises dans le mécanisme de l'ego. J'attire votre attention sur cette pratique qui peut apporter un grand déséquilibre entre notre fonction spirituelle énergétique et physique.
L'écosystème énergétique n'apprécie pas ce genre de situation qui provoque une discordance dans son fonctionnement.

Tout comme la pratique de l'hypnose, où la vigilance est de rigueur...

Je suis très heureuse de voir se développer l'hypnose médicale, qui fait ses preuves et prend place auprès d'un personnel soignant confirmé.

Il faut se renseigner sur la technique et le thérapeute qui l'utilise.

Il existe différents types d'hypnose, restez vigilant concernant certains d'entre eux, telle l'hypnose de spectacle et spirituelle.

Lors de mes consultations « mission de vie » et de soin SE&R, des cas douloureux d'expérience de séances d'hypnose spirituelle se sont révélés désastreux pour la personne.

Ces individus ayant été reconditionnés dans une vie antérieure sans avoir été informés du risque que cela peut engendrer se retrouvent dans une fragilité émotionnelle.

Déstabilisées, la plupart en recherche de guérison intérieure, ces personnes ne peuvent pas faire face à des mémoires ou programmations souvent difficiles à gérer.

Il n'est pas question de prendre le pouvoir sur ces manifestations qui appartiennent à la source divine, qui détient les mémoires de l'âme.

Nul ne peut prendre le pouvoir sur vos vies antérieures, ni même prétendre vous guérir de celles-ci.

C'est à vous de travailler sur des blocages possiblement engendrés par vos expériences passées.

Gardez ceci dans votre esprit, il ne faut jamais s'introduire ou vagabonder dans une de vos vies antérieures.

Évitez les pièges, ne cherchez pas l'expérience paradoxale en revendiquant l'avancée sur votre chemin. Il en résulte souvent des séquelles émotionnelles, voire psychiques.

Toutefois, certaines pratiques mystiques peuvent être reconnues si elles amènent d'une certaine façon à vivre différemment. Des méthodes visant une amélioration du quotidien, en gérant le stress,

dans des cas d'insomnie ou de dépendances par exemple peuvent s'avérer utiles. Il s'agit là de bien garder le contrôle, et c'est l'amour qui favorisera cette recherche de manière intelligente au changement de l'individu dans cette voie spirituelle.
L'humain ne doit pas perdre de vue qu'il ne faut surtout pas se couper du monde terrestre, mais s'y intégrer avec harmonie, respect et créativité.
Nous ne pouvons pas nous dissocier de l'humanité, sans oublier que nous avons tous besoin les uns des autres pour mener nos expériences dans ce monde physique où se côtoient la matière et la sensibilité.

Parfois, des individus ont un rendez-vous inattendu avec ces énergies divines.
L'expression de l'âme est neutre. C'est naturellement dans un contexte de connexion réel qui bien évidemment se manifeste lorsque c'est le bon moment pour la personne. C'est d'autant plus fort que cela arrive souvent dans des circonstances où elle s'y attend le moins !
Ces moments-là sont sans prétention dans la totale innocence de notre être, dans la pureté de l'âme…
Et surtout lorsque la personne est sur son chemin, qu'elle arrête de chercher, laissant son esprit dans la légèreté, et se donnant l'autorisation d'être guidée.

Acquérir une harmonie faite de ces trois aspects : corps, âme, esprit. Je citerais le docteur Édouard Bach qui insistait sur cette harmonie. Il aura fondé toutes ses investigations à partir de cela.

*« Tant que le corps, l'âme et l'esprit sont en harmonie, rien ne peut nous affecter. »*

Dr Édouard Bach

L'amour simple, humble, totalement détaché, relié à l'intelligence cosmique nous apportera l'unité de l'âme et le contact direct entre ces fonctions.
Cette unité que nous formons déjà fait de nous des êtres brillants doués d'une conception supérieure, conduite par notre être, qui fait de nous des personnes libres.
Cette condition nous permet de vivre indépendamment les grandes qualités que sont l'expérience de notre âme, la sagesse et l'amour.

Ainsi, nous ne pouvons plus être manipulables !
Le discernement assure la nature de notre vie et de notre liberté.

L'être humain depuis bien des temps est affligé de croyances, d'informations influentes de toutes sortes, il n'a pas pu exprimer et approuver son âme pendant longtemps.
Voilà pourquoi certaines, par besoin de sécurité, restent dans l'ego par peur de perdre leur personnalité au sein de l'humanité.
Ces personnes dirigent leur vie en accordant un rôle principal à cette partie mentale, même si c'est vécu dans la souffrance. Celles-ci vivent cette expérience de façon à pouvoir éveiller leur conscience par la suite, sans le moindre doute.
Il est parfois nécessaire pour certaines d'entre elles de passer par ce chemin.

C'est pourquoi nous nous retrouvons parfois avec des opposés.
Les uns vivent avec l'ego en apportant un potentiel séparateur, générateur de mal-être, et tout ce qui en découle comme le pourvoir et la manipulation.

Les autres expérimentent avec le soi, apportant un potentiel de beauté, générateur d'amour, de créativité, de bonheur et de réalisation de leur mission de vie.

En fait, la vie est une expérience fabuleuse et mystérieuse aussi. Elle ne repose pas simplement sur ce que l'on croit, sur ce que la société nous a inculqué ou même sur ce que l'on pense connaître, mais sur ce que l'on est venu expérimenter lors de cette incarnation sur notre terre.
Eh oui, nous sommes tous venus expérimenter, chacun à notre manière, avec nos sensibilités et nos compétences déjà acquises lors de nos différentes et nombreuses vies antérieures.

Par ailleurs, chaque fois qu'une âme quitte son corps physique, les mémoires inscrites pour la vie terminée rejoignent les mémoires antérieures qui sont bien gardées dans ce que je nomme la chambre de lumière divine.

Dans cette chambre sont donc stockées toutes les mémoires et programmations de toutes les vies. La plupart du temps, le phénomène d'inscription aux annales se concrétise selon l'état émotionnel des gens avant de partir. Plus cette rétrospective de vie est fortement vécue lors des vies par les personnages que nous incarnions, plus nombreuses seront les mémoires gravées.
Leur nombre varie selon les configurations.
Le corps physique ou la matière que nous représentons évidemment ne connaît pas cette intelligence supérieure et n'y a aucun accès. C'est un fonctionnement propre à l'âme.
De même pour sa mission de vie, l'humain peut toutefois la découvrir, au cours de chaque nouvelle vie, et cela peu importe le moyen ou le moment qui lui sera octroyé.
L'être s'ouvre à la vie et à de nombreux éléments. Il prend également conscience de la priorité à donner pour réaliser cette mission. C'est non seulement pour sa propre évolution, mais pour l'humanité tout entière, qu'il va vers un changement en franchissant les fabuleuses portes des consciences et celles de l'amour universel.

La réincarnation fait suite à une incarnation. Cette précision est très simpliste pour tout simplement l'exposer aux personnes les plus sceptiques ; et surtout sans essayer de les convaincre, j'ajoute ceci : si elles croient à l'incarnation de l'âme dans le corps physique, alors une fois que ce corps physique est éteint, pourquoi l'âme ne pourrait-elle pas s'incarner à nouveau, dans un corps physique tout neuf ?
D'où la réincarnation !
C'est tout naturellement un moyen pour l'âme de quitter l'apparence qu'elle utilisait sur la terre, qui a fini son rôle ou sa mission pour revenir avec un autre véhicule et continuer son évolution terrestre.
Si l'âme s'est incarnée une première fois, pourquoi ne pourrait-elle pas le faire à plusieurs reprises ?
Et cela quelle que soit la décision prise ou même le choix d'un ailleurs dans notre fantastique univers !
Sachant que nos scientifiques vont de découverte en découverte sur d'autres vies possibles…
La vie sur terre n'est qu'un passage !

Nous pouvons espérer nous aussi aller d'exploration en exploration…

La plus importante forme de communication qui soit est sûrement celle que nous pouvons et devons rétablir avec notre propre soi.

Une intention claire et forte avec votre âme peut vous éclairer et transformer votre vie. Le pouvoir de l'âme rentre en concordance avec l'être dans sa totalité, même physique, lorsqu'on lui accorde cette dimension.
Vous avez grâce à cette conscience d'intention la faculté de modifier certains paramètres de votre vie.

Donnez l'autorisation à votre âme, demandez-lui de vous aider pour ce changement.
C'est votre maître intérieur.

J'entends en disant cela la capacité de communiquer directement avec son âme. S'accorder les aptitudes nécessaires, afin de pouvoir guérir des mémoires de l'âme, ces mémoires qui auront été gravées au cours de nos nombreuses incarnations.
C'est comme si vous libériez votre moi profond de ces différentes couches et pelures de ces innombrables vies.
Ainsi, se retrouver comme nu et se procurer la joie de renaître dans la pureté divine.
Accueillez l'énergie de l'amour pour vous donner les compétences à aider les autres à travers votre mission de vie. Vous rencontrerez l'expérience d'acquérir la compréhension de tous vos semblables, mais aussi le respect de tout être vivant, de vous-même et enfin la faculté d'être avec vous, sans jugement !
L'objectif principal, ne l'oublions pas, est d'être en parfaite harmonie et dans le bonheur.
Atteindre ce but, c'est être dans sa mission de vie, mais aussi en contact avec son essence divine.

Essayez ceci (c'est une de mes expériences) :

Vous vous retrouvez dans votre lit sans aucun vêtement, nu comme lorsque vous êtes arrivé dans cette vie.
Vous êtes nu comme au commencement, *idem* à l'instant de votre souffle originel, lorsque vous avez poussé le premier cri et ressenti la lumière du monde extérieur !
À ce moment, décidez que c'est une renaissance et que vous êtes capable de renaître chaque jour.
Mettez de nouveaux vêtements et reprenez un nouveau souffle, ressentez votre corps, aimez-le.

Prenez bien votre temps... Même si vous devez explorer chaque partie de votre corps pour en prendre conscience.
Retrouvez-vous comme au tout premier jour en vous disant : « JE SUIS.
Je suis prêt et j'existe, je m'aime et je vais prendre ma vie en main.
Je ne suis pas seul. Mon âme et mon ange gardien veillent sur moi et me guident.
J'habite un corps libre et capable d'aller jusqu'au bout de mes souhaits.
JE SUIS.
Je fais confiance au processus de la vie. Tous mes besoins sont pris en charge.
JE SUIS, je suis, je suis... »

Au plus profond de notre cœur, nous sommes.

### *MESSAGE*

Toi qui avances,
À chacun de tes pas
Retrouve la joie.
Joie d'être,
Humain debout et libre.

Tes choix sont en résonance
Vers la transcendance.
Avance et écoute.

Le chant de l'oiseau,
Qui sur ta route,
Dans une envolée, au vent de ses ailes
Te montre que la liberté
Est pour chacun.

L'étincelle de vie
Qui vers de célestes destinées
Te guide dans sa généreuse lumière,
Pour laquelle tu aspires
Depuis le premier souffle.

Déploie tes ailes et vole,
en amour.

# La mission de vie collective

*« Prends ton temps, sur le chemin,*
*l'accomplissement ne se fait pas dans la précipitation. »*

FLORENCE LÉAUTAUD

Nous sommes tous des êtres d'amour et d'énergie.
Nous aspirons tous à la joie, au bonheur, à l'amour. Nous aimons tous la musique, la beauté, la vie belle, la bonne santé… Eh bien, pour les obtenir, cela nécessite des transformations dans notre vie.
Prendre conscience de sa mission de vie amène à cette notion de changement et de transcendance.
Il faut réaliser sa mission de vie et guérir de ses mémoires encombrantes !

Les mémoires d'âme sont des notions d'apprentissage des vies passées. Celles qui nous permettent d'avancer sont généralement non résolues, pour la plupart.
Nos choix et nos aspirations profondes permettent des chemins de guérison et la purification de toutes ces mémoires embarrassantes.
Pour guérir et réparer ces mémoires, personne ne peut prétendre le faire à votre place.
C'est à chacun, et pour sa propre évolution, de régler lui-même selon son vécu les problèmes à résoudre lors de cette vie présente.

En toute honnêteté, vous savez au plus profond de votre être qui vous êtes vraiment.
Pourquoi feindre de vous connaître et enfouir ce que vous jugez ne pas être ?
Vous découvrirez lors d'un prochain chapitre vos choix du démarrage, et peut-être cela vous permettra de faire la paix avec vous-même.

Malgré cela, je tiens à préciser que les mémoires que nous véhiculons sont diverses et pas forcément négatives.

Les mémoires positives sont les résultantes d'une mémoire assimilée. Elles découlent d'une expérimentation en lien, qui aura été travaillée lors d'une vie, voire de plusieurs vies précédemment.
Le facteur émotionnel entre toujours en résonance avec les diverses expériences.
L'élimination des souffrances, des peurs dans ces mémoires est donc le processus qui permet de laisser place à d'autres expériences terrestres humaines à vivre.
Ainsi, l'âme continue de vie en vie ces cheminements divers sans connotation de punition en lien avec quelques expériences antérieures déjà vécues.
L'ascension de l'âme continue de cette façon, dans la mission de vie commune à tous.

Certains d'entre vous pensent qu'ils subissent leur karma !

Définition du karma ou karman : n. m. (mot sanskrit).
Principe fondamental des religions indiennes qui repose sur la conception de la vie humaine comme maillon d'une chaîne de vies (*sansara*), chaque vie étant déterminée par des actes accomplis dans la vie précédente.

Comme vous le constatez, ce mot fait partie d'un vocabulaire religieux qui n'est pas le mien.

Nous avons acquis des expériences de nos vies antérieures qui forment ces mémoires, et c'est ce que j'appelle la mémoire d'âme. J'ai déjà abordé dans le chapitre précédent la chambre divine où sont stockées les mémoires d'âme.

Chaque âme possède sa propre chambre divine et ses annales (composantes de données enregistrées). Elle n'est accessible à personne d'autre...
C'est la propriété de l'âme éternelle, essence divine de notre être.
Il y a cependant un moyen d'accès qui se trouve lors d'une lecture akashique.
Mais ces lectures ne doivent se faire qu'avec l'autorisation de la personne et de l'intelligence divine. Dans une guidance cristal, c'est-à-dire en transparence totale, sans aucun jugement et surtout toujours dans l'amour.

Les gardiens de ces mémoires veillent et protègent.
Ce n'est donc pas accessible à tout le monde.
Ce travail akashique n'est pas à prendre à la légère et doit être pratiqué avec un grand respect spirituel.

L'âme est parfaite, pure et dénuée de tout vice. Elle ne possède pas d'idée précise concernant le bien ou le mal. Bien qu'elle soit aussi parfaite, les mémoires d'âme ne sont pas les mêmes pour tous non plus.

L'âme a néanmoins sa propre configuration qui va de vie en vie s'étoffer de toutes les expériences vécues. Cette mémoire d'âme joue un rôle dans chacune des vies terrestres.
Nous pouvons comparer le retour sur terre à une scène de théâtre, où notre âme va enfiler le costume du rôle qu'elle aura planifié avant de revenir parmi tous les êtres vivants sur cette planète.
Les rôles seront bien différents selon les mémoires choisies dès l'investigation d'une vie.

Nous avons tous cette mission de vie commune à chacun d'entre nous en venant nous incarner : expérimenter la vie humaine sur terre et continuer notre ascension en considérant notre évolution dans ce monde de la matière.
La mission divine à laquelle nous aspirons tous : « retrouver l'unité », son unité avec tout l'univers.
Nous devons viser à garder notre objectif, unifier et harmoniser les trois mécanismes vitaux : corps, âme, esprit, pour un retour à la source divine.
L'amour inconditionnel, la vacuité et la foi sont des valeurs dont nous sommes tous en quête dans le respect de la vie.
C'est actuellement en ascension perpétuelle vers cette recherche structurelle spirituelle de la mission humaine que nous recherchons une humanité de beauté suprême dans tous les domaines.

Je ne suis pas utopiste, c'est au travers de mes nombreux messages venant de l'univers que je crois en un monde meilleur.
Nous devons néanmoins passer encore par de nombreux processus d'évolution. Ces processus impliquent certaines confrontations et dualités, comme la paix en opposition à la guerre, l'amour et son opposé la peur, et aussi ces préceptes du jugement comme la haine et la jalousie.
À la joie s'oppose la peine, à l'ignorance l'antagonisme de l'intelligence, la connaissance de l'esprit.
L'incompréhension, la manipulation et les nombreux dissentiments nous inscrivent dans la limitation et l'impuissance.
Nos émotions en reprenant le dessus nous inondent dans un océan de souffrance, c'est alors que le bonheur disparaît.
Nous sommes dans un monde de construction et nous nous trouvons au beau milieu de toute cette avancée pour l'humanité.
Lorsque les mémoires physique, émotionnelle et mentale seront en parfaite harmonie, je parlerais même de perfection intelligente, ce que nous appelons l'unité, alors les consciences s'ouvriront.

Voici la mission numéro un pour cette vie terrestre que nous sommes et venons sans cesse expérimenter.

La mission de vie commune à tous est similaire à l'ascension d'une montagne. Chaque pas compte, chaque acte et chaque pensée actionne une énergie.
Nous allons chacun à notre rythme vers le sommet. Ce qui importe, c'est de toujours garder et ne pas perdre de vue l'immensité couronnant.
Voilà pourquoi je parle de l'unité que nous formons déjà. Nous sommes dans cette volonté de gravir ce sommet, de monter le plus haut possible vers cette grandeur et cette lumière qui se trouve en chacun de nous.
Bien entendu, comme toute ascension, le chemin de montagne est souvent fait d'aspérités.
Ces obstacles, hostilités ou même épreuves, sont nécessaires à l'apprentissage de l'âme. Parfois, simplement pour l'assimilation de ces mémoires encombrantes.

La seconde mission est celle de vie personnelle, que j'appelle la nourriture de notre âme.
LA MISSION DE VIE ! De cette vie présente.

Petite réflexion : l'amour inconditionnel pourrait être le lien avec l'univers qui formerait l'unité.
Lorsque je parle de l'univers, j'englobe aussi le monde dans lequel nous vivons avec tous les êtres vivants qui l'occupent.
Que ce soit dans le règne humain, végétal ou animal.
Un travail de la conscience à se libérer de la matière.
Mais attention, dans ce cas je ne parle pas du matériel, cela n'a strictement rien à voir.

L'unité serait-elle directement reliée à l'âme du monde ?
Il me semble pourtant que nous vivons une ère d'individualité !

Mais revenons à cette première mission que toutes les âmes ont en commun.
Chaque âme œuvrera grâce à ses propres expériences acquises lors des vies antérieures. Ce sont les mémoires propriétaires de chaque individu, qui bien entendu sont unies avec les autres âmes aussi, toujours en connexion entre elles, qui forment un extraordinaire terrain d'échanges et de potentiels.
Le grand ordinateur cosmique est le réservoir de nos mémoires. Il stocke d'une manière intelligente et structurée les informations de chacune de nos vies passées.
Toutes les chambres divines que je vous évoquais sont dans cet espace.

Les mémoires d'âme participent elles aussi activement au cheminement vers l'unité.
Cette mission commune ne peut se réaliser sans partage humain lors de nos différents passages sur terre, avec la vie de tous les êtres vivants en communion.
Donc, aidons-nous les uns les autres.

Paradoxalement, sous divers prétextes, nous restons dominants dans cette vie terrestre au lieu de nous relier à tous ces différents mondes dans l'amour.
Ce qui freine l'humain vers plus de conscience à l'accomplissement de cette mission de vie est sa relation à l'unité.

Cette première mission humaine présente est un passage obligatoire pour tout être humain, dans l'unité que nous formons déjà sur terre, dans ce monde des vivants.
Elle est orientée vers l'éveil spirituel, visant l'amour inconditionnel, la paix, la liberté intérieure, la guérison profonde de l'être, la vacuité de toutes maladies de l'esprit que sont la haine, la jalousie, la colère, l'envie obsédante, l'ignorance, etc.

Voilà une mission qui oblige l'âme à s'incarner à plusieurs reprises, afin d'explorer, par le biais de multiples expériences de vies, les moyens de pouvoir accéder à cette forme de guérison intérieure. Ces acquis nous amèneront la liberté et la connaissance profonde de chaque être vivant.

Je pense très sincèrement que nous sommes tous malades de nous-mêmes.

# La mission de notre vie

*« Accroche-toi à ton âme et ta foi s'illuminera ! »*

Florence Léautaud

La première mission de vie est, je vous le rappelle, la mission de vie commune à toutes les âmes, la seconde mission de vie est celle qui est propre à chaque âme et qui pourrait nous permettre de nous guérir. Elles sont différentes l'une de l'autre.
Mais encore faut-il savoir de quoi il en ressort.
Cette seconde mission est celle que j'appelle la mission de vie présente ou personnelle. Elle pourrait se définir comme nourriture de l'âme pendant toute la vie terrestre.
Cette mission de vie n'est pas forcément en lien avec le travail que nous accomplissons au quotidien.
Votre profession nourrit le véhicule que l'âme incarne, et notre famille également, en pourvoyant à l'aspect financier.
Je le répète pour qu'enfin vous fassiez vraiment la distinction entre ces deux aspects.

Cette mission de vie présente est disparate selon les êtres, et surtout selon leurs propres expériences de vies antérieures.
Elle est la nourriture de l'âme qui, lorsque celle-ci en reçoit les bénéfices, lui permet des retrouvailles avec l'être, suscitant l'accès

au bonheur et la connexion divine à ce que nous sommes tous réellement.
Voilà un stratagème pour une guérison existentielle.
Notre être profond, en connexion à cette partie divine qui nous habite, développe également le langage de l'âme que nous appelons l'intuition.

Nul besoin d'enseignement compliqué pour trouver ce bonheur enfoui en chacun de nous.

La mission de vie, qui repose sur parfois de simples pratiques de notre quotidien, peut aussi nous redonner notre force vitale qui est un point capital de notre fonctionnement.
L'action de celle-ci participe, comme un facteur parmi tant d'autres, au bon processus de cette force vitale.

Bien entendu, ce n'est pas si facile pour autant.
La force vitale, je vous le rappelle, est une des principales manières de retrouver la bonne santé et de soigner nos maladies. Notre corps a cette capacité de s'autoguérir, mais nous l'oublions trop souvent.
Effectivement, la force vitale a la fonction de renforcer les propres défenses d'un individu, même en parallèle d'un traitement médical en cours.
Par conséquent, il est important de trouver le chemin qui nous mène à notre mission de vie présente, afin que cet état de bien-être puisse participer à notre bonne santé.
Les missions de vie présente ou personnelle sont heureuses et vécues dans un bonheur absolu. C'est comme ça que nous la reconnaissons. Lors de ces moments où la personne est en action dans sa mission de vie, le corps, l'âme et l'esprit ne font plus qu'un. C'est de cette joie intérieure que se propagent et se manifestent les informations apportant de l'énergie à notre force vitale.

C'est également le moyen de redonner un sens à notre vie au quotidien...

Les mémoires de l'âme sont capitales.
Les expériences passées ont elles aussi une importance primordiale pour la construction de notre ego. Cet ego, qui intègre la personnalité de la matière, nous sert de véhicule.

Chaque mémoire influente récupérée qui n'a pas été assimilée dans une vie antérieure va devenir un facteur incontournable, déterminant les choix de l'âme et les conséquences de votre compréhension de la vie.

Prenons l'exemple de notre apparence physique qui découle du choix de celle de nos parents.
L'ego se construira ainsi avec toutes les données et générera la conscience dans le monde physique.
Je m'explique : en sélectionnant ses parents, l'âme se charge des mémoires de la lignée d'ancêtres.
C'est un ensemble de mémoires, puisque nos aïeux ont eux aussi une histoire dans l'époque, le lieu et de tout ce qui façonne une vie.

Elle va donc directement chercher par ce lien les mémoires de cette lignée, pour utiliser les éléments dans ses propres expériences à mener au cours de son incarnation.

Pas facile de l'entendre, surtout pour ceux qui sont en quête de libération du passé. Ceux-là mêmes qui travaillent sur la psychogénéalogie comprendront qu'il est bon d'accepter aussi la présence de ses mémoires pour ne pas vivre dans le jugement, ni même dans le déni, voire la culpabilité.

Ces mémoires ne sont pas le fruit du hasard, ni celui du prix à payer.

Cette technique de psychogénéalogie est formidable et permet d'ouvrir des possibles.
Appelée encore analyse de la psychogénéalogie, la transmission et le transgénérationnel, cette pratique est une théorie développée par le professeur Anne Ancelin Schützenberger.
C'est une manière de travailler sur les mémoires d'âme, selon moi, en considérant ces mémoires familiales, source des vécus émotionnels des générations éloignées, des parents.
Cette méthode permet de mettre en avant des situations et comportements étranges ou inexplicables d'un individu avec des conflits des traumatismes, voir des secrets vécus par ses ascendants.
Ces mêmes évènements qui se sont produits chez nos aïeux se retrouvent en résonance avec notre propre vécu.
Nous pouvons parler de transmissions transgénérationnelles.
Vous voyez où je veux en venir ?

Les choix de notre âme ne sont pas le fruit du hasard.
Ils résultent de ce que cette lignée a vécu, de l'assimilation de nos mémoires, propre à notre âme et à chaque vie.
Je donne souvent ces conseils lors de mes consultations, en expliquant que prendre connaissance de ces mémoires nous libère de l'état de victime et nous permet de rester acteurs de notre vie.
Nous pouvons ainsi stopper cette avancée dans la fatalité, et enfin comprendre ces choix du départ pour se guérir et s'ouvrir aux mémoires à assimiler.

Les résidus encombrants de ces mémoires vont donner lieu à des replays dans notre vie. Jusqu'à ce que nous prenions conscience de cette accumulation de répétitions, nous interpellant au fil du déroulement de celle-ci.

Les expériences de nos vies passées se trouvant dans notre inconscient se manifestent pour en guérir.

C'est un assemblage de mémoires qui se définit comme un puzzle. Nous y trouvons les mémoires de la vie présente, c'est-à-dire ce qui s'est passé depuis la conception de l'être que nous sommes aujourd'hui (y compris la vie intra-utérine) jusqu'aux mémoires d'hier (liées à la génétique), avec les mémoires de l'âme (choisie au départ et à assimiler).
Toutes ces mémoires d'âme sont sélectionnées au moment des choix d'incarnation de celle-ci.
L'âme définit les vies et les expériences à venir en fonction de ses besoins tout en nous laissant le libre arbitre.
Donc, à nous de faire le choix le plus juste afin de ne pas souffrir inutilement.

C'est toute une intelligence qui gère ces choix, et nous permet de planifier notre aventure terrestre.

N'oublions pas qu'en finalité, l'âme est appelée à rejoindre les âmes qui ont déjà exploré toutes les expériences terrestres humaines.
C'est-à-dire retrouver la source divine, cet océan de lumière.
C'est l'ascension.
C'est à cette lumière que vous devez vous unir. C'est la connexion divine à votre être profond.
La lumière appelle la lumière.

Chacun d'entre nous est porteur de la lumière, chacun est responsable de sa propre vie et de ses expériences.
Même chez les personnes les plus obscures, leur être détient une part de lumière, ne serait-ce qu'une petite étincelle, mais cela suffit.
La lumière pénètre toujours l'obscurité, alors qu'inversement l'obscurité ne parvient pas à rentrer dans la lumière…

Cette partie de lumière, si petite soit-elle, ne peut que grandir. Faites confiance à votre âme, elle sait où elle va. Elle sait quels sont les chemins que vous avez choisi d'emprunter. C'est pour cela que la peur, cette émotion destructrice, est inutile.
Faites confiance à votre âme… et retrouvez la paix intérieure.
Je vous partage une consultation pour vous faire comprendre l'importance de ces mémoires pour la mission de vie.

## L'HISTOIRE DE JEAN

Jean est en consultation pour sa mission de vie.
C'est un homme d'âge mûr, qui ne laisse rien transparaître de sa personnalité.

De nature posée, Jean attend que nous commencions notre entretien avec beaucoup de sérénité et un calme absolu.

Cette belle énergie communicative me met également dans d'excellentes conditions pour démarrer ma connexion divine.

Après un court laps de temps, où je m'accorde l'explication de cette rencontre avec les guides, ces énergies divines, je me place en réception.
Je commence à recevoir une vie antérieure de Jean, qui s'annonce mouvementée.

Je perçois un jeune homme au travers duquel je ressens un grand désarroi, la peur, l'effroi et la colère.
Cet homme se trouve parmi des soldats mourants, sur un champ de bataille.
Les hommes autour de lui sont d'après leurs uniformes du XVII$^{e}$ siècle.

Nombreuses sont les périodes de guerre à cette époque, où les bruits de canons et de l'acier s'entremêlent.
Des cris, des sabots de chevaux, énormément de poussière, puis des hurlements humains me touchent profondément.

À ce moment, je suis réceptive aux émotions, en lecture de celles de cet homme que je reçois au milieu de cette scène. Ce dernier est l'incarnation de Jean dans une de ses vies passées.
C'est très douloureux de nouveau, des cris d'hommes blessés et agonisants.
En face de moi, Jean est très troublé. Il attend la suite et ressent ce qui me traverse, lui aussi. Il laisse vivre ces émotions dans son corps, je l'observe discrètement.

Je dois toujours garder mon sang-froid et rester accessible.
Le jeune homme (Jean) est parmi de nombreux corps, des hommes qui l'appellent, pleurent, souffrent, se lamentent, puis d'autres qui meurent.

Je le vois parler ou plutôt chuchoter, parce qu'il est tout près d'un des personnages à terre.
Tous ces êtres en demande, il tient dans ses mains un livre et un crucifix.
Je comprends à présent que c'est d'une bible qu'il s'agit, que cet homme est un prêtre donnant l'absolution.

D'une constance paisible, Jean écoute sans rien dire.
Je m'inquiète de savoir si tout va bien pour lui, avant de poursuivre.
Lorsque les scènes de vie antérieure sont aussi délicates, je fais quelques pauses pour m'assurer que la personne peut continuer à entendre. C'est pour cela que je n'avais pu le cerner dès le début !

Il est stoïque, en prière, réconfortant, accompagnant tous ces hommes jonchés sur ce champ de bataille, et essayant d'en sauver un maximum.
Il se donne avec ferveur dans ce soutien. Il portera secours à certains en les mettant à l'abri du mieux possible. Il est présent également dans le passage vers l'au-delà.
C'est un homme avec une volonté de fer, qui fait face à toute cette insécurité de combat pour être là avec les soldats. La persévérance marque également un trait de caractère.

C'est son combat et sa manière à lui de faire prendre conscience de toute cette haine et toute cette atrocité que répand la guerre.
Il s'applique à sa façon pour apporter la paix de l'âme, avec l'espoir d'une transformation face à l'horreur de tels actes.

C'est son choix et il n'est pas anodin. Par son action, il représente Dieu et l'amour sur ces champs de bataille.
Il est un acteur de la liberté, un fervent militant de la paix et de son combat pour l'amour. Je ressens tellement sa colère face à toutes ces victimes et son impuissance humaine.

Puis une image de cet homme de foi, déçu, triste, sur le point d'abandonner sa mission.
Il est seul, dans un endroit clos, je le sens avec le cœur serré.
Juste une petite fenêtre, laissant pénétrer le soleil dans la pièce.
Cela ressemble à une cellule.
Le sentiment d'injustice est gravé, comme mémoire.

Je pose aussitôt la question : « Est-ce une prison ? »

Mais très vite apparaissent des représentations de nature, puis un ressenti de liberté, et un visage féminin qui se dessine. Une personne lumineuse, d'où l'amour émane.

Cette femme, blonde et très belle, va entrer dans la vie de cet homme.
Il est habillé avec des vêtements de paysan à présent.

Cette jolie personne semble lui inspirer la liberté, la joie et la guérison de ses souffrances.
J'éprouve l'exaltation du cœur, l'amour, devrais-je plutôt exprimer ?
Le ressenti émotionnel se stoppe à ce moment-là.
C'est une nouvelle vie dans la même vie antérieure que je visualise maintenant.
Beaucoup de petites anecdotes seront avec précision tout de même données à Jean.
La mission de vie de cet homme dans cette vie-là était reliée à l'amour.
J'ai reçu ensuite une autre vie antérieure de Jean, tout aussi riche pour lui de détails pour son évolution personnelle.

Sa mission de vie personnelle m'est présentée d'une manière difficile à expliquer.
Il s'agissait de la mission supérieure de partage, et elle était doublée d'une mission spirituelle.
L'écriture est apparue comme étant son moyen de transmettre.
Voilà pour cette consultation où ma surprise fut merveilleuse.
Une fois tout cela exposé à Jean, en essayant de lui communiquer cela de la façon la plus juste, même si les mots sont parfois complexes à trouver, je lui laissais prendre la parole à son tour.
Il m'a confié ce jour-là, et cela s'est inscrit dans mes plus beaux souvenirs, qu'il avait reproduit l'équivalent de cette vie de prêtre au détail près, la guerre n'est pas la situation de nos jours.

En effet, Jean avait été un homme d'Église aussi, dans cette vie présente.

Il n'avait pas été le curé de campagne, ni même celui qui fait la messe ou reste cloîtré dans un monastère.

Il avait choisi la fonction de religieux auprès de jeunes gens en difficultés sociales. Il savait ce qu'il devait apporter pour aider à l'insertion de ces jeunes.
Jean rendait l'espoir d'une vie heureuse et accomplie à ces adolescents et adultes en souffrance physique et émotionnelle, pour la plupart due à la prise de produits toxiques.
Il était de nouveau investi dans un combat de survie, différemment certes, mais dans les mêmes volontés humaines.

Enfin, c'était un homme d'Église et de terrain surtout.
Il n'est pas entré dans les détails et a continué, à mon étonnement, à me livrer la suite de sa vie avec pudeur.

Il a rencontré la femme qui aujourd'hui partage son chemin et a donc rompu ses vœux.
Elle est blonde naturellement !

C'est une subtilité parmi toutes les similitudes que nous avons pu mettre ce jour-là en lumière.

J'en avais les larmes aux yeux et, en écrivant ces lignes, je ressens une vive émotion.
Merci à Jean pour cette confiance et ce partage dans l'amour.

Mais ce n'est pas terminé.
Concernant sa mission, elle remplit déjà une partie de son temps. Aujourd'hui, dans la rédaction d'un recueil de mémoires et une allégorie, il occupe aussi un poste de formateur, où il transmet ses connaissances.

La mission de vie de Jean lui a tout de suite répondu, pourtant il ne s'attendait pas à entendre tout cela.
Déjà dans l'écriture de son œuvre, le fait d'en avoir la confirmation de cette façon lui donnera plus de force et de conviction dans ce cheminement.
Le travail de nettoyage de ces mémoires ou de ces programmations à assimiler est mis à jour. Reste à Jean de faire le nécessaire sur celles qui lui sembleront les plus pertinentes. C'est à chacun de faire la démarche en fonction de son ressenti personnel, pour son avancement spirituel.
Voilà un bel exemple de reproduction et similitude de vie.
Tant que les mémoires ne sont pas assimilées, c'est une programmation de vie en vie ou, de surcroît, une programmation de l'âme.

L'ascension de l'âme passe par ces besoins d'accéder à toutes les connaissances et de se libérer de toutes emprises.
La mission de vie personnelle, celle pour laquelle vous vous posez tant de questions, se conjugue avec vos choix de vie au quotidien.
Je vous rappelle qu'il s'agit de la nourriture de l'âme. Elle est aussi reliée à ces mémoires.
Lorsque la mission de vie n'est pas intégrée chez l'individu, l'âme ne se nourrit pas complètement.
Pour beaucoup de gens dans notre société, c'est une quête de savoir ce qu'ils font sur terre, et ils cherchent désespérément à trouver leur raison de vivre.
Les communications âme, corps, esprit ne fonctionnent pas harmonieusement et privent l'individu de la voie du cœur.
Cette interruption involontaire d'échange ne permet plus le lien naturel avec l'âme pour trouver son chemin vers sa mission de vie.
L'état d'action initial n'est plus synchronisé.
Les détails de la resynchronisation énergétique se trouvent dans le chapitre de la méthode SE&R de ce livre.

Alors que cette intervention énergétique est capitale, il ne faut pas négliger l'énergie de l'amour.
L'amour est une énergie, somme toute, des plus belles. Elle accompagne chaque mission, quel que soit le fondement.
L'amour est aussi l'énergie capable de traverser certaines difficultés en l'utilisant selon le besoin comme manne ou bouclier.

Vivre sa mission de vie n'est pas qu'une expérience, mais c'est une force grâce à laquelle l'être existera en pleine satisfaction. Son intention est de mener à bien son expérimentation terrestre.
Nourrir son âme procure la parfaite communion avec sa substance divine, qui est l'essence même de l'être, et donne un sens à la réalisation du temps qui nous est alloué sur terre.
Avec ou sans preuve de l'existence de notre immortalité ou de l'au-delà, l'âme continue de chemin en chemin à accomplir sa mission divine.

« Être ou ne pas être. »
Tout dépend de notre volonté de reconnexion à notre âme !

Dans « spirituel », il y a *spirite*, qui veut dire esprit et l'âme est spirituelle.
L'âme est joyeuse, donc la spiritualité, c'est joyeux !

La mission de vie personnelle est un instant de bonheur, source d'amour.
Plus vous nourrirez votre âme avec votre mission, plus vous serez heureux et attirerez le bonheur.
La nuance tout de même est qu'il ne faut pas croire que si vous êtes dans votre mission de vie, vous serez heureux vingt-quatre heures sur vingt-quatre.
Vous vous retrouverez dans cette ivresse de vivre lorsque, dans ces moments d'intense interconnexion de l'âme que procure votre mission de vie, l'être est totalement nourri.

Lors de ces unions avec votre âme, ne tombez pas dans le piège de tout abandonner parce que vous avez la certitude que votre mission de vie est ailleurs. Certes, elle l'est sûrement, en général nous le savons profondément. Mais bien des personnes convaincues de cela laissent en plan leur emploi pour réaliser leur mission.
Faites bien la distinction !
Quelle que soit la mission de vie, vous pourrez toujours vous en délecter tout en conservant votre façon de vivre.
Prudence, il n'est pas question pour l'univers de vous faire souffrir pour accomplir votre mission.
Certains peuvent cumuler leur travail et leur mission de vie, d'autres devront se trouver du temps pour nourrir leur âme en n'effectuant leur mission que partiellement au début…
En général, pour ce second cas de figure, il suffit de laisser le temps au temps. L'âme bien nourrie attire le bonheur et fournit toutes les modifications s'il y a lieu.
Tout se mettra en place avec patience, discernement, joie et amour.

Je rappellerai que l'instant présent est le seul moment où nous vivons vraiment !

Vous vous demandez comment découvrir votre mission de cette vie.
Je vais être honnête en vous répondant qu'il n'y a pas de recette miracle, ni de technique pour trouver sa mission personnelle.
Cela fait partie du jeu, et cette quête spirituelle vous encourage à l'éveil de cette communication entre votre être et votre âme.

# Ma mission

*« Vivre, ce n'est pas être le rayon de la roue de l'éternité, mais l'énergie qui la fait tourner ! »*

Florence Léautaud

Je vais à présent vous dévoiler ma propre mission de vie et comment j'en ai pris connaissance.

Cet épisode de ma vie l'a fait basculer, et j'ai dû faire face à un véritable bouleversement dans tous les sens du terme.
Cette période m'a apporté de nombreux changements et une réelle prise de conscience. Il était temps pour moi d'accéder aux grandes transformations.
Je pense avec un recul certain que c'est une seconde mission dont j'ai bénéficié. Elle a succédé à une autre pour laquelle j'en avais terminé. Cette mission de vie était en corrélation avec l'éducation de mes enfants, les éveillant de rudiments différents à une éducation commune que je devais leur fournir.
Nourricière, telle était ma mission à ce moment-là.
Cette nourriture, comme vous l'aurez compris, n'était pas alimentaire pour moi, mais à un niveau plus spirituel, de lumière et d'éveil dans l'amour.
L'amour, la liberté, les valeurs et toutes ces matières à inculquer, que tous les parents ont pour fonction de transmettre, participent à l'engagement éducatif. Sauf que la mission de vie, qui correspond

à celle de « nourrir », inclut ces missions nobles. Cette mission est rythmée par ce projet inconscient de nourrir la famille et les proches, d'une denrée bien nuancée à la notion spirituelle. Cela se communique en laissant le libre arbitre, dans le respect des croyances de chacun, mais en apportant des lumières sur le chemin afin d'éveiller la connaissance. En général, cette mission s'accomplit d'une manière discrète et douce, et non avec le besoin de transmettre absolument des convictions personnelles.
Bien entendu, tous les parents n'ont pas cette mission particulière dans leur rôle d'éducateur.

La seconde mission de vie pour laquelle je suis venue sur cette terre m'a été donnée d'une façon très invraisemblable aux yeux de tout un chacun.
Après une expérience entre la vie et la mort, le message est arrivé très clairement. Il est venu de l'intérieur de moi, d'une force manifeste. Il me semble du fond de mes entrailles avoir perçu comme une secousse divine, si je puis m'exprimer ainsi. J'ai eu l'impression que tout mon corps venait de vivre un tsunami de douceur et d'amour.

Lors de la réception de ce message, il m'était demandé si j'étais prête pour repartir pour une nouvelle mission.

Quand le temps de la reconnexion a sonné pour trouver son chemin vers la mission de vie, c'est l'âme qui œuvre.
À ce moment-là, elle met au point en complicité divine avec l'être un moyen pour attirer l'attention à la réussite de l'éveil spirituel. Elle se manifeste comme une vérité supérieure qui nous annonce que le moment est le bon.

Voilà comment CE MOMENT d'entendre ma nouvelle mission de vie est survenu, juste après que je me décide à rejoindre le service des urgences de l'hôpital.

Ce samedi d'automne, je me suis réveillée tôt le matin avec l'intention d'aller faire mon petit marché dans la ville voisine.
C'est une habitude bien installée que d'aller chercher mes légumes frais en ce jour de repos.
En tant que naturopathe, il est vrai que mes exigences culinaires font que je suis très organisée. Pour une alimentation saine bien évidemment, je privilégie les fruits et légumes.

Je ne ferai qu'une parenthèse à ce sujet.

L'alimentation pour votre santé est capitale. Les aliments tels que fruits, légumes, légumineuses, céréales, graines germées nourrissent votre corps physique ainsi que votre corps énergétique.

Veillez à manger des produits de grande qualité.
Réduisez votre consommation de sucre et de viande autant que possible.
C'est une triste constatation de voir comment ces animaux sont élevés, souvent dénaturés, et traités dans l'irrespect.
L'indifférence, le manque de considération inscrivent des données négatives dans ces êtres vivants au moment de l'abattage, et elles se répercutent sur vous.
L'absorption de ces souffrances endommage aussi votre fonctionnement énergétique. Prenez soin simplement de porter votre attention sur la provenance de ces animaux, si vous les consommez.
Je referme la parenthèse, vous trouverez suffisamment d'informations sur le sujet, et je vous invite à vous documenter sur ce fait.
Faire son marché et accueillir ce moment de convivialité est aussi un temps fort agréable où j'aime discuter avec les différents producteurs, qui s'investissent dans cette culture raisonnable, et la plus écologique possible. Là où encore des échanges peuvent paraître anodins, ils sont au contraire bien enrichissants d'un point de vue humain.

Ne perdez pas de vue que nos rencontres ne sont pas le fruit du hasard. Le hasard n'existe pas. Tous les partages sont porteurs, il suffit de bien les interpréter.
Pour cela, vous pouvez faire confiance à votre cerveau et votre inconscient qui sont dotés de fonctionnements permettant de trier les informations que vous percevez, comme un système de filtrage. À vous par contre de mettre les bons filtres !
Si vous avez programmé votre cerveau pour voir la vie belle, tout sera différent de ceux qui auront programmé pour voir la vie en noire !
La programmation pour regarder le côté positif des choses vous amènera à les attirer, et vous découvrirez des richesses diverses et des réussites de la vie.
Lors de ces rencontres hebdomadaires, la joie me remplit en glanant une petite recette par-ci par-là, pour cuisiner des légumes anciens par exemple, c'est génial !
Parler des saisons, du beau temps et de la vie tout simplement.
Le manque de communication aveugle les humains et ainsi les empêche de voir la véritable vie, la vie belle, la beauté de ce qui vit tout autour d'eux. La plupart des gens sont ainsi privés de la réalité, de ce qui est proche d'eux et qui les nourrit au quotidien…
Accorder à la nourriture ce temps.
C'est tout aussi important de choisir vos composants que de les honorer lors de la préparation de vos petits plats.
Sans exigence, et avec considération pour les aliments, je vous conseille de les cuisiner avec amour aussi.
Remerciez ces aliments qui vont permettre de nourrir votre corps physique.
Si vous mettez des ingrédients tels que l'amour, le respect, la grâce, vous verrez que le plat n'en sera que meilleur.
Que ce soit d'un point de vue gustatif, mais d'un point de vue nutritif et énergétique également.

Ma matinée était donc tout organisée dans mes pensées, sauf que ce jour-là un élément perturbateur allait mettre de l'imprévu et apporter un grand changement dans ma vie.
Je commençais donc par me lever discrètement, pour ne pas réveiller les occupants de la maison, et prendre mon petit déjeuner tranquillement.
Quelque chose me gênait au niveau de mon visuel, mon œil droit me dérangeait, je ressentais un trouble. Je suis allée devant le miroir le plus proche pour constater que mon œil était rouge de sang !
J'ai tout de suite pensé qu'il s'agissait d'une petite veine, comme cela arrive fréquemment.
Tout de même, un peu effrayée par l'ampleur que cela prenait, c'était la première fois que je voyais un œil aussi rouge. Le sang recouvrant pratiquement la totalité de la surface sclérotique de l'œil en question.
J'ai pris une photo et je l'ai envoyée à mon ami médecin qui m'a répondu aussitôt. : « Ne te fais pas de soucis, il s'agit d'une hémorragie ophtalmique, tu passeras que je vérifie tout de même ta tension. »
Puis, en même temps, ma petite voix, celle-là même avec qui j'avais repris contact et que je connais bien pourtant, me donnait un avis contraire : « Va à l'hôpital. »
Entêtée et ne cédant pas à mon intuition, je décidais de faire de la résistance en me disant malgré cette voix venue de la profondeur de mon âme : « Non, ce n'est rien, je suis une peureuse. » Et patati ! et patata !
Mon ego m'envoyait des démentis à mon insu et de manière tout à fait habituelle !
Mais la petite voix continuait de dire « hôpital » avec insistance, essayant de contrecarrer cet ego.
J'avais un pressentiment, mais pour ne pas passer pour « une chochotte », je continuais de vaquer à mes occupations.

Ma raison était très convaincante.
De nouveau, j'insiste sur cet ego qui peut être très fort, et vous faire aller dans un mauvais sens.
Aujourd'hui, je constate avec le recul l'importance de retrouver l'écoute et la vision intérieure. Prendre des précautions pour ne pas vouloir atrophier par l'analyse nos ressentis naturels, sans même s'en rendre compte.

Enfin, le père de mes enfants réveillé m'a suggéré de m'emmener à l'hôpital, plutôt que d'aller faire mon marché. La petite voix se faisait de nouveau entendre : « Écoute, va à l'hôpital. »
Puis, mon mari rétorque, comme si lui aussi avait entendu : « On ne sait jamais ! »
Alors que je m'obstinais à penser que ce n'était pas grave.
L'état psychologique de tension refoule le ressenti et nous coupe de notre essence divine.
À ce moment-là, l'ego retrouve toute la place, envahit votre intérieur et étouffe la petite voix.

Finalement, j'ai fini par écouter tout ce petit monde qui me conseillait de me rendre à l'hôpital.
Lorsque j'ai été reçue au service des urgences, le diagnostic était une hémorragie ophtalmique.

« Ah ah ! J'avais raison ! »

Pourtant, cette petite voix persistait : « Reste, attends, attends… »
« Mais enfin, attendre quoi ? »

Je dialoguais ainsi avec mon moi intérieur.
Je me trouvais toujours en opposition, emprisonnée dans le monde de mes pensées, persuadée de détenir ma vérité sur cette manifestation de mon corps.

Il est vrai que je ne me sentais tout de même pas au meilleur de ma forme, je dois l'avouer.

Toutefois, j'avais l'impression que mon être, mon essence, connaissait toutes les réponses. Je devais tout bonnement aller chercher au bon endroit. Ce bon endroit est tout simplement la voie du cœur unie à toutes les autres.
La réponse était pourtant simple et tout exprimait le bon sens !
Voilà une fois de plus pourquoi vivre l'instant présent est capital.
Reprendre le dessus sur ce monde de la pensée.
Faire taire ce mental qui ne cesse de s'octroyer le pouvoir.

Je ne me doutais pas que l'aspect physique de cet œil rempli de sang était le moyen de me communiquer visuellement que j'avais tout simplement un problème dans le sang, et que c'était une urgence.
Toutefois, ce désagrément n'a aucun lien du point de vue médical avec la découverte qui allait être faite plus tard.
J'étais sur le départ, puisque le médecin de garde venait de me donner le feu vert. Donc, mon mental reprenait le dessus en me confirmant que je me faisais un film en écoutant cette petite voix !
C'est d'un pas assuré que je m'apprêtais à quitter l'hôpital en compagnie de mon mari, lorsqu'une infirmière a demandé à vérifier le diagnostic.
C'était une jeune interne apparemment, les deux mains dans les poches, l'air assuré. J'avoue que son visage inspirait tellement de douceur qu'elle m'a convaincue : « Madame, je ne peux vous laisser repartir sans contrôler votre tension. Vous voulez bien me suivre, je dois m'assurer que vous ne nous préparez pas autre chose. »
Observatrice, elle devinait ma réticence : « S'il vous plaît, permettez-moi de vérifier. »

Je suis restée stupéfaite sans pouvoir lui demander ce qu'elle soupçonnait.

Elle m'avait dit cela d'un ton autoritaire, mais avec une grande douceur.
Une lueur très attirante dans les yeux lui apportait un petit quelque chose que je ne saurais expliquer.
Aussi, même si ce médecin, juste avant qu'elle n'intervienne, m'avait donné son autorisation de sortie, je l'ai suivie sans rien dire, un peu comme si je n'avais pas le choix !

Elle a donc pris en main un nouvel examen et, après l'annonce d'une tension excessive, elle a fait un prélèvement sanguin. Ensuite, tout est allé très vite.
Je ne devais absolument plus bouger, le personnel soignant est venu me chercher pour me faire faire des examens plus poussés, et tout cela sans que je puisse en placer une…
C'est au moment où j'ai été installée dans la salle pour le scanner que j'ai perdu connaissance. Enfin, c'est ce qu'il m'avait semblé.

Je me suis éveillée quelques minutes plus tard, et j'ai repris connaissance lorsque le scanner venait de se terminer.
J'allais être conduite dans une chambre où mes enfants et mon mari m'attendaient.
J'ai eu l'impression d'un rêve, tout simplement.
Je n'ai même pas cherché à savoir ce que je faisais ici, je le savais !
Je dois dire que ma petite voix n'avait pas cessé de me dire : « Va à l'hôpital, va à l'hôpital… » Et c'est sur quoi je me souviens être restée dans mes pensées.
Je n'ai pas eu l'occasion de revoir cette jeune interne pour la remercier !
Personne n'a pu me renseigner à son sujet et, pourtant, cette jeune personne me permet aujourd'hui d'accomplir ma vie et de poursuivre mon chemin…

Plus tard dans la soirée, le cardiologue est entré dans la chambre pour m'annoncer que tout allait bien, mais que je revenais de loin, selon son expression.
Si je m'étais rendu quelques minutes plus tard à l'hôpital, les médecins urgentistes n'auraient rien pu faire pour moi. Puis il a ajouté en regardant mon fils et ma fille qui étaient présents : « Vous devez penser à vos enfants, allez-y doucement ! » Voilà une belle synchronicité qui m'arrivait spontanément.
À ce moment, je me suis perdue dans les yeux de cet homme. Ils étaient bleus, d'un bleu ciel très profond.
Mes pensées se sont entremêlées sur ce que je venais d'entendre, et les souvenirs sont remontés très très vite.
Je me remémorais le message et les voix que j'avais entendues pendant ma perte de connaissance.
Pourtant, cette absence n'avait pas duré très longtemps d'après le médecin, puisqu'il s'agissait, semble-t-il, d'une petite perte de connaissance. Cet épisode n'avait suscité de la part du personnel soignant aucune intervention.
Quant à moi, ce temps avait été suffisant pour me faire passer ce message et ce que je devais recevoir.

C'est d'ailleurs en percevant cette dernière parole que tout est revenu à ma conscience. « Vos enfants ! »
Je suis restée un moment perdue dans mes réflexions, à me rappeler ce que je devais saisir, juste avant qu'il m'annonce que je venais de frôler la mort…
Oui, bien sûr, c'était un message que j'avais discerné et dont j'en distinguais le contenu et l'importance à présent.
Je garderai gravé en moi pour toujours le visage de ce cardiologue, et ses paroles demeureront à jamais dans ma mémoire.

J'ai pu à ce moment très précis me souvenir de tout, et surtout ce qu'il m'arrivait. Le mot « enfant » a déclenché en moi le rappel de l'information de l'univers que j'avais reçu quelques heures plus tôt. Voilà la SYNCHRONICITÉ.

Quelle synchronicité ! L'univers avait utilisé mon corps physique pour me faire passer son message et me donner ma mission de vie. Par cette caractéristique de la manifestation du visuel, cette intelligence désirait m'amener à l'action d'écoute de mon être !
Je me dis aujourd'hui que j'ai bien fait de suivre toutes ces voix profondes.
Les paroles de ce médecin ont fait ressurgir dans ce moment d'absence la communication avec mes guides et l'univers, quelques heures plus tôt.

Pas de nécessité pour la procédure utilisée, l'essentiel est le message qui en résulte et que l'être puisse l'entendre.
Lorsque l'humain est paré, il aspire à rencontrer les mondes supérieurs, qu'importe le moyen. En toute humilité, il nous faut rester connectés aux signes du corps qui révèlent la nature et les lois qui les régissent.

L'annonce fut directe, je devrais être « passeur », que je recevrais beaucoup d'enfants. Je devrais être à l'écoute et travailler jour et nuit…
Puis on m'a demandé si j'étais prête à repartir.
Le message est apparu très clairement, et le souvenir visuel que j'ai pu en garder est une immensité de lumière comme un nuage transparent et pur, mais il m'a semblé que je rêvais…
Pourtant, j'avais conscience de ce qu'il se passait autour de moi, du passage dans cette espèce de tunnel de l'appareil de scanner très bruyant. Ce qui est étonnant, c'est que ces sons infernaux me paraissaient très lointains. J'avais l'impression de rêver cet examen et tout ce qui m'entourait. Cependant, je me sentais fortement présente dans cette lumière divine et ce contact.

Voilà en quelques mots le message qui correspondait à ma mission de vie.
Dans mon inconscient, j'entendais, mais je ne voulais pas être « passeur ». Pour ma part, j'avais retenu dans différents et nombreux ouvrages les définitions et les interprétations, et ce mot « passeur » signifiait pour moi être passeur d'âmes.

Je ne me sentais pas capable d'exercer cette activité de passeur. Du reste, est-ce une mission ?
Mais l'univers et les guides peuvent être parfois des farceurs !

Croyez-vous qu'ils aient besoin de nous pour montrer leur chemin aux âmes ?
Je ne mets pas en doute cette fonction, que certains pratiquent avec le cœur. Tout de même, je pense que cela est peut-être un peu prétentieux de se nommer passeur d'âmes, alors que ce monde de l'après-vie est totalement inconnu pour la plupart…
Je vous éveille à plus de questionnement sur ce fait, pour ne pas simplement rester dans le jugement.
Dans un chapitre qui suit, je vous donnerai mon opinion à ce sujet.

En ce qui me concerne, j'ai accepté de repartir pour mes enfants et ma famille.
La beauté de cet instant est sans nom, ni qualificatif.

Voilà l'histoire de cette rencontre, relatant la manière dont j'ai reçu la révélation de ma nouvelle mission de vie.

L'âme n'a pas de protocole pour faire passer les messages, mais elle connaît sa demeure parfaitement.
C'est à son enveloppe charnelle et grâce à celle-ci que l'âme reste reliée, subsiste, et, EST ! ; d'où l'importance de rester relié à votre

âme. Elle vous amène à certaines expériences pour trouver vos propres vérités.
Nous sommes raccordés à cet amour inconditionnel qui vit en chacun de nous. La partie divine en nous !

En sortant de l'hôpital une dizaine de jours plus tard et sous surveillance médicale, mes pensées tournées vers ce mystérieux canal, je me confiais à mon fils, Benjamin.
Je suis restée longtemps sous l'empreinte de cette magnifique connexion avec mes guides.
Ce murmure de l'âme venait de donner ma mission de vie.
Je savais que je ne craignais absolument rien, après cette belle communion avec le monde angélique, et la mission que je devais accomplir était déjà en route, sans que je le maîtrise à ce moment-là.
Une autre synchronicité est survenue à l'hôpital la nuit où je suis arrivée. Une femme d'une quarantaine d'années est décédée dans une chambre voisine de la pathologie qui aurait pu m'emporter aussi.
Était-ce pour me rappeler l'importance de ce message ?
Avec le temps, j'ai compris que depuis que j'avais changé d'orientation, et donné suite à mes divers ressentis intérieurs, cette communication aura été la plus forte, la plus belle, et aussi la plus subtile.

Dès la reprise de mes activités, j'ai commencé à préparer mon cabinet avec un petit coin plus coquet pour tous les enfants que j'allais recevoir.
J'attendais tous ces petits en consultation, selon l'annonce qui m'avait été faite !
Il me fallait aménager une table basse, des jeux, des livres pour enfants. J'ai installé ce petit coin charmant et chaleureux tout en étant certaine que ma clientèle allait évoluer, en grande partie avec les enfants.

La réalité se précisa dans les semaines suivantes. Ma clientèle amplifiait de plus en plus, mais pas avec des enfants.
Mes consultations prenaient une orientation différente de la naturopathie.
Puis venaient à moi des personnes qui se sentaient complètement perdues dans leur vie, ne sachant plus par quel moyen elles devaient reprendre leur chemin.

Tout s'est passé très naturellement, je faisais des soins énergétiques en me laissant guider. Je recevais quelques informations sur leur vie que je leur donnais, bien évidemment.
Ce sont ces messages dont la portée selon le contenu travaillait sur la problématique émotionnelle de leur vie.
Grâce à ma pratique des fleurs de Bach, nous mettions un protocole visant une première gestion de leurs émotions.

Puis des messages de plus en plus importants, me plaçant dans des situations parfois bien difficiles à exprimer, me parvenaient.
Pourtant, il me fallait les transmettre à mes consultants.

Ces consultations ont pris une grande ampleur, et c'est là que j'ai fait le lien avec mon propre message.

En fait, l'univers parlait des enfants de la terre, et non des petits !
Et Dieu sait s'ils arrivent aujourd'hui très nombreux.
Ils ont plus que tenu leur parole !
Voilà le passeur que j'étais, un passeur d'informations venant d'un canal divin.

Les messages se sont multipliés, allant même jusqu'à recevoir certains d'entre eux en pleine nuit…

J'ai vraiment compris l'importance de ma nouvelle mission et le fait de la réaliser. C'est aussi dans cette période de changements que je repartais vers une vie autre.
Je discernais beaucoup plus tard que le message envoyé voulait dire que j'allais être l'un des intermédiaires de l'univers ou le passeur d'informations pour aider les enfants de la terre. J'allais être pour certains une aide pour trouver leur mission de vie de manières différentes, essentiellement en guidance supervisée par l'univers.
Et, pour d'autres, les aider tout simplement à améliorer leur quotidien au sein de leurs propres expériences, en leur passant des informations que l'univers devait leur communiquer.

Ces informations qui leur sont données à ce moment-là sont à la fois un accompagnement sur leur chemin vers la mission de vie, mais aussi une ouverture pour affiner la découverte de leur choix de vie.

Cela fait partie du mécanisme afin d'aider au travail d'assimilation de mémoire d'âme sur leur chemin de vie.

Vous remarquerez que j'utilise ce pronom personnel « ILS » pour nommer les êtres de lumière qui m'ont passé ce message, parce qu'à ce moment de ma vie je n'avais pas la connaissance de ce monde d'énergies angéliques.

Ce témoignage, dont je vous fais part aujourd'hui, est aussi un message à vous transmettre, celui de la foi, la foi en vous et en cette conscience, de compréhension de l'existence angélique.
C'est mon être que j'aurais dû écouter, dès le début de cette aventure, puisque mon aspect physique, mon corps, mon enveloppe charnelle me servait à ce moment-là d'avertisseur, pour que j'entende enfin !

Je suis depuis ce jour très attentive aux alertes de mon corps, les mots de mon être passent aussi par l'ouverture du ressenti physique.

J'allais dès l'instant de prise de conscience de ma mission de passeur d'informations tout faire pour la mettre en œuvre.
En tant qu'outil de l'univers, je devrais veiller à rester à ma place !
Je dois veiller à rester en pleine forme, dans le respect de mon âme, de mon corps et le celui de tous les enfants de la terre.

Cette rencontre avec l'univers demeurera à jamais la plus incroyable expérience de toute mon existence.

Après celle-ci, ma vie a complètement basculé.
Les changements y sont allés bon train !
C'est un bouleversement dans ma vie qui a commencé par la séparation avec le père de mes enfants.
Il était nécessaire de prendre une nouvelle direction.
Je ne pouvais partager mes messages, mes liens et mes contacts spirituels avec l'homme qui partageait ma vie à ce moment-là.
Nos chemins devaient se séparer là.
Je ne me sentais plus à ma place.

J'ai demandé la guidance pour trouver ce qui serait le plus favorable pour la réalisation de ma mission de vie.
Je me suis laissé guider, j'étais prête à entendre désormais !

Nous avons parfois la certitude à des moments que nous devons vivre dans l'épreuve. Eh bien, en retournant cette situation comme une crêpe, nous devrions penser plutôt que ce n'est qu'une expérience, peut-être plus compliquée qu'une autre, mais nécessaire à notre évolution.
Nous allons toujours vers quelque chose de plus beau.

Puis ce fut la rencontre avec mon compagnon de vie d'aujourd'hui. Au démarrage de cette rencontre qui n'a certainement pas été un hasard, comme vous pouvez vous en douter, j'ai trouvé en sa compagnie le soutien et la foi pour accomplir ma nouvelle mission. Mes enfants aussi m'ont encouragée, et ils ont cru dans mes explications plutôt difficiles à donner.

Je les remercie et je me rends compte aujourd'hui de la chance immense que j'ai d'avoir une telle complicité spirituelle avec eux. Ce sont des êtres magnifiques, qui ne m'ont jamais jugée. Il est vrai que j'ai élevé mes enfants dans le respect de leur croyance, et toujours dans le partage de nos idées. Ma mission de nourrir finalement a porté ses fruits.

Je n'ai jamais imposé quoi que ce soit dans ce domaine spirituel.

C'est important de respecter et ne pas imposer, en tant que parent, nos idéologies ou convictions.

Nous communiquons avec nos enfants d'âme à âme, peut-être l'un de vos enfants est-il une très vieille âme.

Cette vieille âme est-elle venue accomplir une expérience pour vous ?

Si c'est le cas, elle est capable de savoir ce qui est bien pour elle et ce qui ne l'est pas !

Sans que vous vous en rendiez compte, elle vous accompagne.

En tant que parents, nous sommes des éducateurs avant tout et nous devons faire notre travail avec beaucoup d'amour.

C'est cela le secret de l'éducation, l'amour.

Ces rencontres d'âme ou retrouvailles sur les chemins de notre vie doivent être utiles aux différentes expériences communes avec nos enfants. Ils ne nous ont pas choisis au hasard.

Cette relation parents-enfants, en tenant compte de la relation d'âme, peut modifier vos rapports en prenant conscience que ce bout de chemin parcouru ensemble dans cette vie présente est aussi la continuité d'une expérience précédente.

Ma famille m'a également été d'un grand soutien.
Mes sœurs et frère ont été présents dans les moments difficiles. C'est beau une famille avec un lien aussi puissant entre ses six enfants.
Même si certains n'ont pas vraiment compris ce qui se passait pour moi, ils sont restés solidaires avec la sœur que je suis pour eux dans cette vie.
Merci à tous, peut-être avons-nous déjà expérimenté cette entraide dans une autre vie, laissant des liens aussi forts entre nous.

Le monde angélique allait devenir pour plusieurs d'entre eux une belle découverte et un soutien aussi.
Je suis très heureuse de les avoir avisés en douceur de cette merveilleuse puissance présente dans l'univers.

Ce passage d'informations angéliques, lors de l'annonce de ma nouvelle mission de vie, m'amène à vous donner une précision sur les anges. Cette nomination, me semble-t-il, est de plus en plus galvaudée.

La signification de l'ange ; être céleste entre Dieu et l'homme. C'est le messager !

Je fais cette comparaison sciemment, afin de bien montrer la différence.
Je suis un outil de l'univers, et je communique avec ces énergies divines angéliques, tout simplement.
Je ne suis pas le messager, mais le passeur d'informations.
Et je tiens à rester à ma place en entretenant l'outil de l'univers que je suis le mieux possible.

Attention à toutes ces personnes qui confondent ce mot et l'importance à donner à ce messager !

L'énergie angélique étant directement connectée à votre âme, vous pourrez vous aussi recevoir vos propres messages et informations, vous aidant vers vos évolutions personnelles.

Ma belle étoile
Lumière céleste
Que je ne pourrai jamais atteindre,
Seulement par le langage universel.
Je m'autorise à te toucher,
Moi, qui suis démunie d'ailes.
Un jour, de retour sur le chemin
Vers l'immensité intemporelle,
Je te toucherai,
Petite étoile qui brille.
Pour me rappeler l'éternité
De ta lumière qui scintille.
Tu éclaireras mon chemin,
Et m'aideras à retrouver le lien,
Dans la maison où nous sommes tous aimés.

FLORENCE LÉAUTAUD

# Les trois mémoires

*« Être humain,*
*c'est aimer les hommes.*
*Être sage,*
*c'est les connaître. »*

LAO TSEU

Mais de quoi se compose notre être, notre enfant intérieur pour certains ?
Puisque cette notion d'enfant intérieur prête à confusion, j'aimerais y apporter quelques éclaircissements.
Ce n'est pas un enfant qui vit à l'intérieur de nous, ni même des restes de notre enfance, ou encore des blocages émotionnels en relation avec l'enfance, c'est bien plus que cela.

Je vais reprendre en partie mon raisonnement spirituel et mes connexions à mon guide, en tenant compte également du travail de recherche que nous avons entrepris, Benjamin et moi, lors de la mise en place du protocole de soin SE&R.

Il y aurait trois mémoires importantes qui forment notre être : les mémoires d'âme, la mémoire physique et les mémoires génétiques.

## LES MÉMOIRES D'ÂME

Je vous en ai déjà parlé ; elles appartiennent au fonctionnement de l'âme que je nomme aussi en soin SE&R : MA (la mémoire d'âme). Ces mémoires sont chargées de nos expériences diverses de vies antérieures. Elles se sont chargées d'un point de vue émotionnel, mais elles possèdent comme une intelligence énergétique.

Bien évidemment, toutes ces mémoires d'âme ne seront pas accessibles par l'instrument (matière que nous représentons), qui va dans l'expérience d'une nouvelle vie n'utiliser que certaines d'entre elles, d'une manière inconsciente. Elles appartiennent à la MA.
Elles continueront de faire évoluer l'âme. Ces mémoires feront travailler, réparer ou comprendre certaines expériences qui vont se renouveler de vie en vie. Cela jusqu'à ce que les situations de blocages récidivantes soient complètement maîtrisées. Nous pouvons les nommer en comparaison à des programmations de mémoires, lorsqu'il s'agit de vies successives où se renouvellent les mêmes situations de vie.
Les mémoires seront au terme des expériences, assimilées ou reconduites pour les prochaines vies. En fonction des résultantes du cheminement et de l'histoire vécue, l'âme enregistrera l'expérience accomplie. L'impact de cette mémoire est certain dans notre inconscient.

Heureusement que ces mémoires ne nous sont pas accessibles. Elles sont comme voilées volontairement par l'intelligence cosmique. Il serait très éprouvant de les porter dans nos bagages conscients.
Ces mémoires parfois impactées par un émotionnel douloureux sont capables d'influencer aussi notre relationnel.
Imaginez-vous que le père que vous avez dans cette vie ait été un homme dans une vie antérieure vous ayant fait subir des atrocités ? Vous ne pourriez pas le voir avec des yeux d'amour !

Il vous serait alors irréalisable dans cette vie d'expérimenter votre existence avec ce papa en toute sérénité.
Cet exemple est parlant de vérité.

Quant aux jugements dont nous pourrions être impactés ou être victimes, ils seraient invivables.
Il est impossible de supposer qu'une pareille confusion régnerait en fonction de nos différentes vies et de nos différents rôles avec une même âme.
Les liens antérieurs sont parfois si nombreux et tellement divers d'une vie à l'autre. Vous comprendrez pourquoi notre belle machine est dépourvue de souvenirs !
Nous ne pourrions pas vivre avec toutes ces mémoires actives et ces vécus venant d'autres siècles...

Ainsi, l'âme grandit et choisit de remettre en service une mémoire plutôt qu'une autre pour la prochaine vie, et ainsi de suite...

Les mémoires d'âme se chargent de la mémoire des expérimentations que votre âme vient de connaître dans la vie présente. Elles s'ajoutent aux différentes mémoires des vies antérieures.
Pour chaque vie accomplie, nous gravons notre parcours. Tout ce que nous avons vécu plus ou moins bien s'inscrit dans notre mémoire d'âme.
Ce n'est pas sous la forme de jugement, mais sous la forme d'un ressenti, que chacun d'entre nous va ancrer, avec force de notre émotionnel bien entendu, au moment du décès.

Prenons l'exemple de Patrick : Patrick est sur le point de repartir vers la lumière, mais quelque chose le fait ruminer, une idée fixe sur un événement particulier de son existence.
Puis un autre épisode de sa vie survient, alors qu'il l'avait complètement occulté.

Une succession de souvenirs se manifeste ainsi et le torture alors qu'il est entre la vie et la mort…

Ce témoignage vous rappelle sûrement ce que certaines personnes ont vécu au moment de leur départ, ou plutôt lors d'une expérience de mort imminente, et racontent la sensation d'un *flashback*.
« J'ai revu le film de ma vie ! »
Eh bien, c'est un peu à ça que je fais allusion. À la différence, Patrick, qui n'est pas seulement un spectateur à ce moment-là, est en train de graver sa mémoire d'âme (MA).
Si la colère, l'injustice, la haine, la tristesse, la peur, l'échec ou tout autre ressenti émotionnel sont reliés à ces souvenirs, alors l'empreinte de ce vécu se portera sur les mémoires de l'âme.
C'est ce que nous faisons avant de retourner vers la lumière.
Nous remplissons notre sac à dos.
Ah, ce fameux bagage !
Voyez comme il est important de partir dans la sérénité et l'amour !
Ce sac à dos contient des informations, c'est votre mémoire d'âme.
Une fois de plus, je vous rappelle combien il est primordial de reconnecter son âme pendant son vivant.
Il est capital de ne pas repartir avec un sac trop lourd.

Les mémoires de ces histoires de vies dans l'inconscient sont chargées énergétiquement et font partie de notre écosystème énergétique. Elles ont un rôle important pour toutes les vies à venir.

## LA MÉMOIRE DU VÉHICULE

C'est la mémoire de votre corps physique, celle du cerveau qui est l'organe qui filtre, analyse, enregistre les informations que nous recevons quotidiennement. Ces données se comptent en milliards de bits.

Nous pouvons considérer notre cerveau comme un gros réservoir qui se déversera de ces informations le moment venu, c'est-à-dire à la mort. Notre mémoire d'âme (MA) recueillera ces renseignements en nombre indéfini avec une incroyable perception.
Lors de la communication à cette mémoire d'âme (MA) des expériences de la vie présente qui s'éteint, le cerveau établit un lien de transmission de définitions et de formulations. Il devient la source, permettant de graver la mémoire d'âme grâce à notre émotionnel et notre conscience, les éléments porteurs de nos différents apprentissages sur terre.
Le cerveau n'a pas de souvenirs de nos vies antérieures et n'y aura jamais accès.
Cette mémoire est voilée.
Comme je vous l'expliquais pour les mémoires d'âme.
Il est temps de prendre conscience que nous avons tous été tueur ou tué, voleur ou volé, violeur ou violé, victime ou bourreau.
Peu importe le rôle que nous avons joué dans les différentes vies antérieures. Pas de jugement. Le cerveau n'a aucune connexion lui permettant de retrouver les liens.

Pourtant, certaines personnes ont des sensibilités particulières d'un sujet à un autre, sans pouvoir donner d'explications à ce phénomène.
Cela pourrait s'expliquer par des lectures d'informations du système de mémoires énergétiques. Les médiums utilisent ce procédé.

Notre cerveau est une mémoire active qui commencera à enregistrer la vie présente dès l'instant de son fonctionnement.

Cette fonction commence dans le ventre de la maman, *in utero*.
Dès la huitième semaine de grossesse, les neurones apparaissent, et il n'a de cesse de se développer. C'est également au cours de ce deuxième mois que le cerveau se structure en deux hémisphères.

Et ainsi de suite, il évoluera jusqu'au moment où ces capacités de recevoir les informations et de les stocker seront en fonction. Alors commencera le travail de mémorisation.

Le cerveau enregistre donc les premières informations très tôt.
Toutes les émotions qui touchent la vie intra-utérine sont donc aussi l'ébauche de l'enregistrement de la vie présente.
Toutes les informations gravées à partir de ce moment joueront un rôle sur le comportement de l'individu.
Déjà à cet instant de la vie, l'humain reçoit des informations par le biais de l'histoire de ses parents.
Un impact spécifique sur son comportement sera également défini selon ces mémoires.

J'attire votre attention sur l'inconscient personnel, qui est la mémoire de tous les éléments acquis depuis le début de la vie intra-utérine.

La naissance par elle-même est une expérience très forte qui sera gravée dans cette mémoire. Selon l'expulsion de la matrice, le nouveau-né enregistrera dans l'aspect psychologique, physique et même au niveau spirituel cet événement de sa naissance.
Cette naissance physique est une expérience multiple apportant des états de conscience certains.
Voilà pourquoi de nombreux traumatismes vécus lors de ce passage sont présents dans la mémoire de l'inconscient personnel.

C'est cette même mémoire, avec les informations qui l'entourent, telles que l'éducation que nous recevons et les émotions se dégageant de nos différents apprentissages de la vie, qui formeront l'EGO.

Cette mémoire de la matière supervise donc l'émotion et le mental, ce dont nous sommes conscients ou ce qui se retrouve stocké dans ce que l'on nomme l'inconscient personnel actif dans la vie présente.

C'est-à-dire que cette mémoire appartient en partie à la face cachée de l'iceberg de notre conscience et qu'elle peut resurgir à tout moment au cours de l'existence de l'individu. C'est souvent le cas où cette mémoire s'active à la suite d'un état de choc, d'un traumatisme faisant resurgit inopinément le souvenir au cours de l'expérience de vie terrestre présente.
Elle concerne et contient ce que nous enregistrerons dans cette vie d'expérience, pour cette vie présente, et n'a aucun lien, je vous le rappelle, avec les mémoires d'âme.
Cette mémoire sera propriété active depuis la fonctionnalité du cerveau jusqu'à sa mort.
Elle est ainsi la mémoire physique inscrivant les mémoires d'âme, qui seront conditionnées dans l'inconscient.

Ce n'est qu'au moment de la séparation de l'âme avec le corps physique qu'il y aura cette communication des données.
Une interconnexion entre la mémoire physique et la mémoire d'âme, comme je vous l'expliquais.

## LA MÉMOIRE GÉNÉTIQUE

La mémoire génétique est une mémoire regroupant celles des mécanismes moléculaires et des gènes qui influencent le fonctionnement du véhicule. La mémoire de l'histoire individuelle peut potentiellement peser dans la balance d'une vie, en fonction des parents que l'âme choisira et de ses expériences de vie définies bien sûr, pour appréhender sa nouvelle vie.
La mémoire de l'humanité se retrouve dans cette mémoire génétique.

Ces choix seront faits en fonction de la future vie. Selon les besoins d'expérimentation de l'âme, la mémoire des ancêtres, la mémoire en relation avec la race, l'ethnie et tous les événements s'y reliant

coïncideront dans un processus intelligent, variant en fonction de ses nécessités.
La mémoire de l'humanité depuis la création archétype s'ajoute à la mémoire biologique en lien avec les expériences de vies (épigénétiques) de nos parents et ancêtres.

Cette mémoire, génétique à une action dans :
l'inconscient familial, cette mémoire de nos ancêtres (cumul des connaissances ancestrales), que nous gravons pour nos descendants. Cette mémoire s'accorde aussi avec les mémoires reliées à la lignée d'ancêtres, et l'ensemble s'inscrira dans la mémoire génétique pour nos enfants.

L'inconscient ethnique : mémoire de la race et de tous les événements vécus par elle.

L'inconscient collectif : mémoire de l'histoire de l'humanité archétype.
Inconscient biologique : mémoire de l'histoire de la vie.
Les âmes qui auront choisi d'éprouver la maladie ou le handicap (provenance génétique) auront sûrement sélectionné leurs parents en fonction de l'expérience qu'ils devront mener.
C'est là que rentrent en considération les mémoires génétiques, les mémoires transgénérationnelles, de l'inconscient collectif, de la puissance des archétypes et autres informations transpersonnelles.

Au-delà de notre personnalité, ces mémoires ont un rôle important dans le rôle choisi par l'âme que nous venons incarner dans cette vie présente.

Nous ne venons pas dénouer ces mémoires, mais les utiliser pour l'assimilation des mémoires d'âme. Voilà pourquoi le choix du départ de nos parents est bien programmé, selon les besoins et la contenance du sac à dos, d'où cette vaste toile avec tous les liens interconnectés entre toutes les âmes.

Nos rencontres ne sont pas le fruit du hasard. Vous le savez tous. Je vous reparlerai de ces liens qui nous unissent les uns aux autres. Cela fait partie aussi de cette interconnexion de l'âme et de ces choix du départ.

Ce schéma ci-dessous pourra vous donner une explication plus visuelle.

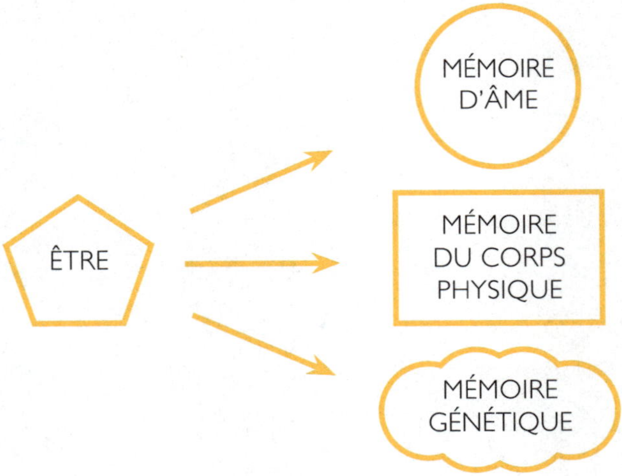


Après le rassemblement de ces trois mémoires, les mémoires qui appartiennent à l'âme, la mémoire du corps physique et la mémoire génétique, nous formons cet ensemble et notre ÊTRE dans sa globalité.

# L'âme

*« Le hasard est le chemin*
*que Dieu prend lorsqu'il veut*
*voyager incognito. »*

ALBERT EINSTEIN

C'est à la fois difficile de donner l'explication, le nom approprié ou même d'avoir la certitude d'une théorie définissant l'âme.
Plusieurs qualificatifs sont utilisés, tels que : la conscience supérieure, le moi supérieur, la flamme divine, le soi spirituel, l'esprit, le souffle divin ou bien l'âme.
Adaptez à votre concept celui qui vous convient pour le nommer. Je vous laisse libre à ce sujet. Il est important d'être à l'aise avec son propre vocabulaire et ses choix.

L'âme est et restera le sujet de discussion, de débats, de grands questionnements et de controverses.
Cela depuis la nuit des temps, et encore aujourd'hui elle est soumise à diverses définitions et différents entendements.

Comme il ne s'agit pas de matière, nous ne pouvons fondamentalement pas prouver quoi que ce soit de scientifique.
Voyons l'âme et considérons-la comme extérieure à la matière, telle une force divine spirituelle, supérieure, lumineuse nous habitant silencieusement. En chacun de nous, l'âme s'exprime et vit,

en faisant de nous des êtres angéliques terrestres. Cette partie divine cohabite en nous.
J'ai d'ailleurs développé une méthode concernant cette idée du monde angélique. Je suis partie du principe, puisque nous sommes des anges terrestres, que nous possédons deux ailes subtiles, bien entendu. Ainsi, j'ai déterminé pour chacune d'elles le nom d'une énergie angélique qui correspond à une des ailes de l'ange terrestre que nous représentons.
Ces deux énergies en constante connexion avec l'âme nous permettent un équilibre spirituel au sein de notre propre système énergétique.
L'influence de ces deux énergies angéliques détermine aussi certains traits de caractère et qualités personnelles, utiles et nécessaires pour former l'être dans la vie.

Je ne vois pas des petits anges partout, mais je considère que nous sommes tous ses anges terrestres, prolongeant la flamme divine qui nous habite et nous relie les uns aux autres dans notre écosystème à l'intelligence divine.

L'âme est cette conscience de niveau divin très élevée, essence pure d'un amour inconditionnel.
Amour absolu telle l'énergie originelle qui est la base de toute création.
Cette même énergie nourrit les grandes créations, la musique, les œuvres artistiques, les écritures éclairantes, valorisant l'éveil et l'élévation de chaque conscience.
Cette conscience supérieure dotée de ses qualités les plus belles, je la nommerais même transcendante.
Développez et identifiez de plus en plus la conscience de votre âme, et l'aventure intérieure commence alors !
La liberté de l'être est retrouvée.
Simplement, je vous propose d'expérimenter ce qui suit.

Prenez votre temps pour apprécier cette merveilleuse rencontre. C'est un moment durant lequel vous allez vous donner de l'attention profonde, sincère. Vous établirez de véritables retrouvailles et reconnaissance de votre être, en vous attribuant beaucoup d'amour aussi.

Mettez-vous dans un endroit calme, dans une position agréable et confortable. Cela peut se pratiquer au moment du coucher.
Vous allez respirer profondément plusieurs fois, harmonieusement, en prenant de larges inspirations et expirations. Lorsque vous sentirez le calme mental et votre corps dans un état de relaxation, adressez-vous directement à votre âme.
Demandez-lui de se reconnecter à la source divine. Autorisez-la à reprendre contact avec l'intelligence cosmique, et enfin dites-lui combien vous l'aimez.
Dites-lui combien vous êtes fier de votre âme. Parlez doucement, formulez et soutenez que vous lui accordez votre confiance pour qu'elle vous guide sur votre chemin de vie.
En même temps que vous vous adressez à elle, ressentez ce qui se passe en vous, là tout au fond de votre être…
Autorisez votre âme à vous conduire dans l'amour et la paix.
Si vous vivez un moment difficile, faites-lui part de cette souffrance, et demandez-lui de prendre en main cette libération de votre être.
En faisant cette reconnexion à votre âme, vous libérez l'action de celle-ci.
Envoyez beaucoup d'amour, et ressentez la joie de votre être.

N'attendez pas d'être dans l'épreuve pour le faire.
Adoptez l'habitude de vous retrouver avec votre âme, et adressez-vous à elle aussi lorsque vous souhaitez une vérité, ou tout autre éclaircissement.
L'âme est l'essence divine avec laquelle je capte les informations, en recevant l'énergie de celle-ci pour accéder aux différentes vies antérieures !

C'est tout simplement une lecture à laquelle je fais allusion.

Revenons à la mémoire d'âme (MA) un instant.
Notre mémoire d'âme est véhiculée par cette énergie, cette masse d'informations !
Vous comprendrez aisément que lorsque cette mémoire est trop encombrée, ou même parasitée, l'énergie vitale de celle-ci a tendance à descendre un tant soit peu dans des énergies basses.
Son énergie étant plus fragilisée, c'est l'être qui se trouve perturbé, et tout son écosystème énergétique.
Si l'être s'affaiblit, le corps physique en subit les conséquences, la communication avec l'âme en pâtit.
Tout est énergie et informations, notre santé résulte aussi de cela !
Notre mieux-être et notre condition émotionnelle en dépendent également !
Le corps tout entier est l'alchimiste en puissance lorsque les énergies qui le composent sont en harmonie.

Ce n'est pas l'ego qui se réincarne, c'est l'âme.
À chaque réincarnation, un nouvel instrument est habité par l'âme qui l'a façonné.
Elle prépare son incarnation et choisit tout.
Cette âme éternelle va mettre en place le nouveau soi, grâce aux mécanismes des mémoires dont je vous ai déjà décrit le fonctionnement.

L'individu est de toute évidence conditionné par le cycle de la vie, depuis la naissance jusqu'à la mort.
L'âme ne souffre pas du temps qui passe, elle n'est pas soumise à cette course de la vie contre le temps.
L'âme ne connaît pas ce phénomène d'horloge.
C'est un concept humain qui, de ce fait, relié à la peur provoque les appréhensions du temps qui passe.

L'être humain cherche à mesurer, calculer le temps en oubliant les cycles naturels des saisons et de sa relation intime à la terre.
Pourtant, c'est important de reconnaître le lien du caractère sacré de la terre, en étroite harmonie avec l'âme individuelle de chacun d'entre nous.
L'âme de la terre et de tous les êtres vivants qui l'occupent est en concordance avec nos cycles de vie terrestre.
L'âme qui nous habite est immortelle, elle n'éprouve aucune peur quant à ces nombreux allers-retours.
Vous devez cultiver l'éveil de votre être. Ce dernier n'est pas, contrairement à la matière, troublé et abîmé par la sphère humaine sociétaire de la chronologie.
L'âme est en lien avec le subconscient, véritable chef d'orchestre. Il fait jouer la première note, et la partition s'ensuit. La composition qui porte cette note se met en mouvement aussi simplement.
Le temps n'a rien à voir avec le déroulement de l'histoire de votre vie. C'est un ensemble bien orchestré dans lequel l'âme occupe la place de la connaissance et reste gardienne de vos mémoires.

L'âme est aussi la source divine, de savoirs et de sagesse, capable de passer l'information *via* l'intuition.
Cette intuition, si nous lui laissons la place, agit plus rapidement que ne peut le faire l'ego.
Elle nous donne la première information et, très souvent, cette dernière se trouve être la bonne !

L'intuition est le langage de l'âme.

Prenons un exemple tout simple.
Lors d'un repas au restaurant où vous devez choisir entre plusieurs plats, l'un d'entre eux vous saute aux yeux. C'est le premier choix.
Eh bien, ce premier choix est le résultat de l'intuition, et c'est le bon !

Si vous laissez le mental prendre le dessus, alors l'hésitation prend place, et tout un questionnement vous met en situation d'indécision.
C'est l'ego qui prendra le dessus et vous incitera à prendre tel plat plutôt qu'un autre.
Nous restons parfois avec ce ressentiment : « Si j'avais su, je serais resté sur ma première idée ! »

C'est une sorte de lâcher-prise que de laisser s'exprimer son intuition, la véritable communication de l'âme.
C'est dans la quiétude, lorsque nous faisons taire la puissante machine de notre mental, que nous trouvons le silence intérieur.
Bien entendu, c'est dans cette connivence que vous entendrez la voix de l'âme, l'intuition. Cette réception intuitive est perçue grâce au fait de laisser ces pensées créatrices sans parti pris, neutres, intelligentes et bienfaisantes, s'exprimer.
Ces pensées ou voix de l'âme ne peuvent être entendues que lorsque le silence intérieur est maîtrisé.
Attention à ne pas le confondre avec l'émotionnel.
Ce silence intérieur ne doit pas laisser la place aux différents ressentis psychoaffectifs.
L'intuition est recevable lorsque l'intelligence de la maîtrise du mental est acquise. Il n'est pas question non plus de s'enfermer dans un silence.
Il faut utiliser son mental réceptif intelligent pour que la transmission de l'idée soit une pensée créatrice. C'est une réponse en quelque sorte.

L'âme a besoin de se nourrir aussi. Cette action est effectuée lorsque nous sommes dans notre mission de vie.
La mission de vie nourrit l'âme, c'est ce qu'il faut bien saisir.

Je vais aborder une symbolique que je nomme le sac à dos de l'âme.

Ce bagage d'expérimentation est vaste et très riche en fonction du nombre de vies passées.
C'est notre moyen d'ascensionner, faute d'accomplir nos diverses expériences et apprentissages de l'âme en une seule fois (ce qui est inimaginable).

Chaque être humain possède un programme de vie différent à chaque incarnation.
Un plan d'ascension spirituelle de l'âme humaine terrestre s'accordant aux expériences à réaliser est programmé.

Ce programme est établi avant la naissance, il est en rapport avec les vies antérieures. Un choix considérable de mémoires venant des vies passées garnit ce sac à dos.
Nous le remplissons différemment, au fur et à mesure que l'âme ascensionne, elle aura une panoplie grandissante, lui permettant de sélectionner quelques-unes de ses réminiscences, pour les vies futures. Avant chaque nouvelle incarnation sur terre, l'âme définit des mémoires, ainsi la vie à venir est programmée en fonction de ses sélections.
Tous ces choix détermineront les expériences en lien avec nos mémoires à intégrer.
D'autres mémoires sont gardées bien au chaud dans ce grand ordinateur céleste pour d'autres futures vies.

Les mémoires détiennent quelques expériences clés pouvant être utiles à l'âme. Toute une panoplie de connaissances diverses et variées nous attend ainsi dans la mémoire d'âme (MA). Ces acquis seront à leur tour bien utiles à l'âme pour toutes ces renaissances, au moment voulu.
Nous pourrions les appeler les mémoires cachées !

L'âme s'incarne avec ses mémoires définies, associée à son accessoire matérialisé, représenté par le corps, pour ne former plus qu'un. Ainsi, tout l'être qu'elle constitue œuvre pour parfaire ses assimilations de mémoires.
Souvenez-vous de ceci : vous gardez à chaque instant de votre vie votre libre arbitre.

Petite parenthèse à propos de ces choix :

Je vais prendre l'exemple des personnes qui s'entêtent à utiliser les lois de l'attraction pour devenir très riches. Et finalement, une fois déçues, elles pensent qu'il ne s'agit que de futilités, vu les résultats non concluants. Je souhaite leur apporter cette information : ne jurez plus contre ces lois de l'attraction, les demandes que vous leur soumettez ne sont tout simplement pas pour vous dans cette vie.
L'âme qui a choisi le rôle que vous devrez jouer a peut-être volontairement exclu le sujet pour lequel la loi d'attraction ne pourra pas se manifester.
Attirez vos désirs et travaillez pour votre vie future en vivant du mieux possible celle qui est présente. Si vous œuvrez ainsi, peut-être que votre prochaine vie bénéficiera de cette attraction !

Le semis d'aujourd'hui fait la récolte de demain !

Acceptez vos choix, et ne mettez plus la responsabilité sur les autres, ou tout autre système, qui peut marcher pour certains d'entre nous. Comprenez que les expériences que vous devez vivre ne sont tout simplement pas en accord avec votre souhait de devenir riche, alors qu'elles le sont pour d'autres, qui eux viennent expérimenter des situations liées à l'abondance de l'argent.

Il n'est donc pas nécessaire de laisser l'ego vous intégrer la culpabilité de ses mémoires de vies passées.

Vous n'êtes pas le résultat de toutes ces mémoires de vies antérieures. Au contraire, vous êtes l'évolution.
L'âme est l'essence de l'être humain.
Les mémoires conditionnent certainement les expériences que vous devez réaliser, mais pas la source de votre être.

Je vous répète encore une fois que vous êtes libre de rentrer en contact avec cette flamme divine, qui est votre âme, et qui ne souhaite que votre bonheur.

Si nous cherchons, tout au fond de chaque humain, l'ÊTRE, nous trouvons cette petite flamme du Divin, qui connaît le processus d'évolution mieux que personne !
Il y a donc en chacun de nous une intelligence parfaite !
L'être humain vient expérimenter et construire une personnalité en fonction de son bagage.
Ce que j'appelle le sac à dos fait souvent rire mes consultants lorsque je leur dis qu'il est grand temps de l'alléger pour aller plus loin et préparer leur vie future.
Le grand voyage de chacune de nos vies dépendra des mémoires que nous aurons accumulées ou gravées au moment de notre départ…
C'est au moment du départ vers la source divine, à la mort de notre corps physique, que se gravent les mémoires du sac à dos.

Qu'allons-nous mettre dans ce fameux sac à dos ?
Je vous laisse deviner !
Plus votre vie sera remplie de regrets, de remords, de culpabilités, de peurs, plus le sac à dos sera lourd.

Comme vous pouvez vous en douter, il y a un sac à dos au moment du retour sur terre avec un contenu bien défini par l'âme.
Puis, il y a le nouveau sac à dos chargé de nouvelles expériences au moment du départ pour le « retour à la maison » !

L'âme est responsable de toutes ses mémoires qu'elle véhicule à chaque passage.

Le but de la vie est le bonheur. Sauf que, sans l'ouverture de conscience et sans la motivation d'aller vers ce but, l'individu triche avec lui-même. De ce fait, il ne peut avoir accès à sa propre conscience et se libérer des mémoires encombrantes.

L'expérience que nous propose, de vie en vie, notre âme nécessite de prendre conscience de l'assimilation en cours et de reconnaître que ce boulet peut être trimballé depuis plusieurs vies.
Si cette prise de conscience a lieu dans cette vie présente, alors il est temps d'adopter de nouvelles attitudes pour changer et admettre que personne n'est parfait.
C'est aussi le moment de libérer les maux de l'humanité, en commençant par libérer les maux générationnels.
C'est en s'intéressant à l'analyse psychogénéalogique, ce bel outil dont l'objectif principal est de lever le voile et tout ce qui pourrit la lignée familiale, que vous trouverez des réponses aussi.
Le choix de la famille est un choix de l'âme.

La resynchronisation énergétique (SE&R) de la mémoire d'âme avec la mémoire énergétique permet l'équilibre et la fonction de l'âme dans ce véhicule qu'elle guide sur ces chemins multiples avec amour. C'est permettre à chaque individu de retrouver son autonomie et son chemin de vie initial.

L'âme joue un rôle étonnement décisif dans la vie que nous menons. Il est essentiel de prendre conscience de ce phénomène, pour qu'enfin l'harmonie s'intègre d'une façon naturelle à notre vie.

# Libérer son âme de son sac à dos

*« La liberté de l'âme*
*affranchie de ses vies antérieures*
*accorde la renaissance d'un passé réparé. »*

Florence Léautaud

Nourrir notre âme est notre mission sur terre.

Cette nourriture augmente et maintient l'énergie de notre essence humaine terrestre. Elle parfait l'être dans sa mission de vie permettant ainsi l'expression de l'âme.
Plus nous sommes dans notre mission de vie et la vivons, plus notre âme s'épanouit et apporte à notre écosystème l'équilibre et l'harmonie pour entretenir notre capital énergétique.
Ainsi, notre corps énergétique en parfaite harmonie avec notre système vital dans sa globalité nous permet de dégager une force d'informations positives, et d'attirer des énergies en lien avec des informations énergétiques du même acabit.
Inutile de vous dire que ce fonctionnement intelligent est aussi lié à la sauvegarde de la bonne santé et du bonheur.
Il faut maintenir cette harmonie entre l'âme, le corps énergétique et le corps physique.

Le docteur Bach disait ceci :
« Tant que le corps, l'âme et l'esprit sont en harmonie, rien ne peut nous affecter. »
Pour cela, l'une des priorités est la libération de ce que contient le sac à dos, donc de toutes ses mémoires parasitaires encombrantes.
C'est un travail d'assimilation qui commence par la suppression des mémoires négatives, de ces blocages et douleurs gravées au fil des nombreuses vies que nos mémoires d'âme transmettent à notre inconscient.
Cela résulte d'un travail quotidien de l'âme dont l'assimilation de ses mémoires de vies antérieures dépend.
Parmi les méandres de la vie qui nous font revivre sans fin les mêmes difficultés, nous pourrions en reconnaître certaines et les comparer à des programmations de mémoires.

C'est la qualité de reconnexion à son être, son âme et son corps qui redonnera l'équilibre d'une fonction libératrice, voici l'essentiel pour entreprendre ce travail.
En fait, les trois points suivants sont à portée de tous.
Approfondir les désirs de son être à se libérer, accepter de se retrouver en pleine conscience et confier votre âme directement à cette volonté de guérir.
Tout cela n'est qu'une prise de conscience en vous reliant à la partie divine qui vous habite.
Vous pouvez aussi vous en remettre à Dieu, à l'univers comme vous le voulez, en accord avec vos croyances.
Je ne souhaite pas heurter votre sensibilité, donc je vous laisse la liberté de choisir votre moyen de délivrance.

L'une de mes principales croyances est de se faire confiance.
La confiance en soi est libératrice.
En toute sincérité, croyez en votre âme, en votre être qui est le berceau de celle-ci pendant tout le voyage.

Il n'est nul besoin de faire de démonstration en lisant cela, vous saurez, au fond de vous, que vous êtes tout à fait capable d'atteindre cet objectif.
Trop de questions enfument votre âme et la laissent avec son sac à dos bien plein.
Tournez-vous vers votre être, votre cœur, là maintenant et entrez en communication, comme je vous l'ai suggéré au cours du chapitre précédent. Ce sont des retrouvailles dans l'amour inconditionnel, et vous avez toutes les compétences pour cette auto-alimentation divine.
Vous êtes doué de capacités dont vous n'avez même pas conscience.
Vous êtes doté d'une grande force et de capacités créatrices inconsidérables.
En plus de tout cela, vous possédez en vous l'amour absolu. Ne le cherchez pas sur terre, et surtout pas au travers de l'autre, car vous risqueriez d'attendre longtemps.
Osez cet amour inconditionnel pour vous-même.
Ce n'est pas de l'égoïsme, ni une forme de narcissisme.
Cet amour est différent. L'amour inconditionnel n'existe pas venant de l'être humain, qui est votre semblable.

Comment peut-on prétendre en tant qu'être humain allouer cet amour inconditionnel à l'un de ses homologues sans attendre un retour, si petit soit-il ?
Cela me semble difficile, à mon humble avis.
Pour détenir ce don de soi dans l'amour inconditionnel, il faut à ce niveau de conscience avoir les compétences d'un véritable sage.

Nous pouvons accorder cet amour inconditionnel à un bébé peut-être, mais à condition de ne rien espérer de cet enfant en retour. Ne pensez-vous pas que nous souhaiterions certainement qu'il nous aime en contrepartie ?
Nous pouvons l'apporter à un animal toujours sans attente.

Le plus simple est de l'offrir à la nature lors de nos moments de complicité et de communication avec elle.
Cet amour doit être sans aucune compensation !

Seul Dieu, l'univers et les êtres de lumière sont capables de transmettre cet amour inconditionnel à l'humanité entière.
Bien sûr, nous donnons de l'amour, mais ce n'est pas de celui-ci dont je parle.
L'amour peut être reconnu sous différents angles : l'amour-propre, l'amour de l'autre, l'amour sentimental, fusionnel, fraternel, maternel, universel et tellement d'autres encore.
Si vous êtes en recherche de cet amour, c'est une théorie d'ouverture du cœur, mais il peut être aussi passionnel, cette fois cet amour peut devenir destructeur.
Il y a souvent dans la notion d'amour, du verbe aimer, un besoin de retour ou d'attente consciente ou inconsciente.
S'aimer soi-même et aimer les autres d'un amour inconditionnel n'est pas si évident. C'est un travail qui se fait en développant des vertus et des qualités difficiles à maintenir dans notre exploration terrestre en cette société.
Il faut être doté d'aptitudes à vivre le cœur ouvert, être capable de le ressentir, d'accueillir l'amour dans un partage sans attente, faire don de soi avec sagesse et vivre en fraternité empreinte d'altruisme.

Vous comprenez maintenant pourquoi vous pouvez aussi envoyer cet amour inconditionnel à cette magnificence intelligence cosmique, et en recevoir tout autant.

Un jour, une jeune femme m'a interpellée à ce sujet.
Elle me disait sentir une sorte de boule pleine d'amour vivre dans son corps.
Le problème de cette jeune femme était qu'elle ne savait pas quoi faire de ce trop-plein d'amour.

Elle ressentait tout cet amour bouillonner en elle, mais elle n'avait pas la possibilité de le donner à qui que soit dans son entourage.
Comme si elle sentait qu'elle ne devait pas le partager.
C'est plutôt étrange de ne pas pouvoir offrir son amour !
Cet amour est tout autre que celui qu'elle apporte au quotidien à son mari, ses enfants et tous ses proches.
Elle me décrivait cet amour d'une puissance extraordinaire qui s'exprimait au plus profond de son être, dont elle aimerait en connaître la provenance.

J'ai tout de suite compris de quel amour elle me parlait.
C'est cet amour inconditionnel, celui qui m'envahit à chaque fois que j'entre en connexion avec les énergies angéliques et mon âme…
J'ai pu lui évoquer cet amour, partager avec elle les ressentis exceptionnels que nous vivons dans ces moments-là. Je lui ai conseillé de donner cet amour inconditionnel à l'univers et tous les êtres de la divine source de vie.

Le retour est tellement extraordinaire.
Je vous propose et vous recommande de l'expérimenter à votre tour.

C'est dans le cœur de chacun des humains que la source se trouve.
Il n'y a pas de vérité en la matière, la vacuité semble bien compliquée également !
La vacuité est l'essence de Dieu, et Dieu est amour !
Je dis Dieu, mais c'est l'intelligence cosmique ou intelligence divine, comme vous le souhaitez.

Utilisons ce dont nous sommes capables, grâce à notre propre essence reliée à celle du Divin, pour nettoyer ce sac à dos avec confiance, sans même chercher non plus la justice, et sans apporter de jugement.

Surtout pas d'ailleurs !
N'oubliez pas que chacun a son voyage personnel et, sur sa route, joue le rôle que l'âme a choisi pour ses expériences.
L'âme qui gravit sans cesse la montagne pour son ascension doit expérimenter les mêmes épreuves, celles que vous êtes peut-être en train de vivre !

Voici quelques expressions de l'existence de certains individus avec ce ressenti d'une vie bien accablée.

« C'est injuste ce qui m'arrive, j'ai été bon toute ma vie et droit, et je n'arrive à rien. »
« Regardez-moi celui-ci, à qui tout réussit ! »
« Et celle-ci, elle n'a qu'à claquer des doigts, et tout ce qu'elle désire lui arrive, alors qu'elle ne pense qu'à elle… »

Voilà bien des ressentiments d'injustice que certains manifestent à un moment ou un autre de leur existence. Petit ou grand !
C'est une émotion d'injustice face à la puissance de l'infini, mais cela vous parle sûrement !

Néanmoins, existe-t-il une justice divinecapable de reconnaître ce qui est bien et ce qu'il ne l'est pas ?
Mais alors cela voudrait dire que nos vies seraient évaluées et jugées ?
Nombreux sont ceux qui le pensent, mais très honnêtement je ne crois pas en cela. N'est-ce pas là plutôt des principes purement humains ?
Je crois en ces lois divines, qui assurent les moyens de respect pour l'âme qui doit expérimenter tellement de rôles différents vie après vie. Ce n'est pas toujours en adéquation avec ce sens de la justice. Les expériences que nous menons sont indissociables

de la compréhension du sens de l'épreuve, la capacité de discernement, du sens de l'éthique, de la clémence, l'amour, la compassion, la magnificence, la patience, la largesse, la charité, etc.
Mais dans tout cela, n'oublions pas que nous subissons les influences de nos rencontres, qu'elles soient les forces négatives ou pas ; ces rencontres nous entraînent vers des situations qui peuvent parfois bouleverser notre vie, et celle de notre entourage.
Le jugement n'est qu'une affaire d'hommes et ne peut être investi par le divin.
Autrement, à quoi rimeraient tous ces allers-retours pour l'ascension de l'âme et l'évolution de la conscience humaine ?

La justice divine ne peut tenir compte uniquement des actes commis dans la vie présente, mais elle considère, à mon humble avis, tout ce que l'âme a inscrit au fur et à mesure de ces expériences terrestres multiples.

Alors, je vous dirais simplement : ne la cherchez pas et ne l'attendez pas.
Je pense très sincèrement qu'il n'y a que l'alchimie du cœur et de l'être qui peut répondre à cette notion d'iniquité !
Ne vous encombrez pas de ces sentiments et de cette attente sur ce qui est juste ou ne l'est pas.
Les mémoires que l'âme a sélectionnées pour le sac à dos jouent un rôle dans ce processus de ressentiment et d'injustice.
Le nettoyage de ces mémoires parasites est nécessaire à l'évolution de l'âme afin de ne pas en remettre une couche supplémentaire. Ajouter d'autres couches alimenterait le mécanisme d'échec, et serait de nouveau gravé au moment du départ à la mémoire d'âme, et en empêcherait son assimilation.
Il ne s'agit pas de rejeter d'un simple revers de la main toutes ces mémoires, ce ne serait pas une bonne solution.

Ce serait d'ailleurs trop facile.
Elles ne peuvent pas être ignorées non plus, l'ascension de l'âme en dépend.
Ces mémoires sont toujours actives finalement, et peuvent devenir des parasites pour notre écosystème énergétique.

En les découvrant dans les vies antérieures lorsque j'utilise mon canal pour les personnes qui me le demandent, nous touchons les contenus de ces mémoires. C'est ainsi en comprenant le sens des expériences que nous pouvons mettre en considération les difficultés concordantes de ces mémoires.
De cette façon, en déchiffrant les différents blocages et les aboutissants, l'individu devient responsable de ses actes et redevient acteur dans son rôle pour le moment présent.

Vous pourriez reconnaître aussi ces mémoires encombrantes par des récidives de problèmes dans votre vie.
Portez votre attention aux mémoires familiales, si tel est le cas.

Dans certaines situations, vous différencierez ces mémoires par des blocages qui vous empêchent souvent, et à plusieurs reprises, le bon déroulement de vos projets. Ce cas peut se produire régulièrement. Vous vous apercevrez ainsi que vous êtes sous l'influence de programmation de mémoires.
Mettez en lumière ces situations et travaillez-les avec les outils qui vous conviendront le mieux.

Les fleurs du Dr Bach ont une action remarquable sur le retour à la confiance en soi, indispensable pour se permettre d'aller plus loin dans cette démarche.
Les nombreuses manières de couper des liens avec les phénomènes perturbateurs, tout comme celle des petits bonshommes allumettes et l'Ho'oponopono, peuvent être un soutien.

Travailler ces douloureuses mémoires quelquefois, avec des techniques déjà citées, ne suffit pas. Il est possible de les désactiver ou de couper les liens, comme c'est le cas de la programmation. Je vous encourage à réfléchir pour trouver un moyen de guérison qui vous convient, afin de vous débarrasser de ce fardeau très certainement actif depuis de nombreuses expériences de vies passées.

La technique de couper énergétiquement les liens conscients et inconscients sur telle ou telle mémoire, encombrant notre équilibre vital, doit se pratiquer avec vigilance.

Je reviens sur la technique SE&R qui permet de couper ces liens embarrassants, mettant un frein à la bonne réalisation de notre vie et nous détournant du chemin menant à notre mission de vie.
Certaines méthodes requièrent la plus grande prudence dans ce domaine où des personnes prétendent faire le nettoyage de l'âme !
Encore une fois, j'en appelle à votre bon sens, ne confiez pas cette partie divine de votre être à n'importe qui.
Le nettoyage des mémoires d'âme est possible uniquement par la personne concernée.
C'est à elle-même de mener ces actions, en complicité avec son âme qui porte son sac à dos, vous l'avez bien compris !
Cette fusion de l'âme et de l'être renforcera toute technique qui sera mise en œuvre pour ce nettoyage.
Personne ne doit et ne peut prétendre pratiquer cette purification à votre place.
Bien entendu, un thérapeute peut être très utile, mais celui-ci devra rester un soutien simplement ou un outil utile à votre propre investigation. Il sera votre accompagnant pour cette action de délivrance.

La libération de l'empreinte de ces mémoires permet une meilleure santé énergétique.

Évidemment, il sera impossible de libérer complètement toutes les mémoires de ces souffrances existentielles d'un seul coup. Plus vous travaillerez votre sac à dos, plus vos capacités d'appréhender la vie seront douces.
Une attention psycho-émotionnelle est importante à considérer pour toute aide à la guérison du corps physique également.
Vous aurez vite fait de comprendre que plus le sac à dos est chargé, plus la vie est complexe.

Vider son sac à dos avant de partir, c'est alléger l'inconscient pour les vies futures.

> « Nourris ton âme,
> ton être grandira ! »
>
> FLORENCE LÉAUTAUD

# La méthode SE&R et la nourriture énergétique

*« L'amour est à l'univers
ce qu'est l'unité
au sens de notre retour ! »*

Florence Léautaud

Le mot « nourriture » peut vous surprendre, et à ce sujet voici quelques explications afin que vous compreniez la nécessité de prendre soin aussi de cet aspect vital.

Il s'agit d'une tout autre définition de ce mot, servant à nourrir votre être, votre esprit et votre système énergétique qui n'est en rien lié à l'alimentation.

La forme humaine est composée d'un corps énergétique et d'un corps physique.
L'homme possède autour de son corps physique un autre corps, non visible, qui est celui que l'on nomme le corps énergétique.
Ces deux corps sont indissociables.

Si nous considérons l'humain comme un microcosme, nos tissus et organes nous apparaissent sous forme « solide », formant notre corps « solide » que nous appelons le corps physique fait de la matière.

De la même manière, tout autour de notre corps physique composé de matière, cet autre corps immatérialisé est constitué d'énergies invisibles.
Ce dernier que nous nommons le corps énergétique.
Cette énergie qui compose un ensemble structure l'écosystème énergétique.
Sa qualité et sa prédisposition forment un ensemble avec le corps physique.
Ce milieu constitué d'énergies est fait de constantes interactions, multiples et intelligentes.
Cela est identique pour tout ce qui est vivant sur notre planète.

Ce schéma très simple définit le corps énergétique, le corps physique et la mémoire d'âme.

Ces trois éléments indissociables ont fait l'étude et le résultat de recherches pour établir le protocole SE&R.

Voici l'occasion de vous apporter les précisions sur cette méthode.

Je n'aborderai pas les diverses techniques énergétiques, car elles diffèrent les unes des autres avec tellement de controverses.

Pour ma part, je pratique depuis de nombreuses années la technique de resynchronisation SE&R (soin énergétique et resynchronisation), et les résultats sont extraordinaires.

Cette technique permet une resynchronisation des deux mémoires.

La mémoire du corps énergétique et la mémoire d'âme doivent être en parfait fonctionnement, afin de réinitialiser le mécanisme du corps physique et de conserver sa force vitale.

Lorsque ces fonctionnements sont harmonieux, l'humain possède une intelligence et une aptitude à sa propre évolution.
Cet ensemble possède une coexistence, un lien permanent qui permet une bonne interaction d'informations entre les différents systèmes vitaux.

## LE SOIN ÉNERGÉTIQUE ET LA RESYNCHRONISATION SE&R

Cette technique est le fruit du travail de Benjamin, mon fils, combiné à mon expérience sur les missions de vie et les soins énergétiques. Nous pratiquons tous les deux en tant que thérapeutes dans ce domaine, depuis de nombreuses années.
Nous avons beaucoup étudié et œuvrons toujours avec la méthode SE&R et ses bienfaits sur l'être vivant.

Cette resynchronisation SE&R vise à travailler avec discernement à remettre les gens dans leur bonne santé, retrouver leur capacité vitale et repartir sur leur chemin de vie initial.
Tout comme au moment de l'incarnation, le fonctionnement d'échanges d'informations entre la mémoire énergétique et la mémoire d'âme est bien établi, formant une harmonie de tout l'écosystème énergétique de chaque individu.

Une resynchronisation SE&R donne à la personne la possibilité d'une gestion de son écosystème en autonomie, tout en restant dans un alignement idéal.
Cet alignement est celui du départ, celui du moment de notre incarnation, avec un équilibre parfait entre ces deux mémoires.
La mémoire énergétique et la mémoire d'âme.

Notre philosophie est celle-ci :
Pour comprendre la raison de la démarche SE&R, il a fallu reprendre tout à zéro, il est inconcevable de récupérer des bribes d'idées et de faire un tout par la suite.
Si l'on prend une technique en particulier, il faut s'intéresser à la globalité de celle-ci et aussi accepter et intégrer ses parties obscures.
Prenons un exemple, si j'inclus une technique alternative, il faut considérer les obligations, les restrictions et les abominations qui y sont liées, l'information énergétique laisse une trace de chaque acte, chaque pensée. C'est pour cela que pour partir sur une base saine et logique, il a fallu revoir la vision globale du soin énergétique

et, par la même occasion, développer une philosophie fondée sur un ensemble de principes liant une connaissance responsabilisant un être, afin qu'il puisse acquérir un minimum de sagesse et de constance pour la pratique constante du protocole SE&R.

Nous avons recherché une vision globale de principes logiques liés à la connaissance et non à la croyance.

Lors de nos formations, les valeurs fondamentales du respect de la vie ne sont pas exclues.
Cela pour éviter à ces futurs praticiens SE&R de se perdre dans la notion de pouvoir ou de supériorité, qui malheureusement se retrouve aujourd'hui dans certaines pratiques énergétiques. Le but de cet enseignement est le partage, et notre souhait le plus profond est de pouvoir resynchroniser un maximum de personnes afin que ces dernières récupèrent le chemin de leur vraie vie, dans une autonomie et un bonheur existentiels.

Voici en quelques mots comment s'établit notre recherche.

Cette recherche consiste à mettre en place un protocole d'expérimentation pour l'obtention de résultats concrets. Il faut remettre en question tous les principes et les techniques actuelles pour trouver des corrélations logiques s'adaptant même aux règles les plus basiques de la science.
L'extraordinaire doit s'expliquer, car il a un rôle de domination sur autrui.
Les résultats ne doivent pas être inférieurs à ceux du hasard, autrement nous parlons de principe aléatoire où la connaissance peut être fausse ou trompeuse pour son prochain.
Quant aux résultats, ils doivent être répétitifs sans avoir de paramètres pouvant biaiser la résultante.

Notre objectif pour ce travail de soin SE&R est bien loin d'un monde utopiste.

Les soins énergétiques SE&R ont pour objectif l'action naturelle d'un processus de traitement d'information impactant notre quotidien. Dans une neutralité et une liberté de croyance, ce soin va agir et réinitialiser un ensemble de concordances énergétiques pour se retrouver confronté aux assimilations de notre chemin de vie de manière initiale. Le thérapeute est responsable de son soin et ne fait appel à rien d'autre que son pouvoir créateur ou destructeur. Tout comme un artiste, il n'a besoin que de son protocole et de sa concentration pour changer le cours de l'histoire du sujet recevant le soin.

L'une de mes consultantes après un soin SE&R a, sans trop cherché à comprendre, acheté une guitare et suivi des cours de musique.
Une sorte de besoin de jouer de la musique l'a envahie, alors que jusqu'à présent elle n'avait eu qu'une attirance sans trop d'importance pour cet instrument.
Quelques semaines plus tard, je reçois donc Hélène, venue me consulter à nouveau, pour identifier sa mission de vie.
Nous réalisons le souhait de ma cliente pour cette demande d'information concernant sa mission, tout en ne me faisant aucune confidence au sujet de sa nouvelle passion musicale, Hélène allait découvrir des éléments plutôt surprenants.
Après lui avoir fourni les informations du chemin vers sa mission de vie, deux points très importants s'offraient à elle se rapportant à une mission sur la transmission et la communication. Le second point tout aussi déterminant concernait son développement musical, qui devait s'allier au premier pour harmoniser et réaliser le tout.

À ma grande surprise, Hélène me fit donc part de cet investissement quelques jours après notre dernier rendez-vous et de sa soudaine passion pour la guitare.

Voilà une bien belle resynchronisation dont les bénéfices permettent à Hélène de se trouver en partie dans sa mission de vie en nourrissant son âme lors de ces moments musicaux…
En apportant ce témoignage comme bien d'autres le font, la confirmation de l'efficacité de ce soin SE&R n'est plus à prouver pour un bon nombre de cas similaires.

Je tenais à cette précision avant d'aller plus loin !
Grâce à cette resynchronisation, il est plus facile de retrouver le chemin vers sa mission de vie. La remise en place d'un bon fonctionnement de l'écosystème énergétique permet également une plus grande facilité au nettoyage des mémoires encombrantes.

Un vaste nombre d'informations émanent de ce système énergétique sur le fonctionnement de chaque être humain.
La qualité de ce système que je nomme écosystème énergétique est vitale.
L'énergie et ce corps énergétique font à présent le sujet de nombreuses études dans le domaine scientifique médical.
N'accorde-t-on pas de nos jours l'accès aux hôpitaux à des coupeurs de feu ?
Je m'en réjouis !

Ce n'est pourtant qu'un détail, car l'écosystème énergétique possède sa propre intelligence, reliée à celle du corps physique et de celle du cosmos.
Imaginez-vous ce que nous n'avons pas encore mis à jour et tout ce qui peut découler d'un pareil système…
Tout cela pour vous indiquer l'importance de prendre conscience de l'existence de ce corps énergétique.

Notre écosystème énergétique représente l'unité et toutes ses interactions.

Le système énergétique peut aussi souffrir de différentes attaques parasitaires. Ces attaques peuvent avoir plusieurs sources et créent un effet boule de neige sur nos fonctions vitales.
Une surcharge parasitaire et un mauvais fonctionnement de l'écosystème énergétique peuvent provoquer des maux sur le corps physique, allant jusqu'à engendrer la maladie.

Ce dysfonctionnement peut aussi susciter une intensité de ces états d'être, comme la violence, le jugement, la colère, la haine, etc.
Nous en prenons conscience parfois lorsque des évènements passés nous font souffrir en perturbant profondément notre état émotionnel.
Mais à d'autres moments, ces états émotionnels peuvent nous conduire vers des souffrances physiques.

J'aimerais toutefois apporter une évidence, en toute honnêteté.
Il me semble important et juste de reconnaître que nous possédons tous, à des degrés différents, des sentiments que nous qualifions de défauts et bien plus encore, tels que : la jalousie, l'envie, la colère, la haine, l'hypocrisie…
Nous venons expérimenter tout cela aussi, ces conditions de caractère font partie de notre mission pour l'humanité, afin que nous prenions conscience de la difficulté humaine à vivre dans l'unité.
Parfois, la mission de vie peut être très empreinte de ces conditions humaines en travaillant des personnalités diverses et variées.

Notre inconscient nous nourrit aussi avec de la peur, de la joie, de l'amour, du bonheur !

En chacun de nous sommeillent ces qualificatifs, et nous les vivons de manières différentes, que ce soit dans l'épreuve ou dans notre quête du bonheur.

Nous cataloguons certaines personnes avec nos jugements, mais nous avons tous aussi, dans notre composition du départ, ces particularités. Pourtant, pour la plupart, nous essayons de les maîtriser plus ou moins, mais elles font partie de la machine humaine.

Ces conditions humaines apportent des informations à notre écosystème énergétique et influencent son fonctionnement.
Si tous les humains possédaient une maîtrise convenable de leur écosystème énergétique, une harmonie, et tous les liens en découlant avec le corps physique, cela se répercuterait sur toute l'humanité.
Cette répercussion permettrait une avancée, d'un point de vue de l'ouverture des consciences, mais bien au-delà encore.
D'une part, cette conscience et l'émergence de chaque être, mais aussi un impact sur une force vitale saine.

Vous savez à quel point notre force vitale possède une importance dans le maintien de notre bonne santé.

Il y a une chose importante que tout le monde doit comprendre, nous dépendons de l'unité !
Non, ce n'est pas vide là-haut !
Tout est énergies et informations.

C'est vital d'être en connexion permanente avec l'univers, comme il est vital de respirer l'air de dehors. Eh bien, oui, si vous cessez de respirer, vous cessez de vivre.

Nous avons besoin de prendre quelque chose dans cette atmosphère. Et pourquoi ne serait-ce que de l'air ?
N'oubliez pas, nous sommes des êtres d'énergies, et qui plus est des créateurs.

L'énergie dont nous sommes constitués est tout simplement vitale, comme la moindre cellule composant notre corps physique. Nous nous en nourrissons à chaque moment de notre existence.
Nous puisons cette énergie depuis l'univers pour certains, et comme la plupart d'entre nous sans le savoir. Mais pourriez-vous imaginer que, en tant que créateur, vous auriez la possibilité également de vous autonourrir !

Attention, il faut aussi rester vigilant quant à la manière de capter ou de créer ces énergies.
Tout est énergie, même notre pensée. L'information génère l'énergie…
Notre corps est une merveille de mécanismes énergétiques.

Il est important de le considérer comme essentiel, ainsi dans cette manière de conscience nous aidons notre âme dans son évolution spirituelle tout en restant libres.
Car l'univers est pour tous, il n'est nul besoin d'être scientifique ou d'avoir de grandes connaissances en la matière. L'énergie que l'univers met à notre disposition « en mode non-stop » est accessible, tout comme notre propre puissance créatrice.
Nourrissez-vous-en, SANS LIMITES.

Appelons cette coexistence l'intelligence de vie.
La méthode SE&R permet de prendre en main cette nourriture énergétique et d'en être le subtil chef d'orchestre pour soi-même.
L'énergie est l'essence même de la création, le fondement de tout. Omniprésente dans l'intelligence de notre écosystème énergétique et son bon fonctionnement.
Être créateur de cet équilibre !

Voilà un mot, « créateur », qui suscite la discussion !

Peu d'entre vous acceptent ce qualificatif ou bien craignent justement ce fait.
Il est pourtant un petit mot qui peut changer complètement votre vie.
Nous sommes depuis très longtemps formatés et exprimons nos demandes avec diverses formulations : s'il vous plaît, accepteriez-vous, ou selon votre bon vouloir, ou encore me feriez-vous la faveur de.
Toutes ces formules sont bien écrasantes, employées, selon le cas, à attendre d'autrui…
Ce n'est pas manquer de politesse ou d'une éducation peu convenable que de se débarrasser de ce mode de demandes, mais de se libérer de ce « bon vouloir » d'une autre personne.

Eh bien, si nous revoyions notre copie ?
Nous sommes capables de créer aussi, tout notre entourage dépend de cette attention à la création dont nous sommes pourvus.
Créer et ne plus rien attendre de qui que ce soit !

L'énergie est un outil de créativité.
Tout comme l'eau, l'air, le feu, la terre, l'énergie est un élément vital.
Attention toutefois ! Nos pensées n'émettent pas de vibrations !
Par contre, elles influencent *via* l'information et créent un impact sur notre système vital, donc prudence.

Tout cela pour vous expliquer qu'il est parfois nécessaire de mettre ce point énergétique en lumière en regardant au-delà de nos connaissances, et surtout se questionner sur notre existence et notre fonctionnement par rapport à celle-ci.
Il s'agit d'ouvrir sa curiosité en gardant tout de même les pieds sur terre !

Cela étant dit, vous vous questionnerez moins sur le pourquoi, vous ne trouvez pas votre chemin.
Une autre interrogation, qui semblerait perturber les différents chemins vers votre mission, est : ne seriez-vous pas en disharmonie avec votre âme ?

Vous êtes affaibli, malade, fatigué sans raison valable, vous êtes-vous questionné sur ce fonctionnement énergétique ?

L'état émotionnel semble être de plus en plus considéré par le milieu médical, mais le système énergétique n'est pas encore reconnu.
Et pourtant !

Bien des maux, exprimés par le corps physique, peuvent être simplement expliqués à l'aide d'une question : et si vous n'étiez pas dans votre chemin accédant à votre mission de vie ?
Vous pouvez aussi être dans votre mission, mais le chemin vous semble compliqué.
Interrogez-vous : « Mon écosystème fonctionne-t-il ? est-il en harmonie ? »

Vous penserez que ces suggestions sont simplistes, eh bien non !
Il est temps que chacun pense aussi à cet état énergétique, qui nous est propre, comme peut l'être le fonctionnement physique d'un organe quelconque, et propre à chacun, également.

Bien au-delà de la maladie, dans la guérison véritable, l'âme, le corps et l'esprit ne font qu'un.
Comme le suggérait le docteur Édouard Bach :
« La maladie n'est rien, mais la disharmonie doit être reconsidérée, puisqu'elle est liée aux conséquences de nos maladies. »

De ce fait, la mémoire énergétique étant reliée à notre âme directement, donc à la mémoire d'âme (MA), conditionnant cet équilibre harmonieux, elle est aussi reliée à nos mémoires physiques.

S'il y a un dysfonctionnement d'une de ces connexions, vous ne pouvez trouver satisfaction sur votre cheminement.

Tous ces points sont très importants, nous ne sommes pas sur terre uniquement pour manger, dormir, travailler, nous amuser, faire des enfants, faire la guerre, souffrir, et faire souffrir…
Nous avons une mission, que nous avons choisi de réaliser sur terre, et cela même avant de nous être incarnés.
J'utilise le pronom personnel « nous », qui représente l'âme, le corps et l'esprit.
N'oubliez pas, avant de revenir sur terre, nous planifions tout.
Nous avons préparé notre future existence composée de nos parents que nous avons choisis aussi.
Ils nous permettront notre éducation avec des expériences tellement différentes les uns et des autres, de vivre nos multiples réalisations, belles ou difficiles, somme toute diverses, et visant l'assimilation de certaines de nos mémoires d'âme.

Ces expériences riches sont aussi notre moyen d'ascension vers le but suprême.

Ainsi, vous ne pouvez rendre responsable personne d'autre que vous, concernant ces expériences. Vos choix dépendent des choix du démarrage. Vos choix fondent votre expérience.
Personne ne peut prétendre maîtriser la vérité ou la détenir.

Qu'est-ce que la vérité ?

L'humilité me semble bien plus importante, en respectant ses propres choix, et ceux des autres.
Le point en commun est la réalisation de chacun à trouver son chemin.

Dès le début de notre vie, donc, et cela en relation avec la date et l'heure de naissance, des informations énergétiques nous entourent et font partie de notre écosystème énergétique.

Il ne faut pas perdre de vue que la mission de vie est la nourriture de l'âme, elle fait partie de notre parcours.
C'est avec et grâce à l'équilibre énergétique et la bonne synchronisation de nos mémoires, dans sa globalité, que nous entretenons en partie notre système vital.
Le soi, le corps physique et le corps spirituel, énergétique ne font plus qu'un !

L'âme se nourrit aussi de musique, d'où émanent des vibrations !
Nous sommes récepteurs, donc sensibles à ces vibrations sonores.
Le plaisir des sons alliés à la gestuelle du corps lui apportent sérénité et douceur.

L'intuition, cet outil trop peu reconnu, est le fruit de la bonne nourriture de l'âme.
La méditation est également un moyen de véritable rencontre avec son soi, son être profond avec qui l'âme cohabite !
La connexion à la nature et aux animaux est tout aussi importante.
La contemplation est un des instruments pour trouver la paix intérieure et de discernement : la vie belle commence là où nous lui accordons une considération.

De ces connexions découlent l'amour, le respect, la survie, l'émerveillement et une bonne nourriture énergétique…

> « Comme une pluie d'amour,
> où chaque goutte qui tombe pénètre mon âme
> et me relie à ce magnifique monde céleste. »
>
> Florence Léautaud

## PETIT CONSEIL POUR NOURRIR SON CORPS DE L'ÉNERGIE

Je vous conseille quelques exercices faciles et importants à mettre en place le plus souvent possible. Ils vous permettront d'entretenir ce corps énergétique correctement…

Apprenez à ressentir votre corps de l'intérieur et commençons ce petit exercice par le nettoyer et le nourrir.

Vous pouvez faire cet exercice dans le silence ou accompagné d'une musique douce, dite de relaxation, en vous référant à l'idée de guidance que je vous ai proposée.

Vous pouvez très bien faire appel à l'énergie d'un ange ou d'un archange. Voilà une pratique qui est accessible à tous, seulement si vous êtes en accord, bien entendu.
Tout en restant dans ce domaine de l'énergie et sollicitant la présence énergétique de tel ou tel ange, pour celles et ceux qui ont ce côté spirituel angélique.
Sachez plus concrètement et sans l'aspect spirituel que vous pouvez aussi trouver le moyen, en remplaçant l'appel de l'archange

ou de l'ange, en vous demandant avec simplicité à vous-même ce nettoyage, de recevoir les énergies sans apporter plus d'informations.
Vous êtes constamment relié à cette intelligence divine. Il n'est donc pas nécessaire de passer par la gracieuseté angélique.
Ces énergies angéliques ne sont pas obligatoires.

Même si je vous ai prodigué cette façon de pratiquer, vous constaterez qu'il est possible sans croyance d'avoir accès à cette nourriture aussi !
Certaines personnes ont besoin de leur ressenti et il leur faut un support. Mais je vous le répète encore une fois : le mental à ce moment-là entre en action, donc restez vigilant.
Les réponses ne sont fondées ni sur une logique quelconque ni sur la notion du temps.

Vous pouvez faire appel à un thérapeute en énergétique pour ce nettoyage.

Différents thérapeutes en énergétique en sont capables et, bien entendu, je vous conseillerai de vérifier le sérieux de ceux-ci, afin d'éviter tout débordement.

Ce domaine alternatif est malheureusement pollué par des pratiques pour le moins douteuses.
Aussi, si vous souhaitez un peu de sérieux dans cette discipline, prenez le temps de vous renseigner.

Pour se nourrir énergétiquement et veiller à cette hygiène vitale, comme peuvent l'être l'alimentation, le sport, ou l'hygiène corporelle, c'est très simple.
Vous avez donc plusieurs choix pour obtenir cette énergie.
L'aide d'un professionnel, qui prendra le rôle de guide par la parole, ou bien vous seul directement en lien avec votre être profond, qui est créateur, je vous le rappelle.

Je pratique cette méthode effectivement en connexion angélique, mais après plusieurs années d'expérience, je me suis aperçue qu'il n'est pas utile d'avoir d'autorisations ou de demandes protocolaires pour obtenir cette énergie.
Pour certains, la présence de ces guides spirituels les rassure...
Si vous souhaitez ressentir ce monde spirituel, ce contact s'établit le plus simplement possible sans l'aide de quiconque.
C'est avec cette écoute intérieure et, bien sûr, encore une fois, l'intelligence d'esprit que vous resterez dans la réalité de la vie.
Vous devez demeurer des êtres libres. La simplicité dans ce nettoyage peut être vraiment déconcertante ; si votre action est pure et sincère, vous constaterez très vite vos capacités dans ce domaine.

## VOICI UNE PETITE IDÉE DE GUIDANCE OU MÉDITATION

Pour cette pratique, vous pouvez si vous le souhaitez ne pas faire appel aux énergies divines. Adressez-vous directement à votre propre écosystème énergétique.
Les résultats seront les mêmes.

Je vous propose de mettre votre mental au repos, dans le silence, ou de vous poser avec une musique de votre choix, dite de relaxation, par exemple.
Pour ceux qui connaissent l'archange Sandalphon, demandez-lui de vous aider à trouver la bonne musique pour vous accompagner.
Cet archange est celui des musiciens et de la musique en général.
Demandez-lui de veiller à ce que la mélodie choisie vous porte et qu'il vous protège durant cet instant. Sandalphon est aussi le soutien de l'archange Mickaël à ce moment-là.
Asseyez-vous confortablement, prenez quelques respirations profondes et lentes.
Détendez-vous...

Inspirez et ressentez l'air qui entre dans vos poumons, prenant toute la place dans votre cage thoracique.
Ressentez vos poumons et votre torse qui se gonflent, puis votre ventre aussi…
Recevez l'air qui entre dans tout votre corps, puis expirez et ressentez à nouveau l'air sortant de votre corps. Cet air qui s'échappe est chargé de toxines de toutes sortes.

Faites cette respiration en conscience, l'inspiration… l'expiration… trois ou quatre fois, successivement, en douceur.

Reprenez une respiration normale, une respiration calme et agréable…
Vous allez maintenant faire appel à l'archange Mickaël pour vous aider à purifier votre corps.

Demandez-lui à voix haute si cela est possible :
« Archange Mickaël, je te demande de procéder au nettoyage purificateur de mon corps. »

Laissez venir l'archange Mickaël, permettez-vous de sentir cette énergie à vos côtés, et dites à nouveau : « Je te demande, mon cher Mickaël, à toi et ta légion d'anges miséricordieux, de bien vouloir procéder à la purification de mon corps. D'emporter de celui-ci toutes les énergies nuisibles, et toutes les énergies venues de l'extérieur, pouvant nuire à ma bonne santé. »
Puis demandez-lui la destruction de ces énergies nocives pour vous. Ou bien tout simplement, confiez-les-lui.
Ressentez alors l'énergie de l'archange entouré de ses anges…
Ressentez cette présence lumineuse vous enveloppant comme dans un cocon tout autour de vous…
De manière identique, mais si vous ne souhaitez pas faire appel à l'archange, demandez à votre propre écosystème énergétique

de faire ce nettoyage. Soyez attentif et réceptif, et faites vos demandes à vous-même et votre force créatrice.
Ressentir simplement l'énergie dans votre écosystème différent en étant en réception suffit. Le ressenti peut être le suivant:
Une énergie différente vous entourant, douce, rassurante et bienveillante.
Un courant d'amour autour de vous, ne cherchez pas à diriger ou bien à le maîtriser, laissez-vous aller.
Vous sentirez de la même manière une sensation, comme quelque chose qui quitte votre corps, laissez faire également… Peut-être éprouverez-vous des sensations similaires à de petites choses légères ou au contraire des sensations lourdes qui sortent de votre corps.
Il est possible que vous ne ressentiez absolument rien aussi.
Dans ce cas, ne vous accablez pas de quoi que ce soit. Attendez sans tension quelques minutes en vous concentrant sur votre respiration et votre souhait de nettoyage.

Demandez à vous-même la création d'une énergie protectrice.
L'archange Mickaël sera dans ce cas votre soutien tout naturellement.

Vous allez maintenant ressentir les énergies de notre terre, à travers ses éléments.
Je vous invite à vous concentrer sur notre mère, la terre, et toute la nature: les pierres, l'eau, les arbres, l'air…
Les énergies de la nature.
Les ressentir ne veut pas dire les recevoir.
Ces énergies vous sont-elles appropriées d'ailleurs ?
Voilà une question à se poser.
Non, je vous demande simplement de les ressentir pour vous positionner dans cet instant présent en lien avec les éléments.

Captez ces énergies à travers vos sens, ressentez tout ce monde de l'énergie.

Lors d'une balade, ramassez une pierre et ressentez ce qui se passe. De belles rencontres avec les arbres vous feront découvrir à quel point nous sommes entourés de cette vie énergétique qui nous entoure constamment.

Amusez-vous à enlacer les arbres et ressentez leur force.
J'ai appris à mes enfants dès leur plus jeune âge à ressentir la nature avec tous leurs sens.

Mettant ainsi leurs capacités de connexion à toutes ces énergies en éveil le plus tôt possible, en douceur, les enfants transmettront à leur tour la force et le respect de la nature autour d'eux.
C'est aussi magique, et tellement plus encore, tout comme lorsque vous leur faites la lecture du soir et leur racontez des histoires qui éveilleront ces futurs adultes vers d'autres horizons !
Nous nous devons en tant que parents, grands-parents ou éducateur d'apporter à nos enfants cet éveil, la curiosité de la nature qui les entoure, tout en restant bien entendu vigilants à ne pas mettre de fantastique dans cette découverte.

**MESSAGE DE L'UNIVERS**

L'ancre de ta vie
Te donnera le moyen
D'avancer lumineusement,
Sans craindre l'invisible
Qui ravive la flamme d'amour.
L'ange messager de Dieu
Y veille sur la terre.

# Les missions de vie

*« La conscience est la présence de Dieu dans l'homme. »*

SWEDENBORG

Nous voici au chapitre du livre qui me tient tant à cœur.
J'ai commencé par vous donner des bribes de mes premiers pas dans la spiritualité, des idées à ce sujet, et maintenant voici mon quotidien parmi ces énergies subtiles.
C'est cette partie de ma vie spirituelle devenue essentielle que j'utilise lors de mes rendez-vous de mission de vie.
Afin de continuer avec simplicité à vous mettre en lumière la nécessité de connaître votre mission de vie, je vais poursuivre en vous citant certaines expériences de consultation.
Je vais citer des cas tout à fait divers de missions de vie avec des expériences très hétérogènes.

Au cours de la vie, il y a souvent des périodes où quelques fois le questionnement nous permet de nous engager sur des chemins pour le moins surprenants.
Je souhaite vous apporter, à travers mon histoire personnelle et mes engagements faisant suite à ma nouvelle mission de vie sans aucune prétention, quelques éclaircissements.
De nombreuses interrogations sont même aujourd'hui sans réponses et, d'ailleurs, je ne cherche plus à vouloir donner un sens à certaines d'entre elles.

Elles sont finalement sans solutions probantes ou, plutôt, elles appartiennent au domaine subtil de l'univers.
Aussi, je resterai à ma place de terrienne avec la conviction que nous devons vivre l'instant présent, et surtout dans la dimension où nous nous trouvons.
Accueillir celle-ci, l'apprivoiser dans le respect de toute vie, la comprendre, l'expérimenter, avant d'aller explorer d'autres dimensions pour lesquelles nous ne sommes pas encore prêts.
Nous devons être en parfaite symbiose avec le temps présent.
Il m'a semblé nécessaire de passer par plusieurs chapitres d'explications, énonçant la manière dont j'ai pu évoluer et appréhender cet extraordinaire.
Dans cet univers où notre âme et toute cette intelligence qui l'entoure œuvrent pour l'harmonie de la vie et l'ascension de l'essence humaine.

Le canal est sublime. Comment vous décrire l'indescriptible ?
Les mots me manquent, seul l'être avec son vocabulaire intérieur est à même de vous préciser ce phénomène. Mais, là encore, tout cela appartient au domaine de l'invisible pénétrant.
Certains parleront de transcendance !

C'est depuis un gigantesque mur de lumière d'où se détachent des milliers de petites étincelles que sont les mémoires qui me sont invoquées de visualiser. Cette sensation est possible seulement en fonction de la personne qui se trouve en face de moi, et avec son autorisation.

Dans ces moments de connexion avec le haut, les guides m'accordent parfois une magnifique balade parmi ces petites ficelles étincelantes. C'est magique…
Les personnes qui en font la demande, lorsque je les reçois pour connaître la mission de leur vie, me donnent accès à ces messages

célestes leur permettant des déblocages et la compréhension de leur chemin existentiel.

Ce sont des renseignements subtils, justes des bribes et non des romans de vie, des épisodes, mais systématiquement en lien avec la vie actuelle, d'une manière distincte à chaque fois, puisque les époques varient.
Les problèmes reviennent tant qu'ils ne sont pas résolus, ils vont réapparaître sans subir les tribulations du temps.
Ils se révèlent sous des formes différentes, mais dans le but toujours d'intégrer cette mémoire pour en libérer le sac à dos et permettre l'ascension de l'âme.
Ce sont des programmations que nous devons considérer afin de nous en dégager.

Naturellement et humblement, ces indications se dévoilent dans un profond respect et se trouvent être d'une exactitude impressionnante quant aux problématiques récidivantes dans la vie présente de la personne. Ce sont souvent des programmations de vie afin de comprendre l'assimilation en cours.
Comme je vais vous faire vivre quelques-unes d'entre elles.

Ce qui suit représente les grandes lignes des séances de mission de vie. Avec respect pour toutes ces personnes, qui chaque jour me sollicitent pour les aider à comprendre leur mission, je me suis permis d'en transmettre quelques exemples.
Je vous remercie tous pour ces moments de bonheur passés en votre compagnie.
La mission de passeur d'informations est celle qui nourrit mon âme au quotidien, et qui m'offre tant de joie et d'amour. Elle m'a donné la volonté d'écrire ce livre et de partager par ce biais tous ces renseignements.

J'évoquerai dans ces témoignages uniquement des missions de vie personnelles.

Lors des nombreuses consultations de mission de vie exposées, les prénoms de certaines personnes sont remplacés, afin de respecter l'anonymat de tous ces gens. Leur confiance est très précieuse à mes yeux, elle ouvre des possibles et des moments de complicité dans l'amour.

Ces missions personnelles sont tellement multiples et variées qu'il est difficile de donner exactement leur nature avec justesse, sans en apporter des exemples précis.
J'ai fait une sorte de classement pour en citer quelques-unes d'une manière simple et non définie : la mission de guérir, les diverses missions en lien avec l'amour, la mission de nourrir (appelée également mission noble), la mission sur la justice, la mission sur la foi, mais aussi celle sur la spiritualité, la mission supérieure, celle de la sincérité, celle de la poésie, du domaine artistique, du créateur, de la sagesse, du gardien spirituel, de l'inventeur, du protecteur, de clairvoyance ou de l'éveilleur, etc.

Comme vous pouvez le constater, le sujet est vaste et très diversifié. Aucune de ces missions n'a de connotation négative.
Ce sont des aperçus parmi tant d'autres. Toutefois, j'aimerais vous soumettre quelques-unes de ces missions tout particulièrement, comme la mission de guérir.
Cette mission sera tout aussi bien pour la guérison propre de la personne, également celle de guérir les enfants de la terre, que celle pour les animaux, ou bien même encore le mystérieux monde végétal…

La mission de guérir peut aussi être accompagnée de la mission spirituelle. Dans ce cas, la guérison sera celle en lien avec l'âme de l'individu, une guérison bien plus en profondeur de l'être.

Cette dernière n'est pas très répandue.
Elles requièrent la capacité de compréhension de ce moi intime, touchant parfois des guérisons pour l'assimilation des mémoires d'âme, et sont souvent des missions à mener par la personne elle-même.
Une aide précieuse pour tous ceux et celles qui perdurent dans la difficulté depuis de nombreuses vies.

Il m'a été donné de transmettre l'information de la mission de guérir à plusieurs médecins, venus me consulter dans l'anonymat. Ils furent très surpris de cette révélation dévoilant ce qu'ils avaient tenté de cacher durant la consultation.
Lorsque l'annonce de la mission de vie correspond à leur métier, c'est l'illumination...
Les personnes qui exercent par vocation la médecine, et qui ont en plus cette mission, sont généralement plus sensibles, plus humbles, et plus proches de leurs patients.
Ils viennent finalement chercher la confirmation en toute discrétion et ils repartent soulagés avec entrain pour réaliser leur mission au sein de leur profession. C'est une véritable chance de pouvoir vivre sa mission de vie lorsqu'elle est en lien avec son travail.
Si je prends cet exemple du médecin, c'est pour aborder le sujet du malaise qui règne parfois et vous donner un sens quant à leur réserve. Ces personnes souffrent du risque du jugement de certains de leurs confrères.
L'un d'entre eux a répondu en me rapportant avec humour : « La spiritualité n'est pas enseignée sur les bancs de la faculté !
Nous sommes bombardés de cours avec un apprentissage énorme ne laissant pas de place aux interrogations, et surtout celles d'ordre spirituel. C'est en pratiquant que viennent enfin ces questions. Les personnes malades ou mourantes que nous accompagnons nous ouvrent effectivement les portes de la notion vers d'autres possibles ! »

Certains d'entre eux m'ont avoué avoir caché à leur entourage ce rendez-vous avec moi, pour ne pas avoir à se justifier de cette curiosité spirituelle.

Eh oui, vous seriez surpris de voir autant de professionnels variés pour lesquels le jugement humain peut amener à dissimuler la réalité de leurs pensées et convictions profondes.
Cela est pourtant magnifique de découvrir que l'habit ne fait pas le moine.
Pardonnez-moi cette expression, mais vous comprendrez que ce sont les jugements de notre société qui engendrent tous ces blocages de parcours sur cette route vers la quête spirituelle.
Si nous respections chacun d'entre nous sans accorder de distinction en fonction du métier et restions dans cette égalité humaine, tout le monde pourrait cheminer à son rythme sans avoir peur du regard du voisin.
Plus de craintes non plus de se sentir inférieur à telle personne parce qu'elle possède un bagage intellectuel plus important.
Être capable de ressentir ce qui émane d'une personne sans considérer les critères de diversité humaine.
Laisser son être s'exprimer, chercher et trouver si cela est bon ou pas…
La curiosité serait peut-être ainsi réactivée, et nous ne croirions plus aveuglément n'importe quoi sous prétexte de supériorité.

Le plus bel arbre de la forêt n'est pas forcément celui qui est le plus grand, ni même celui qui est le plus fleuri.
Le plus bel arbre de la forêt est celui que vous ressentez et entendez !

Pourquoi cacher sa propre personnalité, sa profession ?
Ne dit-on pas qu'il faut de tout pour faire un monde ?
Avoir une sensibilité, un tempérament est un fait, exercer un métier est tout autre chose.

En consultation, j'ai vu des prêtres, des juges, des personnes opposées et différentes qui cherchaient finalement tous la même chose : connaître leur chemin vers leur mission de vie. Ils désirent tous avoir la confirmation de cette voie et, lorsque c'est le cas, chacun d'eux s'illumine de bonheur à l'instant de l'annonce.

L'étincelle se ranime et, croyez-moi, les voix du cœur reliées au chemin de vie, cela fait une véritable réalisation divine pour chaque humain.
Mais il n'y a pas forcément de lien entre le travail et la mission de vie.
C'est cela connaître sa mission de vie, c'est être dans le bonheur et le partager !

Une petite précision quant à la mission de guérir : nul ne peut prétendre guérir son prochain. C'est à chacun, et à lui seul, de guérir son corps et son âme, et de retrouver son harmonie vitale.
Sur le chemin de vie que nous choisissons, nous pouvons être confrontés à la maladie, pour plusieurs raisons.
Peut-être avons-nous quelque chose à comprendre à travers cet avertissement sur notre corps.
Peut-être devons-nous expérimenter la maladie dans cette vie.
Ou bien encore la maladie est-elle en lien avec des mémoires de vies antérieures, qui en seraient les conséquences sur diverses parties de notre corps physique, rendant un état de fragilité possible.
Les stigmates sont parfois très révélateurs de la problématique venant d'une mémoire, d'une des vies passées.

Lors de consultations, il n'est pas rare de rencontrer ce genre de témoignage, quand je décris certaines scènes d'une de ces vies.
La personne comprend pourquoi telle souffrance à tel endroit, sur telle partie de son corps, lui est de nouveau imposée dans cette vie présente !

Prenons maintenant l'exemple d'un thérapeute qui aurait cette mission de guérison.
La mission de guérir plus exactement, lorsque celle-ci est en synergie avec la profession d'un thérapeute, s'exprimera et pourra se réaliser sur différents plans.
Première hypothèse, il sera pareil à un éducateur de santé, la mission de guérir est couplée à une mission d'éveilleur par exemple. Son rôle sera de soumettre et de trouver des outils, des conseils, de l'assistance, des pistes pouvant aider la personne malade dans son parcours et la maintenir sur ce chemin de guérison.
Il s'agira pour ce thérapeute de guider son consultant. Pourquoi ne pourrait-il pas l'orienter sur des pratiques de médecines naturelles, qui pourront lui être bien utiles, comme soutien à un traitement médical, si cela est le cas ?
Ce praticien apportera des clés afin que l'être profond de cette personne retrouve la pleine conscience de sa force intérieure. Il devra rester en tant que conseiller, et non lui imposer ses idées. Ce thérapeute ne devra à aucun moment contredire la médecine et les traitements en cours.
Autre hypothèse : un accompagnement dans l'amour, une aide d'âme à âme, sur la voie empreinte par ces personnes sûrement en souffrance physique ou psychologique.
Voilà une explication d'une mission de guérir couplée à une mission spirituelle.
Si le thérapeute possède des spécificités, alors il pourra les utiliser en restant le soutien de ce malade sur ce chemin entamé.
Toutes ces âmes qui expérimentent la maladie viendront avec espoir s'efforcer de trouver de l'assistance en sollicitant ces thérapeutes qui, eux, ont pour mission la guérison.
C'est une grande humilité de reconnaître que personne ne peut prétendre guérir une autre personne !
Le pouvoir guérisseur réside à l'intérieur de chaque malade, ainsi sa volonté de guérir lui est propre.

Le chirurgien, le médecin comme l'infirmière, et différents professionnels du milieu médical sont aussi des personnes qui apportent leurs savoirs et leur soutien dans la maladie.
La guérison appartient à chacun des malades. Un exemple type : pourquoi tel sujet malade, atteint de la même pathologie qu'un autre, avec un traitement identique, sera-t-il guéri alors que son semblable en mourra ?
Tout simplement, prenons en considération que ces deux protagonistes auront les mêmes outils de guérison, les mêmes accompagnants disposant des connaissances nécessaires, les remèdes et les techniques médicales équivalentes, mais ces deux individus sont différents.
Ils possèdent un chemin différent, un corps différent, des émotions différentes, un contexte de vie différent, des mémoires gravées différemment, et ainsi de suite…

D'autant qu'il peut être parfois nécessaire à l'âme d'expérimenter la maladie ou le handicap à travers cette vie présente !
Peut-être cette maladie ou ce handicap ouvriront-ils des portes sur des blocages (récidivant de vie en vie), que la personne doit comprendre pour enfin se débarrasser définitivement pour ses prochaines vies de ce fléau émotionnel, entourant cette difficulté !
Une épreuve de vie sûrement vécue comme telle devra permettre l'assimilation d'une mémoire d'âme pour le moins encombrante.
L'âme expérimente tout.
Pourtant, il ne faut pas croire que cette âme est à ce moment-là en souffrance. Elle vit ces événements pour en tirer des apprentissages qu'elle a établis assurément depuis le début de l'incarnation.
Par contre, le corps physique qui subit apporte effectivement la souffrance. Les chemins de chacun diffèrent !
Les douleurs physiques que le corps endure impactent également l'entourage de la personne.

Pour vous présenter concrètement une expérience de mission de guérir, choisie par une âme, j'ai sélectionné l'exemple de Philippe, suivi de la mission d'Érika et de celle de Patricia.

## LA MISSION DE VIE DE PHILIPPE

Lors de sa consultation de mission de vie, je retrouve Philippe dans une vie antérieure comme guérisseur dans une tribu primaire en Amazonie, semble-t-il.

Je vois cet homme parmi une végétation immense et abondante. Autour de lui, je devine une multitude de plantes attachées en bouquets autour de drôles de supports dont je ne connais pas du tout l'existence.
Je suppose que ce sont des moyens pratiques afin de maintenir les plantes séchées, tellement elles sont nombreuses.
D'autres plantes broyées, semble-t-il, sont disposées sur des espèces de tables en pierre, en différents tas bien séparés formant des sortes de volcans plus ou moins hauts.

Des images d'un homme m'arrivent ressemblant étrangement à Philippe, que j'avais juste en face de moi. Je ressens cet homme, passionné, en profonde réflexion.
Il m'apparaît comme un herboriste enchanteur avec ses mixtures dont il maîtrise la préparation. Il est concentré sur ces petits tas de poudre.
Il les manipule précieusement. Un calme intérieur avec une grande douceur émanent de cet homme.
L'information du guérisseur m'est insufflée.
Vraisemblablement, ce sont des remèdes élaborés par cet homme.

Il m'a été montré lors de cette vision certains détails, m'indiquant qu'il devait être un guérisseur très actif, avec une belle connexion spirituelle.
Visualiser cet écran céleste interne apporte à des moments intenses des conditions émotionnelles qui me transportent. Que j'aime ça !
C'était le cas avec Philippe !
Beaucoup d'autres personnages sont apparus, ils l'entouraient. Il y avait une majorité d'hommes semblant attendre d'être sauvés ou guéris. De multiples visages se sont montrés à moi, marqués par la détresse.
Je ressentais alors les émotions du guérisseur, celui qui en fait était l'incarnation de Philippe et qui était important pour ces êtres en souffrances physiques et malades.
Puis ce sont des enfants qui se dévoilent. Je les vois avec un faciès portant des traits de fatigue, des regards de profond désespoir, puis j'entends des gémissements.
Philippe avait l'air d'être l'homme sage et bienveillant de son village.
Puis, tout à coup, je ressens la colère, non pas de Philippe, mais d'un homme agité à l'aspect puissant et cruel qui m'apparaît. Il semble être un personnage important.
Il est vêtu d'une manière différente des autres. Il porte quelques distinctions comme des chaussures épaisses et de bonne conception.
Cela m'indique qu'il pourrait être un chef.
Mon ressenti se repend comme l'éclair avant le coup de tonnerre !
La couleur rouge ou pourpre prend place avec des scènes très rapides que je n'arrive pas à lire.
De nouveau, le regard effrayant de l'homme me revient.
C'est bien un chef, car il provoque le silence et les personnes s'inclinent devant lui à son passage.
C'est la réponse à mon questionnement. Il est vraisemblablement le dirigeant de cette communauté.

Il porte un enfant dans les bras qui semble être sans vie. Ses yeux sont horrifiants… Je dois stopper ce regard, si je veux pouvoir continuer à recevoir les informations.
J'entends des cris, des pleurs de lamentation, puis je ressens à nouveau le désarroi de Philippe, le guérisseur.
Je ressens la mélancolie d'un cœur qui saigne, un homme abattu face à ce douloureux fait.
Malheureusement, cet homme qu'il incarnait sera anéanti. À plusieurs reprises, le visage de ce chef réapparaît, à chaque fois avec une violence plus intense. Cette situation va justifier mon souhait de couper cette connexion pour la reprendre un peu plus tard.
Lors de cette vie, Philippe finira tué par le chef de la tribu, qui le jugera coupable de la mort de son fils.

Cette vie antérieure avait finalement inscrit dans la mémoire d'âme de Philippe la responsabilité de cette mort, la culpabilité, l'injustice de cette accusation du chef, et enfin sa condamnation à mort. La notion d'échec est apparue dans cette vie.
Au moment du départ, je parle de la mort dans cette vie de guérisseur, il aura gravé toute cette amertume profonde à la suite de cette terrible histoire.

Cet épisode est lourd de conséquences.
Voilà un morceau de vie antérieure qui a provoqué des blocages dans cette vie présente.
Par exemple, il ne serait pas envisageable pour Philippe de devenir thérapeute guérisseur ou de travailler en confiance dans ce domaine.
Les études de médecine, inenvisageables !
La culpabilité très profondément inscrite, l'injustice et la responsabilité de vie humaine ont marqué une impossibilité inconsciente.
Ces persécutions émotionnelles face à ce drame ont empreint la mémoire d'âme de Philippe : la peur de voir mourir ses enfants,

ainsi que la responsabilité qu'il pourrait porter si quelque chose de douloureux survenait à un enfant.

La seconde vie antérieure sans rentrer dans les détails a mis en évidence les liens avec les blocages émotionnels qu'il retrouvait dans sa vie présente.
Cette vie qu'il me fut autorisé de visionner s'avérait être plus calme, néanmoins chargée d'informations tout aussi importantes pour Philippe.
Celle-ci faisait apparaître un être qui avait perdu la foi, la confiance envers les autres, et même en celle de la vie. Il se trouvait dans une grande solitude et endurait de tout son être un manque de confiance en lui. L'amour était absent.
Il souffrait d'un manque injustifié à la suite de multiples relations douloureuses avec les femmes. Mais ce n'était pas tout, sa mémoire d'âme était marquée par l'échec, tout comme la première.
Lorsque l'échec est gravé au moment du départ, il y a toujours dans les vies futures des problèmes liés à la peur d'entreprendre quoi que ce soit ou bien le fait de ne jamais pouvoir aller jusqu'au bout de ce que l'on entame, sans savoir pourquoi.

L'instant pour connaître sa mission de vie arrive et, comme à mon habitude, je ne sais rien de l'activité de Philippe.
Je demande aux guides spirituels qui m'accompagnent lors de cette consultation de me donner la mission de vie de celui-ci.
Elle m'est arrivée très vite, il fallait qu'il continue la mission de guérisseur !
À cette annonce, les yeux de Philippe grands ouverts se sont illuminés.
J'ai ressenti sa joie et en même temps une profonde angoisse.
À peine avais-je terminé d'expliquer la mission de vie de Philippe, que celui-ci me fait part avec enthousiasme d'une grande passion

pour les plantes. Il a fait des études en pharmacie, obtenu son doctorat et sa spécialisation en phytothérapie.
Son mémoire traitait de la place de la phytothérapie en médecine.
L'exclamation venue du fond du cœur : « C'est incroyable ! » lui a échappé.
Mais ce n'est pas tout.
Le problème bien ancré et sa peur de s'établir trouvaient maintenant leur source. Il repoussait toujours le moment de s'installer en trouvant tout un tas de prétextes pour ne pas concrétiser son rêve. Les excuses faciles du genre : « La phytothérapie n'est pas reconnue dans le milieu médical, je risque d'être très ennuyé par l'ordre des pharmaciens. » Ou encore : « Les médecins ne vont pas me faire de cadeau, je me mets en péril de perdre ma crédibilité. »

De ce fait, Philippe ne trouvait pas sa raison de vivre et il ressentait un profond mal-être.

La révélation de sa mission de vie et la découverte de ses deux vies antérieures ont permis à Philippe de comprendre pourquoi il avait tant peur !
La responsabilité et la finalité qu'il avait connues dans cette vie antérieure avaient été gravées dans sa mémoire d'âme.
En fin de compte, cette mémoire d'âme paralysait inconsciemment Philippe dans sa mission de vie.
Il savait au fond de lui que c'était sa mission, il venait d'en avoir la confirmation.
Ainsi, avec bien des réponses à tous ses questionnements, il a pu avancer et travailler sur ses peurs.
Il a mis en évidence également d'autres blocages, ce qui lui a permis de progresser dans sa vie amoureuse aussi.
Le refus d'avoir des enfants par peur de la responsabilité que cela impose était ainsi porté en lumière.

Avoir éclairci ces différents points a été libérateur pour lui.

Aujourd'hui, Philippe exerce, et tout s'est déroulé avec une facilité incroyable !

## LA CONSULTATION D'ÉRIKA

Érika vient me consulter pour connaître sa mission de vie.

C'est une jeune femme très lumineuse, son regard est franc, elle semble dans une belle harmonie et en bonne santé.
Les vies antérieures d'Érika ne tardent pas à se dessiner sur mon écran céleste, afin que je puisse passer les messages provenant de cette connexion divine.
Ces messages sont des fragments de vie, dont je n'ai absolument pas le contrôle. Ce sont les informations qui seront utiles à Érika pour cette vie présente. Je lui transmets en toute confiance ce qu'elle doit entendre.
Les messages sont de toute façon envoyés de manière à ne pas brusquer les personnes, et toujours dans l'amour et le respect.

Pour la première vie, je vois une jeune femme, mais ce n'est pas encore distinct.
Puis simultanément une autre femme m'apparaît.
Cette dernière est plus âgée, elle est brune, le teint mat, avec un regard profond et sombre. Elle se trouve au côté de la plus jeune que je ressens douce et inquiète.

Un lien autour d'elles les unit de façon immatérielle. Il les entoure, comme si elles étaient indissociables.
Mais, d'un seul coup, ce lien se manifeste avec des couleurs difficiles à distinguer, plutôt foncées avec des nœuds accrochés, semblables

à ces cordes à nœuds avec lesquelles nous apprenons à grimper à l'école. Ces cordes sont de plus en plus épaisses et semblent très lourdes.
Elles paraissent être unies. La notion de « mère » s'amplifie pour confirmer ce que je percevais déjà.
À nouveau, je reçois : « La mère ! » Oui, il s'agit bien de sa maman.
Les nouveaux messages tendent à m'éclaircir sur la jalousie de cette femme vis-à-vis de sa fille très belle.
Puis je perçois la soumission de la plus jeune sous l'emprise de cette mère dominante.
Les mains et les pieds de cette jeune fille semblent prisonniers de ces mêmes liens de cordage.

Dans la vie en question, cette femme imposera une vie d'asservissement à sa fille.
Ses convictions et ses choix seront dictés et exigés de sa part sans discussion possible. Ce qui va m'être le plus fortement envoyé est la contrainte du mariage avec un homme contre sa volonté. L'époux représenté est d'apparence froide et je ressens le vide. Il est un être dépourvu d'amour.
À compter de ce jour, cette jeune femme qui est une des incarnations d'Érika vivra l'enfer d'une mère abusive.
Elle sera soumise à une vie maritale, couplée à celle de sa mère.
Elle marquera dans sa mémoire d'âme la souffrance du non-amour maternel et l'attachement à sa vie maritale par contrainte.
Cette jeune femme ne pourra pas avoir d'enfant dans cette vie-ci, et gravera également une culpabilité liée à ce fait de ne pas avoir pu être mère…
Cette douleur du non-enfant sera aussi ancrée très fortement dans sa mémoire d'âme. Les images se portent maintenant sur la matrice.
Le ventre de celle-ci m'est envoyé dans un ressenti de souffrance…
La culpabilité est inscrite, l'humiliation se fait ressentir très fortement.

Je ne vous donne dans cet exemple que les grandes lignes, pour que vous compreniez comment nous gravons des parties de nos vies dans cette mémoire d'âme, qui est une composante très importante de notre inconscient.

Je passe volontairement les détails. Mais parfois ils peuvent éclairer les personnes concernées au fur et à mesure qu'elles les entendent, sur des points précis de leur vie actuelle.

Certains points m'échappent toutefois. Pour autant, il est nécessaire que je passe ces informations pour que ce soit uniquement les personnes qui prennent conscience par elles-mêmes de l'importance du contenu. Il m'arrive très souvent de ne pas me rendre compte des informations qui se présentent. Elles sont souvent les racines de certaines problématiques difficiles à résoudre.
Ce n'est pas à moi de faire la synthèse, mais simplement je dois rester la plus claire possible, sans jugement afin que le message puisse être entendu.
Cela est aussi un moyen de prendre conscience de certaines plaies de l'âme.
Croyez-moi, les personnes reçoivent ces informations et saisissent l'essence du sujet très vite.

Voici que se présente la seconde vie d'Érika.
C'est d'un jeune homme à présent dont il s'agit.
Érika a incarné cet homme, que je perçois être, dans une vie éprouvante, malmené par un père castrateur.
De nouveau, les liens familiaux sont mis en évidence, mais lui seul en est prisonnier.
C'est un père dur ne pouvant s'empêcher de traiter son fils comme un vaurien !
Son jugement draconien a empreint ce jeune homme d'un manque de confiance en lui et d'une absence de reconnaissance.

Je sens une vie épuisante, de résistance et d'une grande tristesse.
Nous nous retrouvons encore une fois dans cette incarnation avec des similitudes troublantes de la vie précédente.
L'homme que je vois à présent est un soldat.
La scène, semble-t-il, se déroule pendant la guerre de 1914-1918, au vu des vêtements que celui-ci porte.
Je reconnais ce jeune homme, son visage est acculé par un enfer émotionnel, dont ses traits sont marqués.
Les lignes de son visage sont profondément creusées. La parole n'est pas nécessaire, tant son expression semble appeler au secours.
Je ressens la peur et la rage dans tout son être.
Il a été contraint d'être là pour prouver qu'il est un homme. Il est confronté à cette atroce oppression malgré tout choisie, afin de montrer à son entourage ce dont il est capable…
Devenu un soldat pour être reconnu comme un homme, un vrai, avec un grand H.
J'entends les grondements, des canons, des explosions…
Un grand frisson m'envahit tant cette scène est compliquée à recevoir.
Tout va très vite, mais mon cœur est lourd, la tristesse m'envahit.
Puis soudain, c'est le trou noir. Les gémissements de cet homme se distinguent. Je ne peux transmettre à l'identique, bien entendu.
C'est alors que les informations passent par le ressenti émotionnel.
Les images de ce visage qui apparaît sous la colère, la peur, la douleur et la fatigue de vivre… Il n'a plus de jambes, j'entrevois une partie floutée à la place. En fait, ses jambes sont meurtries, je ressens sa grande détresse, s'ensuivent des images compliquées à décrire.
Mais je continue avec l'accord d'Érika.
Son regard est perçant, ne me quittant plus des yeux. J'ai l'impression qu'elle attend de cette vie je ne sais quelle information.

L'homme se retrouve dans une pièce qui ressemble à une chambre d'hôpital. Une femme se révèle, elle porte une petite coiffe blanche, c'est très certainement une infirmière lui apportant des soins. Je ressens de nouveau son être, d'apparence calme, après cet effroyable combat entre la vie et la mort.
Le sourire et la paix intérieure m'apaisent.
La force habite ce corps, et je le retrouve plus serein à présent, l'harmonie intérieure a repris le dessus.
Il est assis dans un fauteuil roulant. Ce fauteuil ressemble à une chaise à bascule à laquelle des modifications auraient été apportées pour lui ajouter des roues.
Une femme est à ses côtés. Elle semble lui faire la lecture.
C'est la même personne que celle qui se trouvait près de lui juste avant, elle ne porte plus sa coiffe et se distingue différemment. Des couleurs pâles l'habillent.
Elle a des cheveux clairs, elle semble jeune, d'une grande douceur et elle est très attentionnée.
L'œil fixe du blessé dans la douleur de son corps mutilé et dans le désarroi de son être se mêle à la tristesse que je ressens.
C'est très profond, et Érika le vit simultanément à travers moi. Elle aussi me regarde avec insistance, mais je ne souhaite pas éviter ce regard.
D'autres individus me sont apparus et ils sont tous dans des souffrances de blessures diverses.
Ce soldat aura gravé sa mémoire d'âme de cette tristesse, mais également d'une rage de vivre, une force, tel un volcan prêt à exploser à tout moment.
La souffrance de son corps physique dans cette vie est marquée immanquablement.

La jeune infirmière s'est manifestée à plusieurs reprises dans cette vie, au cours de ma visualisation. Elle a donné beaucoup de courage à cet homme et beaucoup d'amour.

Voilà pour l'essentiel de cette vie, des informations qui devaient être exprimées pour Érika.
Bien sûr, Érika a reçu de nombreux autres détails, qu'elle mettra en lumière pour comprendre certains points de sa vie présente.

Je vais quant à moi arrêter là cette expérience des deux vies antérieures d'Érika, en vous expliquant la suite de la consultation. Surtout et pour, encore une fois, vous donner un exemple de l'importance de ces mémoires d'âme, ces mémoires encombrantes qui perturbent le bon déroulement de la mission de vie.

Érika s'est adressée à moi, une fois le canal terminé, les yeux remplis de larmes. Elle était bouleversée par ce qu'elle venait d'entendre.
Je l'ai laissée s'exprimer, maintenant que les informations étaient transmises, je ne craignais plus d'être influencée.
Voici en quelques phrases l'exposé de la situation d'Érika :
« Je comprends maintenant pourquoi j'ai cette affreuse relation avec mes parents, et surtout pourquoi j'ai de nouveau vécu cette expérience destructrice avec ma mère. J'ai eu une mère possessive et directive, froide et sans amour maternel. Mon mariage, auquel je fais tout de suite le lien avec la vie de cette jeune femme, a été un combat. Tout se rejoint et je comprends également tout ce que j'ai reproduit ! Ma mère a essayé de gâcher la cérémonie de mon mariage, et même la vie de mon couple, en mettant celui-ci en péril à de nombreuses reprises.
L'homme que j'ai choisi n'était pas celui qu'elle voulait que j'épouse. Elle s'était mis en tête que je me marierais avec un jeune homme de son choix, parce qu'il était le parfait gendre, pour elle. Elle a toujours eu un comportement autoritaire et manipulateur avec moi. »

Puis Érika reprend après un petit moment de silence. Elle continue d'assembler les morceaux du puzzle de sa vie avec tout ce qu'elle vient d'entendre et me dit :

« Je dois vous dire aussi, Florence, que vous me voyez ainsi aujourd'hui ! »

Elle me montre son corps avec sa main. L'émotion l'envahit, sa voix est tremblante, elle poursuit : « Mais j'ai connu dans cette vie le fauteuil roulant, ne pouvant utiliser mes jambes lorsque j'étais justement jeune mariée. J'étais atteinte d'une maladie incurable et condamnée par les médecins, qui ne me donnaient pour avenir que cet état de handicap. Ce n'est pas tout, les spécialistes que j'ai rencontrés à cette époque ont eu un diagnostic peu encourageant. À plusieurs reprises, avec tant d'espérance, j'ai consulté des professeurs, puis ils m'ont annoncé que je ne pourrais pas avoir d'enfant. Ce serait prendre de gros risques pour lui et pour moi. J'ai eu un enfant contre la volonté médicale, mais je le voulais tellement ! J'ai refusé cette vie, ce tableau noir que la médecine me dessinait et une force intérieure m'animait, je sentais en moi que quelque chose pouvait tout transformer… J'ai tout mis en œuvre pour lutter contre ces diagnostics. Personne ne pensait ou n'osait imaginer que je puisse être la personne telle que vous me voyez actuellement. J'ai bouleversé mes habitudes et mon hygiène de vie totalement pour arriver à ça aujourd'hui. »

Elle me regarde toujours aussi profondément et je comprends ce parcours de vie, le lui faisant remarquer.

C'était vital pour elle, cet enfant !

Son mari a joué un rôle très important pour soutenir sa femme dans cette traversée douloureuse.

Son âme a choisi de reprendre pour expérimenter dans cette vie nouvelle lors de son incarnation des mémoires bien lourdes. Mais elle a aussi mis sur sa route l'homme qui allait lui apporter ce merveilleux appui.

Les deux vies antérieures que l'univers lui a mises en lumière ne sont pas le fruit du hasard.
C'est au travers de ces nouvelles expériences similaires, le temps de les résoudre, pour assimiler ces fameuses mémoires d'âme.
Le combat qu'elle a mené pour être debout aujourd'hui, sur ses deux jambes est aussi l'héritage de sa mémoire d'âme. Cette volonté, cette rage de vivre, bien sûr cet enfant, et son mari, font partie des choix de vie, pour que les mémoires en lien puissent enfin être assimilées.
Ces évènements n'arrivent jamais au hasard, ils sont le fruit de mutations vers de nouvelles capacités vitales.

Sa mission de vie pour cette vie présente est celle de GUÉRIR.

Bien entendu, il est question de sa propre guérison, dans un premier temps.
Mais figurez-vous qu'Érika est thérapeute et qu'elle pourra également mettre sa mission de vie en application dans sa vie professionnelle.
Encore une fois, je le rappelle, lorsque la mission de vie peut se concilier à l'activité professionnelle, cela se traduit par un pur bonheur dans une belle harmonie.
Cet exemple est plutôt troublant sur bien des points. Les messages qui lui ont été offerts n'ont fait que confirmer ce qu'Érika était venue chercher, la continuité de sa guérison.

## LA MISSION DE VIE DE PATRICIA

Patricia est venue me consulter par curiosité, après que sa meilleure amie lui ait parlé de sa propre expérience avec moi lors d'une consultation pour sa mission de vie.

Patricia a pour mission de vie, comme Philippe et Érika, celle de la guérison. Lorsque celle-ci fut annoncée, j'ai perçu un son dans mes oreilles, très profondément, ne provenant pas de l'extérieur, évidemment.

Ce fut compliqué d'expliquer ce phénomène à Patricia. Elle ne comprenait pas ce que pouvait représenter cette particularité sonore, moi non plus d'ailleurs, je dois l'avouer, cela me dépassait. Je reçus ce son que je ne pourrais décrire, comme s'il venait de la profondeur des eaux.

C'était la première fois que je l'entendais, au premier abord il m'était inconnu, mais ne semblait pourtant pas étranger à ma mémoire.
Je savais dans cette perception profonde que ce son venait d'un milieu marin. Cependant, je ne peux pas dire que je suis à l'aise ou en harmonie avec cet élément qu'est l'eau.
Alors comment pourrais-je reconnaître ce son ?
Voilà encore un phénomène auquel je ne peux donner de réponse !
Cette consonance aiguë, presque symphonique, allait prendre tout son sens un peu plus tard dans la consultation, en mettant en lumière les mémoires inconscientes.

Les deux vies que j'avais annoncées à Patricia avaient été très riches en renseignements.

Cette femme qui gardait une distance depuis le début de notre entretien comprenait maintenant que ce rendez-vous allait lui permettre d'avancer et de commencer un travail sur elle-même qu'elle n'aurait jamais osé entreprendre.
L'annonce de sa mission de vie laissait perplexe cette femme. Elle ne s'attendait pas du tout à celle-ci et encore bien moins à la tournure que tout cela allait prendre.

Cette mission d'aide à guérir ne lui parlait absolument pas.
Son regard laissait apparaître un grand questionnement, les yeux grands ouverts, montrant une expression d'étonnement profond.

Pour certaines personnes, il est nécessaire de faire le point sur les informations reçues par ce canal. Je demandais à Patricia après en avoir terminé avec ma transmission de messages quelle était sa profession.
Secrétaire dans l'administration publique, Patricia n'avait pas d'expérience d'aide à la guérison jusqu'à présent ! Elle donnait des conseils que venaient lui solliciter de temps à autre ses collègues de travail, mais pas plus que cela !
« Juste des petits conseils d'alimentation ou d'hygiène de vie ! », me dit-elle.
Patricia était passionnée de naturopathie, elle avait acquis des outils après diverses formations, elle était à même de répondre à la demande de son entourage.
Sans s'en apercevoir, elle me décrivait sa mission de vie. Mais ce n'est pas tout.
Soudain, Patricia, m'évoquant sa retraite qui se profilait et sa joie de s'occuper de ses petits-enfants, vient à me parler de l'un d'eux tout particulièrement.

Sa fille est mariée, elle a trois enfants, et le petit dernier est arrivé au monde avec un lourd handicap.
Ce bébé est né avec une déficience génétique qui ne lui permettra pas de vivre normalement comme ses aînés.
Patricia me raconte les difficultés familiales de sa fille et le souhait de cette dernière sollicitant un soutien de sa mère.

Cette jeune maman lui a demandé quelques semaines auparavant de lui apporter son aide pour l'éducation de cet enfant, espérant ainsi reprendre un peu de temps pour elle.

Ce petit garçon s'appelle Tony, et lorsque sa mamie Patricia est là, il n'a d'yeux que pour elle.

L'attirance est réciproque pour Patricia qui, malgré cet amour et son envie de participer, se pose beaucoup de questions sans pouvoir apporter une réponse à cette retenue.
La relation mère-fille semble délicate. Patricia reconnaît avoir du caractère tout comme sa fille, et craint que sa présence aboutisse à un conflit entre elles deux.
Tout en me donnant ces informations, je perçois sa détresse et son tiraillement entre toutes ces décisions à prendre.
Dans l'une des deux vies exposées, son incarnation avait subi de gros conflits avec ses enfants, elle avait été une femme maltraitée par l'un d'eux…
Elle continue de me raconter sa souffrance, pourtant je sens que Patricia n'est plus dans la conversation.
Elle cesse de parler et nous nous regardons l'une l'autre.
Doucement, elle fait les liens en me donnant toutes ces bribes de sa vie actuelle.
Les yeux dans les yeux sans paroles, Patricia comprend à présent la mission d'aide à la guérison que je lui évoquais quelques minutes avant.
Je n'ai pas eu le temps de verbaliser quoi que ce soit.
Elle a su à ce moment-là qu'elle venait de mettre le doigt dessus.
Elle me donnait toutes les réponses comme un livre ouvert.

Tony n'est pas arrivé par hasard dans cette famille, et sa grand-mère, que son âme a sélectionnée avec sa belle mission, est à même de pouvoir l'aider à surmonter ce handicap dans la vie présente.
Les âmes ne choisissent pas au hasard l'environnement et l'ensemble des êtres humains qui l'entourent pour accomplir sa mission et assimiler ses mémoires.

Les âmes ressentent la mission de l'autre.
C'est comme un langage télépathe divin, une belle et subtile communication.
Nous nous attirons sans le savoir et nous rencontrons, grâce à cette interconnexion d'âme, en fonction des besoins pour réaliser notre mission et l'assimilation de mémoires.
En fait, nous établissons un réseau de contacts, grâce au lien d'âme à âme, ces liens que je qualifie d'existentiels.
Ils sont éternels, nous aurons l'occasion d'en reparler…

Les sons que j'avais entendus au début de la consultation ont eu eux aussi un éclaircissement. À présent, Patricia était à même de faire la liaison entre les messages reçus et les faits réels de sa vie quotidienne. C'est ainsi qu'elle m'apprendra que Tony a une grande sensibilité aux vibrations sonores, plus particulièrement aux cris des mammifères marins. Ses parents ont découvert la réceptivité particulière de Tony lors d'une simple séance vidéo en famille. C'est en visionnant un film pris tout à fait innocemment, quand des cris de baleines ont déclenché une fabuleuse réaction sur ce petit enfant. Il semblait écouter les bruits de ces animaux particulièrement, en essayant d'y répondre. Son visage avait resplendi de bonheur à ce moment-là.
Son comportement avait changé tout à coup, et une allégresse transparaissait. Une véritable communication entre les sons de ce milieu marin et cet enfant était providentiellement repérée.

J'en ai profité pour mettre en avant les possibilités de réceptivité de certains sons pour Tony, dont il pourrait être doué.
Je me permettais de proposer à Patricia de prendre contact avec des professionnels de communication animale. Ces gens seraient sûrement capables de mettre en lumière l'intérêt de ce fait. Peut-être était-ce là une piste pour aider cet enfant.

Un moyen d'éveil pour Tony, qui apporterait un intérêt différent dans son existence.
Notre séance commençait à prendre forme, et nous continuions notre conversation sur tous ces faits et leurs concordances.
Nous avions à présent une explication quant au son, qui était finalement lié à sa mission dans le moment présent.

Patricia a donc reçu sa réponse ce jour-là en entendant sa mission de vie.
Les doutes et le questionnement sur son intention d'aider sa fille à l'éducation de Tony qui la tracassaient venaient de se libérer.
L'espoir et la joie au cœur se lisaient maintenant, ne laissant plus de place aux doutes.
J'ai depuis cette consultation reçu de nombreuses nouvelles de sa part.
Cette femme se consacre à ce petit Tony, et toute la famille vit en harmonie.
Permettant à sa fille un temps libéré pour les autres membres de la famille, Patricia est devenue un soutien tout en sachant garder ses limites et les distances avec sa fille, pour ne pas nuire à leur relation.
Ce grand pas pour son évolution personnelle a permis à Patricia de comprendre sa place avec mesure, en étant dans sa mission de vie. Elle a offert à sa manière une partie de sa mission de guérison à Tony et sa famille, qui étaient en quête.
Ce partage est enfin rendu possible, et chacun a donc trouvé sa place. C'est une belle leçon d'amour pour tous.

Les missions de guérison de l'être sont elles aussi très nombreuses.
En général, les vies antérieures qui me sont données pour ses personnes sont très parlantes. Le plus souvent, ces dernières reproduisent les expériences dans cette vie présente, pratiquement de façon identique.

Ce phénomène est surprenant de coïncidences et de répétitions. C'est comme si c'était dans cette vie que les pendules devaient se remettre à l'heure pour continuer le voyage sur de nouvelles bases. L'heure de la guérison a sonné.

La mission de guérir peut être liée aussi à l'écriture.
Alors, la personne qui doit effectuer cette mission sera probablement sur son chemin de vie amenée à écrire.
Dans ce cas, ce qu'elle laissera transparaître à travers ses écrits apportera un outil de guérison pour ses lecteurs.

Cette mission de guérir peut également être en lien avec l'environnement et les animaux.
Une autre approche de la mission de guérir est la guérison par l'expression du corps.
Les personnes qui enseignent le yoga, les thérapeutes qui pratiquent l'art-thérapie sont acteurs de ces missions.

Vous comprenez maintenant que la mission de guérir n'est pas forcément celle du guérisseur du corps physique ou du médecin, elle est très riche de possibilités et possède bien des facettes d'activités diverses.

La vocation n'est pas à confondre non plus avec la mission de vie.
Je reprends l'exemple d'un médecin qui a cette vocation de vouloir aider son prochain à guérir et qui pratique la médecine. Cette vocation lui a montré ce chemin de vie.
Son existence se profilera en lien avec cette vocation.
Il développera une aptitude particulière pour ce domaine d'activité, fera de longues études pour affiner ses spécialités.
Il n'empêche en rien qu'il puisse avoir pour mission de vie accès à la création artistique, ou la création musicale, ou encore la poésie, etc.

Si cette vocation est directement associée à la mission de guérir, alors cette personne dans son métier sera un médecin qui travaillera et donnera avec amour. Il accomplira d'une part sa vocation, et remplira sa mission de vie !
Attention, je ne dis pas que les médecins qui n'ont pas cette mission ne sont pas dans l'amour de leur métier.
La vocation appartient à l'aspect de la matière, comme le goût, ce sont des choix qui sont en lien avec le véhicule que nous occupons.
La mission de vie est la nourriture de l'âme, et est en lien avec celle-ci, elle est définie dès le démarrage de la vie.

La mission de guérison est aujourd'hui très répandue.
Pour comprendre cela, retournons plusieurs décennies en arrière. La mission la plus importante était celle de la création, de l'invention et de l'avancée technologique de l'humanité.
Nous étions nombreux, à ce moment d'évolution de la matière et de ces innombrables technologies, à avoir cette mission.
Tous ces équipements indispensables à la conception et à la réalisation de projets techniques avancés que nous utilisons actuellement étaient nécessaires et vitaux.
Aujourd'hui, cette multitude d'inventions et de créations technologiques continue sa progression, de manière affinée. Nous avons créé pendant ce long espace de temps des machines, des procédés divers, dans les domaines de l'industrie, de la médecine, et bien d'autres…

L'humanité avait à cette époque la nécessité de s'élever dans la matière, dont celle d'inventer, de bâtir, de se développer !

C'est maintenant une autre demande de l'univers.
Nous sommes dans une autre ère avec de nouveaux besoins pour l'humanité, correspondant à cette chronologie. C'est la mission

de guérir, celle d'aider les hommes à retrouver leur être et savoir où et comment retrouver sa spiritualité.
Beaucoup de personnes sont perdues, et toutes ces missions de guérison sont utiles pour aider son prochain.
J'entends par là qu'aider son prochain à trouver un moyen de guérison n'est pas forcément en devenant thérapeute, médecin, ou infirmière...
C'est une mission de guérison qui englobe la fraternité, les liens d'amour, d'unité...

Revenons à nos différentes missions de vie, et prenons un autre exemple.
Il y a parmi toutes ces missions, la mission de développement spirituel ou de sagesse, présente pour un grand nombre de personnes.
C'est tout simplement parce que les humains étant en continuelle évolution, nous avons de plus en plus besoin d'éveilleurs, de gardiens, de guérisseurs spirituels.
Mais attention, dans cette quête spirituelle, il faut savoir rester à sa place.
Il n'est pas question de prendre la grosse tête, surtout dans cette mission, où l'humilité est le principe, et les valeurs sont la qualité première pour réussir.
N'oublions pas que ce choix de mission est aussi d'aider les autres dans leur quête d'évolution, sans prétention aucune.

Les missions nobles s'adressent souvent aux personnes qui auront choisi pour fonction d'éduquer des enfants, tels les professeurs d'école avec leur rôle pédagogique.
Ce sont ces parents qui se retrouvent à donner une éducation différente, qu'ils devront mettre en place pour leur enfant avec un handicap ou les enfants intellectuellement précoces par exemple.
Mais encore, nous pourrons rencontrer aussi les éducateurs pour ces enfants, pour les personnes handicapées aussi, en apportant

tout simplement la bonne pratique dans un contexte éducatif différent.

Cette notion de mission de nourrir peut également être en relation avec toute sorte de connaissances. Quel qu'en soit le domaine, la nourriture peut s'adresser à bien des champs d'activité : nourriture spirituelle, gastronomique, intellectuelle, et connaissances diverses… Je cite l'exemple du métier de restaurateur. Si cette personne a une mission noble et qu'elle exerce déjà dans ce secteur, elle est à la fois dans sa vocation et dans sa mission lorsqu'elle exerce. Cet avantage lui permettra d'exceller dans sa spécialité, en étant peut-être innovante.

*Idem* pour un enseignant qui aura cette mission de nourrir, il sera en joie de nourrir ses élèves. Il pratiquera son métier dans l'amour avec un don particulier pour cette fonction, tel le professeur de français que j'évoquais au début de mon livre. Ce sont des enseignants de grande qualité, et ils travaillent avec cœur grâce à leur mission de vie.

Toutes les personnes qui ont une mission noble, avec le principe de nourrir, ne se retrouvent pas forcément dans un travail en lien avec ce choix de l'âme.

Je prends un autre exemple, celui de la nutrition.
Le professionnel de diététique, qui pratique son rôle de conseiller dans le domaine de la nourriture, peut avoir une mission complètement différente, telle que la musique. C'est exactement le même principe que l'exemple du médecin.
Cela ne l'empêchera pas de faire son travail correctement, dans son secteur d'activité.
Il devra nourrir son âme de sa mission, lors de ses moments de détente par exemple.

Parlons maintenant de la mission supérieure.

La mission supérieure qui pourra être une mission d'enseignement, quel qu'en soit le domaine, même spirituel, a pour but de veiller sur l'humanité comme une mère poule sur ses poussins. C'est dans un amour de l'espèce humaine et dans la vacuité que cette mission devra être effectuée.
La personne sera sûrement amenée à transmettre.
Il lui sera plus aisé, grâce à divers moyens et outils, d'inculquer ses connaissances. Elle vivra ainsi dans sa mission de vie au travers de sa vie professionnelle.
Ce qui n'est pas toujours le cas dans beaucoup d'autres missions.
Ce moyen de transférer peut s'effectuer par l'écriture, l'enseignement à un niveau autre que scolaire, en donnant des conférences et ainsi de suite…
Ce n'est qu'une transmission à plus grande échelle que celle de la mission noble, elle éveille à un enrichissement, sans l'esprit de supériorité, ni celui de pouvoir.
Elle a un rôle plus important, voire humanitaire.
En général, les personnes dotées de cette mission sont souvent avant-gardistes.

Les sujets à transmettre dans ce cas-là ont toujours une grande portée pour l'évolution et, encore une fois, quels qu'en soient les domaines.

J'identifie une vocation supérieure, telle que la responsabilité des sages, avec une vocation spirituelle ou liée à toute autre communication avec la voie céleste. Cette personne devra veiller à rester à sa place et s'accepter en tant qu'outil de l'univers avant tout.
Elle sera elle-même l'instrument avec lequel son âme a choisi d'accomplir cette mission supérieure.

Elle devra être libre et laisser ses semblables dans cette liberté sans dogmes religieux.

Je vous livre à présent une autre consultation pour une mission de vie.

## LA MISSION DE VIE DE KARINE

Karine est une femme qui a connu deux vies antérieures douloureuses, victime d'hommes pervers narcissiques dans chacune d'elles.

La première vie envoyée par la guidance montre un époux, et la seconde un homme comme étant son patron. Dans cette vie, ce dernier occupait le poste de dirigeant dans une blanchisserie aux environs du XVIIIe siècle, semble-t-il.
Je vous passe les détails de cette vie pour aller à l'essentiel.
Ce qui importe aujourd'hui est la manifestation de ces circonstances qui perturbent toujours Karine.

La nature de la mission de la première vie était supérieure, mais elle n'a pu être réalisée. Celle-ci fut arrêtée par une mort provoquée par les violences physiques de son mari. Elle succombera laissant à son inconscient des mémoires de cette terrible fin.
L'allégeance et la colère intérieure de cette relation difficile avec le masculin accentuent la peur de devoir obéir et celle du lien de mariage. La mort étant la finalité de ces supplices, elle marque encore plus les profondeurs de l'être.
Cette vie interrompue par les mains de l'homme a donc affecté le dessein de la réalisation de la mission de vie de cette femme.
Les informations et la visualisation exclusivement soutenues sur la violence, appuyées par des scènes de souffrance de cette femme

(Karine) sous l'emprise de la force physique masculine, et la place de cette épouse soumise, porteront une empreinte bien encombrante. La culpabilité de cette attitude aura marqué sa mémoire d'âme.

Aujourd'hui, Karine a la même mission à accomplir dans cette vie. Elle n'a bien sûr pas choisi de souffrir pour la réaliser. Malgré cela, cette position de victime devait attirer son attention. Elle devait l'amener à se questionner : pourquoi cette vie de déchirement ? Malheureusement, Karine retrouve cette situation à nouveau dans son quotidien.

L'homme qu'elle a épousé est un être à qui on donnerait le bon Dieu sans confession. Comme avec tout bon pervers narcissique, tout commence par un joli conte de fées, puis la terrible réalité se révèle lorsque la victime est pieds et poings liés à son bourreau.

C'est une vie semblable en tous points, pratiquement identique. Cette fois, Karine prétendait ne pas demeurer inerte en position de victime.

Les rancœurs perçues sans même en connaître les origines ne restaient plus sans réponses, et cette fâcheuse habitude de se positionner comme une victime allait se résoudre.

Stopper tous ces questionnements de comportement !

Ce n'est pas facile à faire avec de telles mémoires d'âme.

Son âme aura choisi ce compagnon, puis Karine ce mari qu'il est devenu. Ne serait-ce pas simplement pour partager une fois de plus l'expérience de la domination masculine, et bien d'autres apparences reflétant ce caractère de perversité narcissique.

Le but de ce choix était de mettre en lumière ou en éveil les liens néfastes, de trouver ainsi un moyen d'assimiler sa mémoire d'âme en même temps pour s'en débarrasser une bonne fois pour toutes.

Son travail d'assimilation est certain, mais pas seulement. Toute cette analogie mise en place pour accomplir sa mission de vie dans

un but d'aider les autres. Elle devait partager justement un témoignage de vie de ses douleurs morales vécues pour établir une sorte de plan de sauvetage à toutes les femmes prisonnières de ces mêmes souffrances.
La mission de Karine devrait servir à faire renaître la force, l'espoir, le dépassement de soi et la foi pour sortir les femmes et les hommes sous l'emprise de tels personnages.
Des écrits sont apparus en visualisation, il y en avait un nombre important.
Sur le moment, lors de mes explications pour l'aider, Karine n'a pas compris le sens de sa mission « supérieure ». Puis, au fil de notre conversation, nous avons mis en lumière avec l'aide de ses guides qu'elle devrait écrire son expérience. C'est ce témoignage qu'elle devra retranscrire sans réserve en utilisant son vécu douloureux.
L'idée de cette mission pour elle lui permettrait non seulement de se guérir et se sortir de cette expérience difficile, mais aussi d'aider toutes les personnes touchées par ce fléau à s'en sortir elles aussi.
Karine devait passer le message en présentant par cette manière de transmettre son cheminement, elle nourrirait son âme de cette mission supérieure.
Par là même, Karine œuvrerait pour le bien de l'humanité, surtout pour les femmes et les hommes qui souffrent de l'emprise maladive de leurs époux, épouses ou autres personnes de leur entourage affligées par ce mal.

Le pervers narcissique peut se cacher, derrière un homme ou une femme, sous l'aspect de la personne la plus adorable que nous puissions rencontrer. Seuls les proches de ces individus sont au fait, et parfois même pas.
Ces innocents connaissent et subissent les dégâts engendrés par cette triste vérité de cette caractéristique mentale.

Karine avait lors des deux vies antérieures, sous l'emprise tyrannique, subi le sacrifice de son être, allant jusqu'à sa mort.
Dans cette vie présente, le choix de son âme a cette fois organisé et mis en œuvre des faits pour qu'elle en prenne conscience. Non seulement qu'elle se serve de son histoire personnelle pour mettre en lumière sa mémoire d'âme encombrante, mais qu'elle soutienne les personnes touchées pour les libérer de ce fléau social.
Une fois que tous les ressentiments de cette douloureuse trajectoire non résolus et toujours actifs mis en lumière lors de sa consultation seront débarrassés, tout sera plus clair pour elle.

Karine m'a évoqué son goût pour l'écriture, mais ne se sent pas capable de rédiger un tel témoignage. Le manque de confiance en elle est très actif.
Ce n'est pas grave en fait, elle peut de diverses manières trouver le procédé de communiquer cette expérience, et ainsi redonner le courage à ceux et celles qui sont touchés par ce problème.
Le principal est qu'elle découvre son propre moyen. Celui qui sera en harmonie avec son chemin de vie. Karine m'a notifié sa profession dans laquelle l'aide aux personnes en difficulté apparaissait.
Les possibilités d'outils de transmission s'ouvriront naturellement à elle.
L'humain ne doit pas être atteint par la dégradation continuelle et l'humiliation d'un de ses semblables. C'est un point important pour l'accomplissement de la mission de vie universelle.
Cette fois, vous avez pu constater la relation entre ces mémoires encombrantes à assimiler et la mission de vie.

Une mission supérieure est souvent phénoménale pour l'humanité. En général, il s'agit d'un enseignement visant une activité transcendante.
Les sages, les chercheurs, les philosophes seront fantastiques s'ils sont touchés par cette mission supérieure !

Les êtres de grande spiritualité le sont aussi, mais là encore je suis toujours prudente.
La transmission pour cette mission est considérable. Une fois de plus, il ne faut pas faire et dire n'importe quoi !

Certains individus se sont donné cette mission et deviennent vite des gourous, des enseignants à vocations spirituelles.
Ils mettent à projet des doctrines pouvant mener une véritable dépendance sur des personnes en recherche de ressentis subtils, voire de réponses, sur lesquels elles s'interrogent !
J'appelle cela du commerce spirituel, investissant ainsi à mal la raison de l'être intérieur de certaines personnes en quête d'éclaircissements.
Malheureusement, certains sont actuellement sur la vague tels des surfeurs. Je rencontre peu de personnes dans ce domaine qui aient une volonté pure et intègre.
La plupart ne font qu'enseigner de belles paroles et ne sont pas capables de vivre pleinement dans leur propre discipline.
Au lieu d'être des êtres d'amour, de partage, ils sont obsédés par leur image, leur pouvoir, leur égoïsme.
Et oui, c'est bien de revenir à la réalité aussi et de ne pas croire innocemment l'hypocrisie de masse.

Je dirai simplement ceci : les lois naturelles existent, et il y a toujours un effet boomerang. Si ce n'est pas dans cette vie, ce sera pour une suivante !
C'est à vous de rester vigilant lors de vos rencontres.
Veillez à ne pas entrer dans une situation de dépendance à ces personnages.
Il est nécessaire de gérer notre impatience, quant aux réponses que nous attendons, et de faire confiance à notre intelligence divine sur le plan intérieur.

Toutes ces différentes missions sont réalisées dans l'amour, et elles sont toutes diverses. Toutefois, faites attention à la notion d'amour qui, pour de nombreux personnages, est devenue le grand mot qu'ils utilisent comme outils de manipulation.

Prenons maintenant l'exemple de la mission d'amour.
Elle peut être très précise, comme tout simplement le dessein de retrouver l'amour ou bien de recevoir l'amour, savoir en donner ou encore réussir sa vie de couple…
C'est tellement vaste, cette mission s'affinera en fonction de la vie à expérimenter, mais aussi de l'apprentissage des valeurs se rapportant à la notion de l'amour.
Les choix des mémoires d'âme au moment de l'incarnation influent spécifiquement cette mission sur l'amour.
Malheureusement, c'est la mission la plus ingrate tant l'amour est interprété par l'humain avec son lot d'attentes, de souffrances, etc.
La mission sur l'amour étant complexe, je ne rentrerai pas dans ce sujet qui mérite à mon sens plus qu'un chapitre…
Il se peut également qu'il n'y ait pas de mission particulière, mais uniquement la mission « d'aide » d'un point de vue général.
Alors, les personnes que j'ai rencontrées dans cette situation possèdent des outils et des capacités extraordinaires à mettre aux services des autres.
Elles sont dévouées et toujours prêtes à épauler leurs semblables.
C'est pour cela que l'univers leur donne les moyens d'avoir une panoplie d'énormes possibilités de venir en aide.
Ces gens peuvent être très curieux de tout, avec une grande discrétion, en acquérant des techniques ou méthodes afin de soutenir leurs proches, sans contrepartie.
Nous les nommons souvent les mères Teresa, faisant allusion à mère Teresa, célèbre pour sa dévotion à un grand nombre d'individus en souffrance.

La réalisation de notre mission de vie satisfait l'être dans son intégrité, dans la joie et le bonheur du moment présent, cet instant même durant lequel l'âme se nourrit. C'est un instant d'amour reliant le corps, l'âme et l'esprit.
Nous pouvons parler d'alchimie entre nos expériences de vies antérieures et notre mission de vie actuelle.
La mission de vie ne doit pas devenir un défi. Ce n'est absolument pas le but.
Elle se trouve même parfois sans s'y attendre. La mission se confond dans notre quotidien, mais l'action qui la caractérise nous comble de bonheur.

Alors, vous reconnaîtrez ces moments entre tous !

# Le moment de repartir et le départ

*« Si vous voulez savoir ce que
vous étiez dans les vies antérieures,
regardez ce que vous êtes actuellement. »*

Florence Léautaud

Avant de prendre une nouvelle existence corporelle, l'individu et son esprit ont-ils la conscience et la prévision des choses qui lui arriveront pendant la vie ?

Il choisit lui-même le genre d'épreuves qu'il va devoir subir, et c'est en cela que consiste son « libre arbitre ». Nous sommes tous responsables de nos choix et de tous les chemins que nous empruntons. Les conséquences peuvent quant à elles être en lien avec les mémoires à assimiler.

Mais que devient mon âme lorsque mon corps meurt ?

La mort est dépourvue de but. Or, l'humain dans sa pensée ne peut pas être sans un but, d'où cette appréhension de l'inconnu. Tout comme nous ignorons la voix de l'âme et d'où elle vient (vie antérieure), nous façonnons un facteur de doutes et d'angoisses de l'inexploré…

L'âme ne meurt jamais. Elle est immortelle.
Je peux vous donner quelques explications tout simplement grâce aux informations reçues de cette invisible intelligence, et de ce que mes guides ont bien voulu me montrer.

Ces réponses me sont personnelles et en aucun cas ne doivent vous influencer, mais au contraire éveiller votre curiosité.
Une confusion règne, ce n'est pas l'âme qui meurt, c'est l'humain.
Notre corps qui quitte le monde des vivants n'est que l'enveloppe physique, je dirai même l'aspect matériel, l'enveloppe charnelle ou encore le véhicule.
Ce n'est pas l'être humain qui se réincarne, c'est l'âme.
Cette empreinte divine ou flamme divine cache des pouvoirs latents existentiels dans chaque individu.
Je n'aborderais pas le côté scientifique de la matière. Ce corps est une accumulation énorme d'énergies, que nous pouvons voir, toucher grâce au phénomène de matérialisation de ces énergies.
La mort finalement libère l'âme de la nature du corps et de la matière.

Même si le corps n'est plus, perdure une sorte de réseau énergétique contenant des informations et mémoires qui subsistent et peuvent devenir un potentiel énergétique perturbateur.
Je vous l'évoquerai un peu plus tard.

L'âme éternelle passe ainsi de vie en vie d'une enveloppe corporelle à une autre…
Cette enveloppe redeviendra poussière, laissant sur terre des énergies restantes, errantes ou des énergies vagabondes.

Benjamin Léautaud parle dans son livre[1] de mémoire vagabonde, mais aussi de mémoires dissociées.

Ce sont les énergies des personnes décédées que nous pouvons capter lors du décès et bien après.

C'est une des réponses aux possibilités de perceptions d'un défunt, car certaines mémoires demeurent après la mort d'un être.

J'aimerais partager avec vous mon enrichissement spirituel, puisque j'ai décidé en écrivant ces lignes d'être moi-même, sans filtre, et dans l'enthousiasme sincère du partage.

Je vais vous parler de la fin de vie de ma mère selon les différentes étapes.
C'est pourquoi j'ai choisi de donner sans retenue toute l'expérience de mon être dans cette traversée de la perte d'un être cher.
Nous devons avant le départ d'un de nos proches, si cela est encore faisable, lui accorder une attention particulière.
Je me suis rendue à ses côtés le plus souvent qu'il m'était possible durant sa maladie qui progressait très vite.

Je m'étais préparée à cette séparation. En la soutenant à chaque visite, en l'aidant à vaincre ses peurs, et donc les miennes, j'ai compris que ce départ devait être organisé et accompagné.
Nous avons beaucoup parlé ensemble de ce voyage, je l'ai rassurée du mieux que j'ai pu, lui donnant des fleurs de Bach pour calmer ses angoisses, lui prodiguant parallèlement des soins énergétiques !
Maman me réclamait ces soins énergétiques et disait après la séance que la sérénité revenait en son intérieur, que cette paix lui faisait

1. Benjamin Léautaud, *L'Écosystème énergétique*, autoédition, 2015.

du bien… Je n'avais plus de doute, tout se traduisait dans son regard, et ses yeux effectivement reflétaient la quiétude.
Chacun de nous, mon frère, mes sœurs, et nos enfants respectifs ont également apporté du réconfort ou du soutien selon leur possibilité.
Individuellement, tous les enfants et petits-enfants présents ont pu prendre le temps de discuter, d'apporter des réponses, s'il y avait des questions.
Dans une grande douceur et avec le peu de mémoire qu'il lui restait, maman a essayé de répondre.
Je suis certaine qu'elle savait que les explications qu'elle procurait étaient aussi bénéfiques pour elles pour mourir sereinement.

Il est important, lorsque cela est possible bien entendu, d'aller toujours en profondeur dans l'amour, avec des mots justes et gentils.
Je parle de la mort attendue, celle pour qui elle est annoncée. Il suffit de dire les choses calmement. Le principal est d'apporter des réponses à celui qui part, et de se pardonner l'un à l'autre si nécessaire. C'est à chacun aussi de respecter les réponses qui appartiennent aux explorations terrestres.
Il n'est pas question non plus de régler des comptes, ce n'est pas le moment, vous vous en doutez.
Pour faciliter ce départ, il faut seulement imaginer que la personne qui vous quitte vient de terminer la pièce de théâtre durant laquelle elle était l'acteur principal.
Une fois le rideau tiré, tous les accessoires et autres caractéristiques reliés à la mise en scène de cette vie sont définitivement rangés, inutiles, pour la suite du voyage.

Les protagonistes qui ont participé et accompagné pendant cette expérience sont eux aussi laissés sur place, sur terre, dans ce monde des vivants poursuivant leurs propres rôles dans la pièce qu'ils expérimentent…

L'acteur qui vient de quitter la scène n'empêche pas le déroulement de la scénographie de théâtre qui continue de se jouer sans lui.
Mais voilà, le jour du départ est inévitable.
Le principal objectif à ce moment est d'aider la personne à partir dans l'amour, de donner ce dernier conseil : « Va et retourne vers la lumière où la paix et l'amour t'attendent... »

Pour ma part, je suis arrivée après le décès lorsque l'ascension de son âme commençait.
Cette personne que j'ai tant aimée et que j'aime toujours autant était déjà entre de bonnes mains.
J'ai comme vous pouvez vous en douter souffert de cette séparation, et cela malgré mes notions spirituelles.
Dans notre souffrance humaine, nous oublions certaines de nos convictions, et c'est normal. Si modestes soient-elles, ces précieuses convergences divines m'ont permis de m'adapter à la situation.
Car dans cette quête spirituelle, personne ne peut prétendre avoir l'expérience.
Nous avançons chacun à notre rythme, et comme nous sommes toujours dans cette existence, nous remettons les choses à leur place, nul ne peut affirmer avoir la connaissance dans ce domaine...

À mon entrée dans sa chambre d'hôpital, alors que je venais d'apprendre que tout était terminé, je me suis tout de suite dirigée vers elle.
Non pas pour l'embrasser, je l'ai fait après, mais pour ressentir son corps énergétique.
Avec pudeur, afin de ne choquer personne, j'approchais mes mains au-dessus d'elle, avec l'espoir de sentir la vie se prolonger encore un petit peu !
Je tentais de me rassurer en allant chercher une once de son corps énergétique...

Hélas, j'ai senti ma main plongée jusqu'à toucher son corps physique.
C'était bien terminé, il n'y avait plus rien.
Son âme était passée, elle avait quitté ce corps et en avait fini pour cette vie avec moi et avec nous tous qui étions là. Ces âmes auront incarné les acteurs et actrices qui ont participé à sa vie en tenant leurs rôles d'enfants.
L'aspect physique de nos liens terrestres était bel et bien achevé.

Elle repartait maintenant pour d'autres expériences.
À présent, il me fallait calmer ce mental et couper ces liens de dépendance, et enfin soutenir mes sœurs et mon frère.
Prier et m'adresser à l'âme que j'avais choisie pour partager tout ce temps.
Cette femme à qui j'avais confié mon incarnation dans son ventre et bien au-delà de cet engagement m'avait quittée.
Je dois reconnaître toutes ces années d'échanges de connaissances et de transmissions humaines que j'avais reçues, l'éducation qu'elle m'avait inculquée pour mon expérience terrestre, avec tout l'amour d'une mère.
La remercier et lui solliciter d'aller en paix vers la lumière, de poursuivre son chemin sereinement.

Je continuais à lui parler, lui demandais de se diriger vers l'illumination de sa nouvelle demeure, et de se préparer au mieux pour la prochaine incarnation.
Nos liens affectifs resteraient éternels.

Ce que je constate est l'égalité pour tous face à la mort.
Je ne tiens pas compte du corps physique et de ses souffrances, évidemment.
Il n'y a pas de privilèges à l'immortalité.

L'âme est de toute façon destinée à la survivance éternelle, quel que soit le choix qu'elle expérimentera lors de ces futures investigations. Pas de privilèges non plus pour les êtres qui atteignent un stade de conscience très élevé. Les sages, ou bien même encore les grands intellectuels spirituels, sont égaux à tout autre individu.

Sachant cela, je vais vous expliquer maintenant pourquoi le phénomène du passage est douloureux pour le commun des mortels, parce qu'insaisissable.
La souffrance de perdre un être cher est purement humaine.
Tout cela appartient à une notion philanthrope de vouloir dominer l'angoisse de sa fin, de même que les concepts des responsabilités matérialistes, limitantes et égoïstes.

Nous devrions nous réjouir de ce départ vers la source qui n'est qu'un simple déménagement.
Ce dont il faudrait se préoccuper, absolument, comme lors des dispositifs pour investir un autre lieu de vie et tous ses changements, c'est de la préparation du grand voyage.
L'art de mourir devrait remplacer cette notion d'irréversibilité qui plonge les êtres humains dans la turbulence.
C'est pourquoi, dans cette roue de la vie qui tourne, c'est au quotidien, en entretenant un lien direct avec notre être, que ces dispositions peuvent s'effectuer.

Le pardon, la gratitude, l'amour, la joie de vivre, la confiance et la compréhension sont des points stratégiques.
Cultiver la vie belle, se nourrir d'amour, apprécier la vie et la poésie de celle-ci amènent et exposent dans notre vie des énergies du même acabit. Notre créativité doit être explorée et exploitée au maximum.
Ce n'est pas utopiste, mais une manière de vivre, en essayant d'appréhender pourquoi j'ai attiré telle chose ou telle personne dans

ma vie, et comment je peux, en observant tout autour de moi, résoudre des conflits du mieux possible dans l'amour et le respect de mon être.

Cette préparation ne peut évidemment se faire au dernier instant de vie, il est capital d'en prendre conscience dès le plus jeune âge, mais notre société ne nous apprend pas à mourir.
Cela reste un tabou.

Après cette épreuve de la mort, pour nous humains, lorsqu'elle nous touche et nous prive de la personne physique à laquelle nous tenions, le mental, qui ne veut pas accepter ce départ, le compare à l'abandon et entretient ces désordres. C'est ce mental qui vous transmet les sentiments de doute, de colère, de tourment, de peur, d'injustice et tant d'autres.
Pour certains même, en fonction de leur propre vécu avec leur proche, la rancœur peut prendre place et malheureusement porter atteinte au lien qui les unissait dans cette vie.

Certains d'entre nous sont dans de grandes difficultés d'acceptation du départ de la personne et cherchent des réponses pour remédier à leur souffrance :

« Non, elle n'est pas morte, elle est là ! »
« Je ne veux pas, elle doit rester encore, elle n'a pas terminé, je n'en ai pas terminé avec elle ! »
« Nous avons tellement de choses encore à faire ensemble. »
« Comment vais-je faire sans elle ? »
Et ainsi de suite.

Toutes ces souffrances que notre puissant ego et notre égoïsme nous envoient envahissent nos pensées.

Tout comme l'âge des défunts ne veut rien dire. La mort n'a pas d'âge, lorsque c'est le moment pour l'âme de quitter la terre.

En ce qui me concerne, je ne suis pas plus forte que quiconque d'entre vous, au moment de la séparation de nos vies, j'avais besoin de me rassurer, de faire taire ce mental qui ne cessait de me dérouter. Je m'étais donné l'engagement d'accompagner maman pendant ces ultimes jours, où chacun est encore dans ce questionnement, dans les peurs et dans la douleur du départ.
Mais je me suis bien aperçue que ce n'était pas moi qui devais en décider, et qu'il n'y a absolument pas de notion de devoir…
Malheureusement, au moment du dernier souffle, je n'étais pas présente.
Je sais combien pour certains d'entre nous le souhait de soutenir le mourant jusqu'à la fin est important. Toutefois, ce n'est pas toujours possible, et c'est le cas pour bien des proches qui restent avec cette culpabilité de ne pas avoir assisté leurs parents ou amis. Mais c'est ainsi, et cela peut aussi être le choix de l'âme de la personne.
Ne gardez pas ce ressentiment ! L'âme sait très bien ce qu'elle doit faire ! C'est notre conscience humaine qui souffre de ce manque qui va impacter notre vie.
C'est pourquoi il faut parler, communiquer le plus possible pendant son vivant, et surtout si cela est réalisable engager des dialogues constructifs…

L'âme entame un magnifique voyage, riche de ce mode de vie qu'elle vient d'expérimenter, grâce auquel elle va pouvoir continuer dans le but de son élévation.

L'âme développe ainsi de vie en vie ses expérimentations, lors de ses multiples voyages, acquérant tous les possibles, tous les hauts degrés d'intensité dans quelques domaines fussent-ils, mais aussi tous les contraires...

C'est cette maturité et cette accumulation de ces mémoires d'âme qui lui donnent le sens de toutes ces incarnations, afin de retrouver la liberté originelle, qui aspire à cette éternité céleste d'amour inconditionnel.

L'heure de la mort est aussi décidée par l'âme qui a peut-être tout simplement terminé sa mission, son expérience sur terre avec la complicité de son véhicule.
Je pense que les êtres éveillés, bien reliés à toutes leurs mémoires peuvent avoir une intuition du jour de leur départ.
Il faut pour cela que l'écosystème énergétique soit bien synchronisé.
Ainsi, les communications internes peuvent jouer un rôle important en connexion directe à notre âme, notre corps physique et notre esprit.
Dès lors ils pourront préparer « leur retour à la source » paisiblement.

La mission de vie à ce moment du départ est soit réalisée, donc couronnée, soit non accomplie, et sera remise à disposition dans une autre vie.
Toutefois, un détail important de toutes les vies stoppées par la main de l'homme intervient. C'est-à-dire que tout individu tué de façon non accidentelle sera impacté par l'arrêt de la mission de vie.
Donc, la notion de mission de vie accomplie et couronnée ne sera pas identifiée, simplement celle-ci sera reportée à une prochaine vie.

Après le départ de ma maman, différentes informations me sont parvenues par son interférence. J'emploie la notion de départ ou bien devrais-je plutôt employer le retour pour elle vers l'autre monde.

Voici une prière pour aider l'âme qui m'a été insufflée :

Prends la lumière, âme !
Ô, sur ce chemin aveuglé par l'amour,
te conduit.
Prends son essence, et va sans crainte.

Car Ô, toi seul peux guider cette âme
vers le passage de la vie céleste.

Laisse pénétrer la lumière en toi,
comme les vagues de l'océan effleurent la terre,
et viennent tendrement s'échouer sur le sable.

Va ! prends la lumière divine.
La paix définitivement t'accompagne.

L'éternelle demeure t'attend,
Car, Ô le gardien
veille sur chacun.

À la source, tu trouveras l'amour infini,
et l'éternel retour,
jusqu'à ton ascension divine,
vers cette unité originelle, et inconditionnelle.
Paix en ton âme.

C'est au moment du départ que seront classées les mémoires d'âme. Ces mémoires seront ordonnées en fonction du déroulement de la vie et de ce que notre acteur aura enregistré aussi dans son émotionnel.

Concentrons-nous sur le cheminement de notre âme.
Lorsque la personne décède, l'âme quitte le corps physique qui retourne à la matière, il redevient poussière et déserte aussi le corps énergétique qui reste sur terre.
L'âme décide de rejoindre la maison de lumière, ou la source divine, c'est l'emplacement de l'univers où règnent l'amour, la paix, le partage, la vacuité… la monade.

C'est l'endroit où vous êtes accueilli par des énergies appelées les guides spirituels, les anges, les archanges et les âmes de personnes défuntes, ces êtres de lumière que vous percevrez peut-être, ou tout du moins que votre âme reconnaîtra !
Vous avez très certainement entendu parler de ces nombreuses personnes qui, après avoir fait une EMI, ont rapporté de ce voyage différents témoignages.
Elles ont pu dans ce tunnel de lueur incandescente identifier des défunts et entendre pour certains des messages incitant leur retour sur terre, pour continuer leur vie dans la matière.
Elles ont aussi aperçu des êtres de lumière.

Toutes ces appellations sont principalement des énergies, ne l'oublions pas.
Notre âme redevient aussi une divine énergie de la source.
Il peut y avoir à ces moments des reconnaissances d'âme, seulement si ces âmes ont incarné et contribué à l'expérience d'une vie commune, et tout cela d'un point de vue énergétique.

Avant d'arriver dans cette maison ou ce jardin de lumière, l'âme, qui est chargée de toutes les nouvelles expérimentations terrestres de sa dernière vie qu'elle vient de quitter, va devoir faire une sorte d'analyse de ces bagages de connaissances.

La manière dont l'âme aura enregistré ses parcours va définir si les mémoires sont assimilées ou pas.
Je vous donne en détail dans le chapitre « Petite histoire d'âme » les mécanismes intelligents de cet archivage.

L'âme qui, la plupart du temps n'en est pas à sa première vie, sait et connaît le déroulement de ce fonctionnement du départ.
Elle a déjà expérimenté ce passage vers l'autre plan à plusieurs reprises.
L'âme quittera son corps physique, puis partira dans l'infini. C'est cet infini que nous pouvons nommer aussi le plan divin.
Je pourrai dire le plus naturellement, UN retour parmi tant d'autres vers le divin : « Le retour à la maison. »

L'être qui meurt en toute conscience saisi par la maladie à long terme, par exemple, a le temps de préparer ce départ.
La plupart du temps, ces âmes passent directement vers la lumière, sauf si la personne défunte continue à s'accrocher à cette vie, à des choses matérielles, ou qu'elle refuse de comprendre la maladie.

Le corps physique est un mécanisme bien orchestré et, lorsqu'un de ses rouages est perturbé, la maladie s'installe.
C'est d'une gigantesque intelligence dont notre corps physique est pourvu.
Mais, comme tout organisme parfaitement régulier, il faut savoir écouter la moindre faille, le moindre signal avertisseur.
Ce n'est pas facile, j'en conviens.
Seule la panne mécanique, qui induit la maladie ou la mort, peut entraver ce processus.

Lors d'une mort traumatique survient une confrontation entre l'âme, qui est sans peur de ce départ, et l'aspect de l'instinct

de survie du corps physique. Pour peu que celui-ci soit dans un stress de souffrance du corps humain, la puissance traumatique de ce décès va générer une mémoire liée au passage et au départ de la terre.
Une expérience négative de ce passage de la mort construit des mémoires compliquées pour les vies futures.
Une réminiscence de la peur de la mort par exemple est le lien inévitable de la mort avec la souffrance.
Cela va créer la difficulté dans les prochaines incarnations face à la mort.
Toutes les morts du corps physique violentes ou traumatisantes vont graver la mémoire d'âme des mêmes aspects angoissants de la mort.

C'est très important de quitter sa vie dans la sérénité et la paix de l'être.
Ce type de blessure émotionnelle va laisser des résidus, dont l'âme devra se libérer lors d'une de ses futures vies terrestres.
De même, ces perturbations lors de la naissance peuvent réveiller cette mémoire puisque l'être se retrouve aussi dans des conditions d'un passage !

De nombreux chocs s'éveillent à ces instants de transition.
Les mémoires tel que l'abandon peuvent se raviver au moment de la naissance.
Le nouveau-né ne se sent plus en sécurité, il a perdu le confort de sa vie intra-utérine et le passage dans ce sens n'est pas toujours des plus agréables pour lui.

Pour peu que cet accouchement soit compliqué, affecté par le cordon autour du cou par exemple, les mémoires non assimilées ressurgissent à ce moment-là, avec un traumatisme d'étouffement ou d'étranglement, par conséquent la peur de la mort.

L'inconscient systématiquement marqué par cette influence va remettre dans la vie de ce futur adulte une panoplie de mémoires à travailler.

Si ce n'est pas le but dans cette vie, il en résultera néanmoins que cette personne peut être tributaire de nombreuses angoisses, dont celles de l'appréhension de la suffocation ou de la sensation d'étranglement.
Sans savoir pourquoi, ces peurs hantent certains individus, ces mémoires inconscientes pourront générer un mal-être qui vient tout simplement d'une de ces vies passées.
Le temps n'existant pas pour l'âme, ce pourrait être la dernière, celle juste avant cette vie présente, comme ce pourrait être celle du début de son ascension.

Dans tous les cas, même si l'être a subi beaucoup de souffrance, nous devons faire la paix, nous entourer et nous apporter tout l'amour réparateur dont nous sommes capables pour aider l'âme dans cette ascension.

Il est nécessaire de se libérer de cette angoisse existentielle, qui nous mène nulle part, et encore moins à ce moment-là.
Ce nouveau chemin doit se prendre avec douceur et confiance, afin d'accéder en toute plénitude à la lumière.

Si j'ai un conseil à vous donner, réglez vos différends le plus possible tout au long de votre vie et soyez serein pour préparer le départ.
Voici un exemple sur la peur de la mort parmi une multitude de cas, pour que vous puissiez mieux appréhender cette question.
La peur de la mort n'est pas le seul inconvénient. C'est par contre une des inquiétudes les plus fréquentes.

## LA CONSULTATION DE GÉRARD

Gérard est venu me consulter à la suite de nombreux cauchemars répétitifs, qui depuis plusieurs mois perturbaient son sommeil.

Nous avons commencé par faire un soin énergétique, afin de bien être sûrs de rétablir les désordres de désynchronisation énergétique.

Je n'ai pas eu la curiosité de connaître le contenu de ces cauchemars lors du premier rendez-vous, respectant la pudeur de Gérard avec laquelle il avait exprimé cette difficulté.

Puis, lors de sa deuxième visite, il a exprimé le besoin de faire une consultation mission de vie.
Ce qui me semble logique après une remise en état du système énergétique.

Avec son accord, nous avons commencé cette séance, sans évidemment en connaître les aboutissants.
Aurions-nous une réponse à ces terreurs nocturnes ?
Nous n'en doutions absolument pas.

La première vie qu'il me fut permis de visualiser me donna un sentiment de violence.
Nous nous sommes retrouvés sur un champ de bataille. La guerre avait donc frappé cette vie. La pluie s'abattait très fort et l'orage grondait. D'après les informations de cet épisode, c'était à la tombée de la nuit.
Non seulement le bruit des épées mais le tonnerre et les éclairs venaient se mêler à cette bataille, qui me semblait plutôt sanglante.
J'ai tout à coup ressenti un regard, des yeux très clairs et la figure d'un homme où les traces de combats marquaient les expressions de peur et de désespoir.

Je sais très vite lorsque je suis sur la bonne lecture d'âme, tous mes sens se trouvent en éveil.

Cet homme était à terre, et il rampait pour se mettre à l'abri. Son corps blessé était douloureux, son visage revenait de nouveau dans mon visuel, et les traits profonds de celui-ci recouverts de terre pour la seconde fois resurgissaient avec insistance.
Retenant dans une contorsion son envie de hurler sa souffrance, c'était bien là, à cet instant, l'une des incarnations de Gérard que les guides me permettaient de transmettre.

Autour de lui, je voyais de nombreux cadavres, d'autres hommes agonisants, des cris et toujours les grondements du tonnerre…
J'en déduis que la scène se situe sous le déferlement de pluie d'un violent orage.

Je fus en cette fraction de seconde très troublée par le regard de Gérard. Je venais de m'apercevoir de la douleur dans ses yeux qui transformait son attention. Je ne me laissais pas déconcentrer et je retournais dans ma guidance, afin de continuer à passer des informations qui lui étaient destinées.

J'ai ressenti le froid de l'humidité, la boue avec cette sensation d'en être moi-même recouverte. La position difficile dans laquelle le corps de cet homme se trouvait, essayant de se frayer un chemin pour sa survie, marquait cette volonté de vouloir s'en sortir.

Puis soudain, je le vois comme soulevé par une main très puissante, arraché à cette terre collante et glaciale.

Un autre homme, à qui appartient le courage de venir en aide aux rescapés de cette bataille, est habillé différemment de tous les soldats. C'est un prêtre, me semble-t-il.

C'est la première information qui m'est envoyée.

Il porte une tenue de couleur sombre, marron ou grise, très sale, mais j'ai pu distinguer sur son manteau de bure une croix rouge sur l'épaule gauche. Cela m'indique qu'il s'agit d'un templier.
Les traits de visage très prononcés laissent apparaître une détermination et un acharnement pour sauver des vies de cette affreuse situation de tuerie.
Je vois maintenant très clairement cette croix de couleur rouge représentant bien la marque des chevaliers templiers.
L'incarnation de Gérard dans cette vie-là aura gardé dans sa mémoire d'âme la peur de la mort, une volonté de vivre et le besoin à ses côtés d'une présence rassurante et salvatrice.

Une autre image arrive très vite, où Gérard n'est plus cette fois dans un habit de soldat, mais dans des vêtements d'homme en civil sans distinction particulière.
Sa main gauche semble avoir subi les conséquences de cette terrible scène. Il a très certainement été amputé, l'obligeant à ne plus faire partie de cet état de soldat.

À cet instant, je ressens une intense tristesse due à une souffrance de la différence physique.

Ce ressentiment aura ancré l'inégalité et tout ce qui au travers de cette épreuve peut engendrer des notions d'injustice. Sa mémoire d'âme devra expérimenter cette notion de différence dans une vie prochaine afin de l'assimiler.
Une autre blessure, chez cet homme, est un sentiment de solitude qui semble l'affecter profondément. Comme une déchirure, une plaie de l'être, je ressens dans le cœur de cette personne un désarroi du fond de l'âme, puis l'abandon aura gravé sa mémoire.

Un nouvel épisode survient où apparaissent deux visages de gens âgés, peut-être ses parents.
Ces deux personnages semblent avoir été présents jusqu'à sa fin de vie.

Son corps physique a été très endommagé.
Il marche très difficilement et, encore cette fois, je sens cet être et toute la souffrance de son image corporelle. Une fois de plus pour lui, dans sa mémoire d'âme sera gravé l'un des plus complexes des ressentiments, l'échec.

Je n'ai pas pu dire autre chose que cela à Gérard, car le canal pour cette vie s'est interrompu.

Il n'y avait apparemment plus rien à ajouter.

Mais ce fut très riche, il venait d'en apprendre suffisamment sur les blocages de sa vie.

La seconde vie appuyait sur des faits précis, qui lui ont apporté un éclairage sur sa vie professionnelle.

J'ai clairement vu un homme fortuné, un individu qui avait le sens des affaires et qui manipulait beaucoup d'argent.
Cet homme, qui avait été l'une des incarnations de Gérard, lui avait donné des réponses quant à ce besoin de se sentir rassuré par l'argent…
Je ne fournirai pas plus de précisions, celles-ci ne m'ont pas marquée, je resterai donc sur les détails de la première vie pour ce témoignage.

La mission de Gérard s'est avérée être une « mission poétique ».

Lorsque j'ai annoncé cette mission, j'ai de nouveau posé mon regard dans celui de Gérard. Cette fois, ses yeux qui me fixaient me paraissaient plus doux. Je lui ai expliqué que la mission poétique n'est pas forcément d'écrire des poèmes ou bien de s'adonner à ce type de lecture avec passion.

La mission poétique est une mission qui vise à rendre la vie belle. D'apporter l'harmonie tout autour de soi, et de redonner le goût à la vie pour ceux et celles qui souffrent, c'est une mission qui requière la contemplation du tout !
Alors, j'ai posé la question à Gérard : « Gérard, peux-tu me dire si, lorsque tu communiques avec les personnes de ton entourage, certaines d'entre elles apprécient ta douceur, ta gentillesse et te l'expriment avec reconnaissance ? Peut-être vont-elles jusqu'à te verbaliser le bien-être que tu leur apportes ? »
Gérard, avec un sourire, m'a répondu : « Oui, c'est exact, en général on me qualifie de doux, gentil, apaisant et j'ai l'impression sans vouloir me vanter que j'apporte la paix intérieure à toutes ces personnes qui en ont besoin. Je trouve sans savoir comment la phrase et les mots justes qui leur permettent de retrouver le bon côté de la vie. »

Il va sans dire que Gérard était déjà dans sa mission de vie.
Il m'a confié qu'il adorait dessiner la nature et les paysages de campagne, avec ce merveilleux esprit poétique.
Je lui ai quand même expliqué que cette mission était vraiment importante, comme toutes les missions bien sûr.
Mais le but de celle-ci est de montrer que la vie est belle à travers le sourire, le regard et la parole, redonnant ainsi l'espoir en la vie. La vie belle s'inscrit aussi dans la contemplation, par exemple l'expression de l'amour de son prochain et de tout ce qui est vivant.

Prenez le temps d'observer, d'écouter la nature, d'écouter votre environnement loin, d'écouter le silence et d'expliquer aux personnes qui souffrent l'affirmation que la vie est belle au-delà de leur détresse humaine.
Ce n'est pas une mission facile, c'est une mission de chaque instant et Gérard en était très heureux.
Il a compris aussi ce jour-là pourquoi la mort et la pensée de devoir mourir peuvent lui apporter tant de stress. Cette mémoire s'oppose à sa mission de vie.
La solitude et l'injustice face à la différence physique sont des mémoires d'âme à assimiler.

Une lueur d'espoir l'a saisi pour le guérir de sa souffrance lorsque l'orage retentit. Les angoisses qu'il cachait à sa famille depuis si longtemps, et qu'il endurait en silence, allaient enfin trouver une solution grâce à un petit travail sur ces fameuses mémoires.

La priorité pour lui sera de s'affairer rapidement sur cette expérience notifiant le concept d'échec gravé dans sa mémoire d'âme. C'est ce que m'avouera Gérard à la suite de cette découverte. Tout ce qu'il entreprend est toujours marqué par cette souffrance intérieure, de peur de ne pas réussir, amenant son for intérieur en perte de confiance en lui, par peur de la défaite.
Il a pu me confier également qu'au démarrage de sa vie amoureuse, il avait trouvé en sa future femme une personnalité qui le rassurait. Il était certain que quoi qu'il arrive elle serait là, pour lui porter secours et pour combattre sa peur de mourir !
À cette époque, sa compagne faisait des études de médecine, Gérard allait trouver en elle l'image de la sauveuse. Il a longtemps culpabilisé de cette situation. Aujourd'hui, il comprend pourquoi son inconscient avait pris le dessus sur l'amour. Il cherchait inconsciemment une protectrice à ses côtés, et sa future femme allait tenir ce rôle auprès de lui, pour cette vie-ci.

L'appréhension de la douleur physique avait dans son inconscient attiré une compagne capable de le guérir de toutes les blessures possibles.

Gérard, dans tout cela, avait aussi l'explication de sa passion pour l'histoire des croisades et des templiers.
Ces deux vies antérieures lui donnaient tout à coup des éclaircissements et du sens à bien des questionnements. Il mettait en lumière les déblocages et les souffrances intimes de sa vie, qu'il devra très vite éliminer.

Mais c'est l'angoisse de la peur de la mort qui a surtout répondu le plus fortement à Gérard.

Voilà un exemple type de mémoire d'âme qu'il faut absolument résoudre avant la fin de vie, en travaillant sur les liens de cette vie antérieure et en les coupant, sans se préoccuper de l'histoire qui les a générés.

Le plus important est de se débarrasser de ces liens encombrants, afin de ne pas reproduire ce genre de blocages ou de situations, dans la vie ou les vies prochaines…
Gérard comprenait à présent ses cauchemars et il allait mettre en lumière tous ces liens avec ses mémoires d'âme responsables de ceux-ci.
En toute fin de séance, Gérard, un large sourire aux lèvres, me dit : « Mon métier est banquier. »

Encore une belle synchronicité de vie et de choix de réalisation.

> « L'arme la plus puissante qui soit est l'amour
> et c'est l'âme qui la détient. »
>
> Florence Léautaud

# Petite histoire d'âme

*« Le souvenir est le parfum de l'âme. »*
GEORGES SAND

À présent, je vais vous conter l'histoire de l'âme.
Maintenant, à ce stade de votre lecture, vous savez tous que notre corps physique est directement relié à notre âme, l'ensemble des deux sur terre forme une coexistence qui permet à l'être d'exister. L'énergie est la liaison qui établit tout l'écosystème de notre fonction énergétique vitale.

Il est important de comprendre notre nature spirituelle et notre mission de vie que nous pourrions aussi nommer contrat d'âme, pour que cette coexistence puisse s'accorder entre la mémoire de l'âme et le corps physique.
Cette enveloppe corporelle soutient bien évidemment l'âme, afin de pouvoir vivre toutes ces expériences terrestres, et lui permet d'évoluer spirituellement.

C'est une trajectoire finalement bien ordonnée et établie que le retour à la maison. C'est la résurrection dans cet océan de lumière et d'amour qui est l'essence même de notre âme. Elle est aussi l'unité dans l'unité, la monade.
À la mort du corps physique, l'âme éternelle quitte le véhicule pour le grand voyage. Elle a dans ses bagages ou son sac

à dos, comme je le nomme, les mémoires de la vie qu'elle vient d'expérimenter.

À ce moment de la mort, et tout simplement au travers de l'état émotif de ce laps de temps, le cerveau qui occupait le corps physique va jouer un rôle important.
Il a mémorisé toute la vie de la personne, dans son inconscient personnel et dans sa conscience.
Le cerveau et sa mémoire ont dirigé dans cette vie ce que nous pourrions appeler une gestion de transmission finale.
Quelle que soit la manière, ce cerveau a enregistré ces expériences et les connaissances acquises par la résultante de la mémoire physique, en collaboration avec l'ego et le facteur psychoaffectif.
Cela ne peut concerner que la vie qui vient de s'achever.
Le cerveau appartient à la matière, donc au véhicule que l'âme utilise pour son apprentissage terrestre, pour chacune des vies, un cerveau nouveau !
Bien entendu ces mémoires seront analysées par l'âme et l'intelligence cosmique.

Les mémoires surgissent comme le déroulement d'un film de la vie de la personne qui s'éteint.
L'âme enregistre à cet instant particulier les émotions en lien avec toutes ces réminiscences, pour en faire un disque dur en quelque sorte.
Souvenez-vous du sac à dos, voilà les premiers plans qui vont graver les mémoires d'âme.

C'est ce dont notre mémoire d'âme se charge qui va alourdir ou bien alléger notre fameux bagage !

À chaque incarnation, nous gravons dans notre mémoire d'âme toutes les connaissances acquises dans le bonheur, dans l'épreuve,

dans l'amour, dans la douleur aussi. Enfin, de quelque manière qu'elles soient, ces mémoires sont imprimées et vont de vie en vie rester dans le bagage de l'âme et affecteront le subconscient de la personne.
C'est d'ailleurs à ce moment précis, lorsque la mémoire d'âme inscrit en lien avec la mémoire physique (mentale et émotionnelle) les expériences de la vie qui vient de s'achever, que se coupent les liens terrestres physiques de l'âme.

Il n'en reste pas moins des mémoires énergétiques sur terre !
Ce sont des mémoires errantes ou vagabondes, celles que je vous ai citées dans le chapitre précédent.
Lors de tous ces départs, ces mémoires vagabondes, bonnes ou mauvaises, subsistent sur terre.

Cette âme chargée de toutes ces mémoires va de sa propre volonté décider si elle veut se reposer quelque temps, ou recommencer tout de suite, vers une vie nouvelle, et donc vers de nouvelles expérimentations terrestres.
Je pense très franchement qu'il doit être possible pour elles de passer vers des galaxies inconnues ou même de différents horizons d'autres systèmes. Mais cette éventualité peut se réaliser seulement après avoir réussi à assimiler toutes les mémoires nécessaires, et après avoir acquis les expériences existentielles terrestres, pour enfin connaître l'Unité, cet espace de lumière divine.
Je nomme les mémoires d'âme « les petites étincelles de vie » pour cette partie d'écriture, vous allez comprendre pourquoi.

C'est grâce à ces magnifiques petites étincelles que les guides de lumière me permettent de passer les messages que je transmets lors de mes consultations. Nous pourrions les appeler les énergies d'amour divin...

Elles apparaissent rassemblées et forment une sorte d'énorme mur de lumière, comparable visuellement à la Voie lactée. Je nomme cet amas d'informations l'ordinateur cosmique où sont classées les mémoires de toutes les âmes.
Une manifestation de flammèches plus éclatantes les unes que les autres se dégage de cette masse et, dans ce fantastique ensemble, certaines d'entre elles possèdent une clarté particulière.

Quelques secondes se passent avant que se dévoilent les plus pétillantes d'entre elles et qu'elles m'interpellent pour que je vienne les solliciter, pour tout simplement les lire.
Les lectures sont ainsi possibles, puisqu'elles résultent de l'enregistrement de toutes les mémoires.

Revenons au parcours de l'âme après la mort de l'individu qu'elle incarnait.
Une fois le bagage rempli de mémoires, celui-ci peut être aussi lourd que léger, selon la vie accomplie. En arrivant dans le plan d'assimilation, l'âme est prise en charge par des énergies divines qui vont la soutenir et l'aider dans ce tri d'assimilation.
Ce plan est celui où l'âme se retrouve après le passage de la lumière ou du tunnel. C'est le début de l'ascension de l'âme vers les plans supérieurs. Ce n'est pas évident, car c'est le moment où notre âme reçoit avec l'aide de ses guides spirituels l'enseignement divin de tous les actes, attitudes et manifestations de l'apprentissage de la vie qu'elle vient de quitter.
Toutes les actions seront approfondies pour en tirer des conséquences et la compréhension de chacune.
Ce passage important n'est pas un tribunal !
Il n'y a pas de jugement dernier non plus, loin de là !
Les guides sont aux côtés de l'âme pour lui montrer et lui donner le ressenti, si cela est nécessaire, des erreurs commises ayant entraîné

des souffrances de l'âme et de l'être. Les comportements sur autrui sont également analysés.

L'âme va devoir comprendre et digérer en quelque sorte ce qu'elle vient d'expérimenter.
Pour évoquer le ressenti, prenons le cas d'une âme qui aurait accompli au travers de l'humain qu'elle incarnait une histoire vécue et entachée par un meurtre.
Dans cet exemple, le bagage de cette âme est celui d'un meurtrier.

À cette étape de son évolution, les guides lui montreront les souffrances engendrées par un tel acte, ils lui feront comprendre de quelle manière cet être dont elle était l'essence lors de son geste aurait dû se comporter.
Ce n'est pas pour autant le monde des Bisounours !
Certains ressentis de détresse subis par la victime au moment de l'action vont à leur tour être éprouvés par l'âme de ce meurtrier qu'elle incarnait.
Tant que l'âme ne parvient pas à concevoir son attitude néfaste à sa progression vers sa quête de la mission de l'humanité, elle stagne dans ce plan de réminiscence.
Cette mémoire difficile sera classée comme non assimilée, et elle lui sera malheureusement présentée à nouveau dans une vie suivante.
Cela ne veut pas dire que, dans l'une de ses prochaines futures vies, cette âme ne sera pas confrontée à la mort d'une façon criminelle.
Il faudra de toute manière assimiler cette mémoire.
Peut-être que le rôle de la victime, ou de nouveau le personnage assassin, ou bien encore l'acte meurtrier touchera un de ses proches parents. La situation de vie sera choisie en fonction de cette assimilation de mémoire à terminer.

C'est le cheminement de l'âme.

Par contre, je fais une parenthèse sur la notion de l'enfer. C'est une pure invention de l'homme qui nous met dans des peurs et, encore une fois, permet la manipulation humaine.
S'il y a des comptes à rendre, je suis plutôt en accord avec la graine semée qui sera la prochaine récolte d'une vie future.

Une mémoire non assimilée sera présente dans de nombreuses vies, et cela tant que celle-ci ne sera pas parfaitement comprise et intégrée. Une programmation est aussi installée pour les vies à venir. Mais, encore une fois, je n'adhère pas à cette exaction de la punition. L'émotionnel, ne l'oubliez pas, joue un rôle capital lors de l'enregistrement de ces fameuses mémoires. Nos facteurs émotionnels et leurs rôles font partie du mécanisme intelligent des mémoires pour le travail d'ascension de l'âme.
Les énergies angéliques, celles des archanges ou bien des guides sont présentes lors de cet archivage. Ainsi, elles apportent un soutien à l'âme sans jugement, et elles lui montrent également les erreurs commises pendant cette dernière vie terrestre.

Dès lors, l'âme inscrit dans la continuité de sa vie humaine les différentes connaissances avec discernement et sagesse.
Ces mémoires acquises et assimilées seront stockées et utilisables pour des vies futures.

Après cet épisode du voyage de l'âme, celle-ci se trouve sur le plan divin de lumière, la maison, enfin les retrouvailles…
Le plan astral est très vaste, l'âme a la possibilité de choisir le plan qu'elle souhaite ou de prendre une période de repos avant de repartir !

Le temps n'existe pas, il est observé seulement pour nous, les êtres humains incarnés.

C'est aussi pour cela que lorsque vous décédez, vous n'êtes pas sûr d'identifier tous les défunts qui vous ont précédé de très près. Certains ont entrepris de se réincarner très vite, tandis que pour d'autres, ce sera plus long, voire des centaines d'années plus tard.

Certaines âmes seront des gardiens ou deviendront des accompagnatrices guides pour leurs proches pendant un certain temps…
Mais cela, je ne le sais pas, je ne fais que vous transmettre, encore une fois, ce qui est permis de déduire du fonctionnement de ce plan.

C'est l'amour qui nourrit l'âme et la guide pour ces différents plans, toujours entourés de ces magnifiques énergies.
Après ces passages obligatoires par tous, du plan de compréhension jusqu'au plan de préparation de l'incarnation, peut-être existe-t-il d'autres programmes envisageables qui sont proposés.

Il y a, à mon humble avis, d'autres probabilités ou même éventualités qui peuvent être accordées à l'âme, en fonction de son avancement et de ses dernières évolutions.

D'autres plans sont certainement accessibles, probablement à condition que l'expérimentation terrestre en tant qu'être humain soit complètement réalisée.
Sur terre, il y a les différents plans d'expériences, humain, animal et celui des végétaux également.

Revenons à ce plan, où certaines âmes sont en attente. Certaines d'entre elles en recommencement perpétuel vers notre bonne vieille terre en côtoient d'autres, toujours indécises sur leur destinée.
La décision de l'âme se fait sur ce plan, où elle devra définir son intention.

Soit elle retourne vers une existence terrestre, soit elle préfère se poser pour digérer sa dernière vie. Elle peut aussi envisager l'option de prendre part à un travail dans la sphère divine.

Concernant l'engagement spirituel pour aider les humains dans leur quotidien, il va de soi que l'entourage des énergies divines est très puissant.
Une tâche bien caractérisée permettra à l'âme la fonction d'être au service de l'univers. Elle devra mener à bien celle-ci, envers ceux et celles qui sollicitent un soutien depuis la terre.
Dans ce plan, nous retrouvons les âmes guides, les âmes protectrices, attention à ne pas les confondre avec les énergies divines telles que les anges, les archanges et autres divinités…

Ce sont ces âmes des défunts que nous pouvons ressentir proches de nous comme des énergies d'amour, lorsque nous sommes réceptifs à leur présence.
J'attire votre attention à ce sujet sur un point très important : nous ne pouvons converser avec ces âmes. Seulement leur faire part de nos besoins, et la plupart du temps leur demander si ce que nous entreprenons est bon pour nous.
Il n'est pas question de leur parler de leur vie passée, elles n'en ont plus aucune intention.
Le rideau est tiré, ces âmes sont sur un plan différent et n'ont plus accès à leur vie terrestre écoulée. La pièce de théâtre est définitivement terminée.
Par contre, comme vous les sollicitez, elles vous apporteront des réponses par le biais de synchronicités ou tout autre moyen pour vous donner votre message.
C'est encore une fois très subtil.

Mais surtout, ne rentrez pas dans cette croyance de pouvoir parler aux défunts, laissez-les en paix. Les personnes qui prétendent dialoguer avec les défunts sont capables de lire les mémoires depuis les informations énergétiques abandonnées sur terre par l'âme. Cette pratique est délicate et peut apporter des perturbations énergétiques à la personne. La prudence est de rigueur.

Ce que nous nommons les mémoires vagabondes.
Je vous encourage à vous intéresser à notre travail SE&R afin de mieux cerner cette notion de lecture de mémoires. Les explications vous donneront aussi la compréhension de ces communications extrasensorielles.

Si vous reconnaissez votre guide spirituel en ressentant l'énergie d'un défunt, vous pouvez nommer ce guide par son nom ou prénom. Cela dit, si ce n'est pas le cas, il n'y a aucune importance, ni incidence. Tout simplement, votre demande peut se formuler de la manière suivante : « Mon guide, j'envisage l'achat d'une maison. Est-ce bien pour moi ? » Dans ce cas de figure, si cet achat est en accord avec votre chemin de vie, alors vous n'aurez que des réponses positives sous forme de réussite et un déroulement plus que satisfaisant pour l'acquisition de ce bien immobilier.
C'est l'indice d'une concordance entre cet investissement et votre chemin de vie initial.
Par contre, si vous émettez cette demande à votre guide et que des grincements viennent se mettre dans le rouage de votre projet, alors changez de plan. Entamez un nouveau chemin ou attendez un prochain moment, peut-être n'est-ce pas la bonne période.

Les fonctions sur cette figuration de service de l'univers sont diverses. Elles peuvent être aussi identiques à celles de gardien. Ces âmes gardiennes seront très présentes dans le soutien humain lors de grandes souffrances, telles qu'une catastrophe où les personnes sont nombreuses à solliciter l'univers.

Les cas de maladie et tous les appels au secours des êtres humains qui souffrent sur terre seront entendus et soutenus par ces âmes.
Ce plan contient également les âmes d'accueil. Ce sont elles qui reçoivent les âmes arrivantes après le décès de l'individu avant d'entamer l'ascension.
Ce sont ces mêmes âmes que certaines personnes, ayant fait une EMI (expérience de mort imminente), décrivent avoir rencontrées et ressenties tout autour d'elle.
Ce sont aussi ces âmes qui communiquent avec les humains pour apporter des informations relatives à leur vie, à travers les songes par exemple ou autre moyen, mais toujours en liaison d'âme à âme.

Attention, pas de message entendu par vos oreilles, je vous le rappelle.
Le temps n'est pas un élément qui marque des contraintes ou des impératifs, donc l'âme peut décider à tout moment de repartir pour continuer ses expériences terrestres et mettre en place sa future vie.

Elle évolue grâce à ses multiples vies qui lui ouvriront d'autres horizons, qui sait ?
C'est avec l'intelligence divine que ces choix sont établis.

Nous en arrivons au plan de retour, celui de toutes les préparations délicates à ce nouveau voyage.
À cette étape de recommencement, l'âme choisira tous les éléments nécessaires pour expérimenter une nouvelle vie.
Qui dit nouvelle vie dit nouveau véhicule !

Si l'âme choisit de revenir sur terre, la première chose qu'elle va devoir établir sera la sélection des mémoires d'âme. C'est dans ce grand ordinateur cosmique que chaque âme possède sa chambre divine, où tout est bien ordonné afin de faciliter ses possibilités déterminant sa future incarnation.

C'est là que chacune des données est soigneusement consignée.
J'irais même plus loin avec cette notion d'ordinateur cosmique en précisant ce point de vue : chacune de nos pensées influence notre vie terrestre, créant des impacts directs sur nos expérimentations, qui seront enregistrés par ces dernières.

Dès cet instant, les énergies célestes présentes accompagnent l'âme pour organiser la future vie.
Pour certaines, il peut y avoir la sélection d'une mémoire à assimiler, voire deux.
Pour d'autres, que j'appellerais les âmes gourmandes, le sac à dos se remplira de ces mémoires avec une option plus plus !

Vous constaterez que les choix de l'âme sont libres et qu'un bagage trop débordant sera plus lourd, donc une vie particulièrement empreinte de multiples expériences à vivre.

Voilà déjà une réponse pour tous ceux et celles qui se posent cette question d'injustice en comparaison avec d'autres personnes ayant une vie plus facile.
Comme nous n'avons pas tous le même contenu dans notre sac à dos, ce sera en fonction des assimilations et du libre arbitre de chacun lors de cette vie aussi.
Tout dépend de la sélection de l'âme au démarrage.

Prenons l'exemple d'une âme qui incarnait un homme dans une vie avec une prédisposition alcoolique. Ses mémoires auront enregistré toutes les souffrances liées à une incarnation soumise à cette caractéristique.
Durant l'incarnation, l'individu permet à l'âme d'expérimenter cette situation, inscrite dans ses mémoires énergétiques qui lui sont propres, de multiples manifestations subjectives.

Je m'explique : l'âme avec ce bagage lié à la problématique de l'alcool pourra entreprendre diverses manières de continuer son parcours sur le même sujet.
La nouvelle vie du personnage en question ne sera pas forcément rattachée au comportement alcoolique parfois violent, ou bien doté d'un caractère faible.
Malgré un vécu déplorable que peut engendrer ce problème de l'alcool, il se peut que cette âme choisisse un parent porté sur la boisson.
Dans cette hypothèse, le personnage incarné sera témoin ou victime des dégâts occasionnés par ce fléau de l'alcool.
L'âme devra expérimenter ces circonstances, d'une approche différente, avec des expériences toujours enrichissantes pour l'évolution de son existence terrestre.

Dans une autre vie, l'inconscient de cette personne et les stigmates de cette vie d'alcoolique lui donneront une sensibilité particulière à tout ce qui se rapportera à l'alcool.

Pareillement, une autre personne de son entourage touchée par le même phénomène dans sa vie lui offrira la possibilité d'appréhender cette introspection sur l'alcool par ses comportements.
Alors, ces deux individus ne ressentiront pas les mêmes souffrances bien évidemment, et leur rencontre dans cette vie commune ne sera pas le fruit du hasard.
À chacun sa propre histoire, et surtout ses propres mémoires.
L'âme choisit les mémoires qu'elle va mettre dans son sac à dos et organise les actions à mener autour.

Ce sont des points d'expérimentation humaine qui doivent être résolus, assimilés et ainsi classés dans ce grand ordinateur cosmique dans la case ACQUIS.

Expérience en latin *experimentum* signifie « l'essai », donc il est encore possible de refaire un essai dans la vie future et graver différents ressentis avec des charges émotionnelles nombreuses et diverses.

Quelles que soient les problématiques à traiter, l'argent, l'amour, la confiance en soi, les peurs, etc., ces mémoires une fois définies pour repartir seront fondamentales pour le vécu de sa vie terrestre.
Une fois cette étape déterminée, l'âme va commencer à planifier le scénario de la pièce de théâtre qui se jouera lors de sa vie prochaine.
Elle va établir le décor, les accessoires et les acteurs.
Tout se déroule en collaboration avec l'énergie de l'ange gardien, et toutes les énergies divines toujours à ses côtés.
C'est avec la présence de l'intelligence divine que tout s'organise telle une trame.

L'âme choisira le sexe de l'individu qu'elle voudra incorporer, puis entre en scène la représentation physique grâce à l'ADN des parents.
C'est à ce moment qu'elle sélectionnera les parents, principaux acteurs du démarrage sur cette bonne vieille terre. Ces parents, qui, avant même d'avoir eu le désir d'enfant pour certains, sont déjà sélectionnés par une âme qui prendra place à leurs côtés pour de nouvelles expériences en leur compagnie !
Ce sont les choix de ces derniers, avec tellement de mémoires, qui détermineront l'identité physique.
Eh oui, lorsque je dis cela à certaines personnes, leurs yeux sortent de leurs orbites, et elles me demandent si je suis certaine de ce que j'avance. Ce sont souvent des gens qui ne sont pas en très bons termes avec l'un de leurs parents, et parfois avec les deux.
Mais vous allez comprendre.
Une fois les parents choisis, associés à la prochaine incarnation, se met en place l'histoire de la vie. Toutes les mémoires épigénétiques,

qui vont découler de cette union définie selon tous ces critères, vont façonner le véhicule qui recevra cette âme.

Ces critères de choix de départ détermineront la couleur des yeux, de peau, de cheveux, mais aussi la mémoire des cellules et l'énergie vitale. Le lieu de vie des parents influence cette mémoire, mais aussi entrent en considération des expériences selon les religions, les conditions climatiques, les conditions sociales, etc. Je vous ai déjà décrit ce processus de mémoires auparavant.
Incroyables mémoires qui seront utiles pour vivre les nouvelles expériences de cette âme qui retourne sur terre, ne l'oublions pas pour continuer son chemin vers sa mission de vie et celle qui est commune à tous, aussi.
Les mémoires familiales sont celles appartenant également à la constellation familiale. Elles participent à la formation de la toile de vie tissée par la sélection de l'âme.

Puis l'âme va désigner sa date de naissance, jusqu'à choisir son prénom qui sera insufflé aux parents.

J'aime raconter ma propre histoire quand mon fils est né.
Juste après son arrivée, et les premiers soins donnés par les infirmières, mon bébé dans les bras, son papa me regarde et me dit : « Au fait, te souviens-tu du prénom que nous avions choisi ? »
Eh bien, non. Ni l'un ni l'autre ne nous souvenions des prénoms sélectionnés avant sa naissance.
Puis ce dernier me propose Benjamin, sans même savoir d'où lui venait cette idée.
C'est ainsi que notre fils nous a fait passer le message en choisissant son propre prénom insufflé à l'insu de son papa.
Bien d'autres cas similaires m'ont été rapportés, où l'on retrouve le changement de prénom au dernier moment.

L'âme détermine également le jour de l'arrivée du bébé.
Le choix de la date de naissance permet de trouver l'énergie angélique qui accompagnera l'âme tout au long de sa vie terrestre, et bien au-delà, puisque cette énergie angélique ne repassera le flambeau à la future énergie angélique qu'au moment de la prochaine incarnation de l'âme.
Cette date de naissance génère une influence énergétique spécifique pour l'écosystème énergétique de la personne incarnée dans sa vie à venir.
Le choix du jour correspond à un ensemble d'informations sur lequel sera précisément attribué un ange de naissance. Il reprend le flambeau en quelque sorte, afin d'accompagner et de protéger l'âme incarnée dans sa nouvelle vie. L'ange gardien, comme nous le nommons, est ainsi à nos côtés et le reste même au moment du passage, c'est-à-dire de la mort physique, et tout au long du voyage. Il est constamment en présence, en toute discrétion, et vous laissera toujours le libre arbitre. Si vous ne le sollicitez pas, il restera dans la partie spirituelle de votre être sans se manifester.

Ces éléments sont importants, et ils définissent un grand nombre de principes vitaux, comme des traits de caractère bien ciblés par l'âme au démarrage à des fins de construction de l'être. Vous le savez à présent, ces traits de caractère seront des composantes indispensables aux expériences à mener sur terre, pour ainsi devenir les outils soutenant l'être et l'âme dans l'analyse des mémoires à assimiler.

Je m'autorise habituellement avec les personnes qui me consultent, et avec la plus grande sagesse, à leur faire part de certains traits de leur caractère. Je suis toujours impressionnée, tant les détails sont souvent en accord avec des précisions démonstratives et parfois même plutôt fidèles.

Je n'ai jamais rencontré ces gens auparavant, mais je peux grâce à cette date de naissance les éveiller sur quelques-unes de leurs particularités de comportement. Ce qu'il leur est indispensable de comprendre à ce sujet, parce que c'est l'âme qui a opté elle-même pour ces compositions ou choix de tous ces points-là !

Ce n'est pas l'ego qui, au fil des années, a donné ces principales aptitudes à votre personnalité.
C'est votre âme qui les a choisies, elles sont importantes pour l'expérience que vous avez à mener dans cette vie sur terre.
Et ainsi, l'ego se construit. Entre autres.

Pour tous ceux qui s'intéressent à la science de l'astrologie ou de la numérologie, d'autres outils peuvent ainsi être mis en lumière afin d'éclaircir vos choix de vie.

Si nous nous penchons sur la numérologie, cette science ne s'occupe pas de mathématiques, mais de l'essence des chiffres.
En numérologie, le nombre qui correspond à votre date de naissance concorde avec une puissance divine qui est reliée, quant à elle, à l'énergie d'un ange gardien.

*« Le nombre est l'essence de toutes choses. »*

PYTHAGORE

La mission de vie de l'âme vient en dernier choix. Cette mission que chacun d'entre nous recherche, et pour cause, vous l'aurez bien compris, est reliée à notre bonheur existentiel dans cette vie avec et grâce au véhicule que nous incarnons. Elle est le moteur de notre joie de vivre et la substance de la réussite de l'ascension de notre âme.

Toute cette planification bien définie, le départ vers le grand toboggan de la vie terrestre est vertigineusement avancé.
Je parle de départ dans ce sens et de retour dans l'autre, lorsque nous retournons vers la voie céleste, notre jardin divin.

L'amour est maître dans la progression de l'âme.
L'amour est le remède de l'âme.

Une fois toute cette mise en scène réalisée, l'âme peut commencer à jouer son rôle dans cette pièce de théâtre, où tout est organisé et sélectionné.
Mais vous aurez continuellement votre libre arbitre, cette notion est importante à conserver, car elle vous met ainsi responsable de votre vie, et non dans ce sentiment de victime.
Il est toujours temps de modifier le scénario, et vous en êtes capable. Vous êtes à chaque instant de votre histoire l'auteur de votre propre scénario. Tous les chemins de vie entrepris dépendent de vos choix. Les expériences en concordance avec ces derniers seront gravées dans votre mémoire vive, afin de déterminer et d'apporter les informations au moment de la mort pour vos prochaines mémoires d'âme enregistrées.

Mais pour que vous compreniez bien le cheminement de l'âme, laissez-moi vous décrire une nouvelle consultation.

## LA CONSULTATION DE SYLVIE

Sylvie est une personne perdue, prisonnière d'un contexte difficile qu'elle vit depuis plusieurs années dans son milieu familial.
Elle se sentait très seule face à une situation à une certaine époque de sa vie et ne trouvait aucune issue. Elle avait coupé les liens avec sa famille après un héritage compliqué.

Depuis, Sylvie rejette complètement sa mère. Déjà très jeune, la relation était douloureuse. Chaque fois que son frère l'implore de se réconcilier avec leur maman, elle a le sentiment de subir une torture morale.
Bien entendu, Sylvie ne m'a pas donné ces renseignements avant notre entrevue.
Je requiers chaque fois le silence, et je ne sollicite aucune information concernant la vie de mes consultants.
Cela pourrait influencer le choix de la vie antérieure, et m'amener directement sur la problématique.
Comme nous sommes sur une demande de mission de vie, et non sur une lecture d'âme, je me laisse guider.

Je commence donc ma consultation en demandant à nos énergies de guidance respectives de bien vouloir nous indiquer quelle mission de vie Sylvie doit accomplir pendant cette vie présente.
Et sans tarder, l'une des vies antérieures de Sylvie se profile.

Je me retrouve dans un endroit sombre, enfumé et bruyant, des rires de voix féminines prédominent. La musique se mêle aux cris joyeux de ces femmes mélangés à ceux d'hommes.
Je commence à percevoir le lieu, ce doit être une taverne où je distingue tout particulièrement une femme.

Celle-ci s'exprime très fort, presque exagérément. Puis le ressenti s'accroît pour me donner l'information : ce personnage est capital pour Sylvie à ce moment-là. Elle est assise sur les genoux d'un individu, et sa tenue vestimentaire laisse deviner qu'il s'agit d'une prostituée.
Elle est très fardée, son visage est rougeâtre et ses lèvres sont recouvertes plutôt grossièrement.

J'ai le sentiment que les détails ont une importance dans ce passage démonstratif que Sylvie doit entendre.
Pourtant, je n'arrive pas à lui dire qu'il s'agit de son incarnation, je n'ai pas encore la confirmation.
La musique semble avoir un rôle, particulièrement le piano.

Voilà ce que je commence à annoncer à Sylvie, qui reste stoïque.
Puis quelques secondes s'écoulent, une image de petite fille apparaît.
Cette enfant est prostrée dans un recoin, l'endroit est sombre et sordide…
Surtout, il me faut demeurer concentrée et sans jugement, j'attends la suite des événements.

Les émotions qui transpercent à présent mon être, et dont l'univers m'informe, sont les sensations de cette femme qui vit cette situation dans une détresse affective invraisemblable.
Je ressens la souffrance de cette prostituée et la culpabilité ancrée profondément dans ses tripes.
Ma gorge se serre, un instant passe et, de nouveau, le visage inquiet de la petite fille revient.
Elle semble être l'enfant de cette femme désinvolte, qu'elle ne quitte pas des yeux.
C'est maintenant une perception d'émotions de colère, puis d'injustice d'une intense tristesse que me transmet ce regard.
Puis un regard très froid, insistant et pénétrant sur le visage de cette mère.
L'abandon et le sentiment de dégoût de soi marquent cette mémoire d'âme.
Toujours sans jugement, j'accueille les informations qui correspondent à la situation de cette prostituée dans la vie antérieure de Sylvie. C'est maintenant très clair, le personnage de cette scène de vie est l'incarnation de Sylvie.

Je continue de lui transmettre dans le plus strict respect humaniste possible. Je ne me permets aucune introspection, et ne fais qu'accueillir et donner les informations nécessaires à son évolution. Celles qui me sont transmises par la guidance.

Je tiens vraiment à cette réception avec sagesse.

Il n'est pas concevable pour moi de m'introduire sans autorisation dans la vie antérieure d'une personne et de faire selon mes désirs ou sans la demande de l'être concerné.

Ce serait très dangereux et sûrement pas nécessaire de se retrouver ainsi dans une de ces nombreuses expériences.

Cette vie douloureuse, par exemple, impactée par tant de souffrances, pourrait replacer cette personne dans cette situation avec tout son lot émotionnel et avoir des conséquences déplorables et déséquilibrantes.

Ce n'est pas pour rien que nous arrivons sur terre avec ce fameux voile, qui ne nous permet pas de nous souvenir de ces multiples vies antérieures.

Je jette un regard sur Sylvie et commence à voir grandir sur son visage l'expression d'une émotion, entraînant progressivement des larmes. Mais elle reste très calme.

Je tente de la rassurer. Avec douceur, elle me lance : « C'est mon histoire, ou plutôt celle de ma maman. J'ai vécu cette situation en tant qu'enfant de prostituée. À l'âge adulte, j'ai décidé de couper les ponts avec cette mère dont j'avais tellement honte. Je ne pouvais plus la supporter, ni même la regarder. Aujourd'hui, mon frère ne cesse de me harceler pour que je l'excuse. Je n'arrive pas à lui pardonner, et cette dernière se trouve à l'heure actuelle au plus mal. Elle est hospitalisée et je ne parviens pas à lui parler. Ses heures sont comptées. »

Après un temps de silence et de réflexion, elle reprend : « Je comprends maintenant et je remercie l'univers, merci. »

Ce fut très clair pour elle, et quelques semaines plus tard, Sylvie me téléphonait pour m'annoncer que sa maman était décédée et qu'elles avaient pu se dire au revoir !
Elle était maintenant sur le chemin du pardon et voyait enfin la vie différemment.
Pour Sylvie, le jugement de son prochain ne sera plus jamais le même.

Je ne sais comment remercier l'univers qui me permet de vivre de telles expériences, toutes plus belles les unes que les autres et avec tant de simplicité et de candeur. Merci pour cette magnifique mission qui accorde à tant de personnes, comme Sylvie, de guérir et de comprendre, mais aussi pour tout l'amour qui en découle.

Connaître ses mémoires d'âme pour gérer les traumatismes liés aux vies antérieures offre une libération émotionnelle.
Cette libération amène plus rapidement notre retour au bien-être.

Plusieurs points sont libérateurs lors de ces rendez-vous avec nos mémoires, comme celui de s'affranchir de la peur de la mort, par exemple.
Cela facilite également le processus du deuil.
Devenir acteur de sa vie et ne pas être victime pour nos prochaines vies est un des principes majeurs que nous devons inscrire lors de ces expériences de rencontre avec notre âme.

Ces informations de mémoire clarifient et permettent de recevoir des conseils sur les difficultés existentielles.
Que ce soit dans le milieu professionnel, dans la vie amoureuse ou dans nos relations, cette prise de conscience est un véritable cadeau.

Elles offrent aussi la compréhension et la logique avec laquelle nous fonctionnons dans cette vie présente.
Les sentiments profonds dont nous ignorons la source et le pourquoi du comment sont ainsi appréhendés.

Ce profit accorde aussi cet avancement formidable de ces expériences terrestre, favorisant le pardon de soi et des autres. Comme nous l'avons observé avec Sylvie, le non-jugement.
Qui peut se permettre de juger son prochain ? Qu'avons-nous vécu dans les vies passées ? Peut-être qu'en portant un jugement sur un sujet précis, inconsciemment, il se pourrait que notre mémoire d'âme en soit impactée. Vous voyez comment d'un seul coup nous sommes capables d'imaginer la vie différemment à présent !
Un autre point qui se façonne assez subtilement, ô combien capital, est le lien des stigmates aux souffrances physiques d'une vie présente en relation directe avec des vies antérieures !
Approfondir ces corrélations sert à distinguer certains problèmes de santé. Les appréhender aide à en comprendre parfois les origines et ainsi favoriser le retour vers un mieux-être.

Voilà les sujets principaux qui peuvent devenir de véritables outils pour l'évolution de chaque personne prête à entendre les messages de l'univers et la mission de vie.

## MESSAGE

Si tu avances
Alors tu trouveras,
À la croisée des chemins,
Le moyen de libérer ton âme.
Fais un pas et attends,
Fais un deuxième pas, puis ressens,
Enfin fais un troisième pas et aime.

C'est dans cette énergie d'amour
Que tu trouveras la lanterne qui illumine ton bon chemin.

Au sommet de l'arbre aux contrastes de couleurs
lorsque ton regard s'abandonnera,
Dans cette immensité de beauté de nature.
Alors tu sauras que c'est aussi dans la contemplation de ton être
Que tu trouveras la réponse enfouie en toi !
La vie est une multitude de croisées de chemins
Où le choix n'appartient qu'à celui qui voit.

# Rencontre de nos vies antérieures

*« Toute mort est un mystère*
*parce que toute vie est un mystère. »*
Jean d'Ormesson

Que se passe-t-il lorsque nous rentrons en connexion avec l'une de vos vies antérieures ?
Les explications suivantes sont évidemment le fruit de ma pratique lors de mes consultations ; mission de vie, lecture d'âme ou encore lecture de liens existentiels.
Quelle que soit la demande des personnes, j'adapte ma connexion en fonction des attentes de chacun.

Le fait de rencontrer et d'établir un contact avec les guides spirituels (ou anges gardiens) me permet donc d'aller à l'essentiel, ou plutôt au cœur des sujets les plus importants de vies antérieures.

Tout d'abord, je tiens à préciser que lorsque j'établis le contact avec l'un ou plusieurs de vos guides, j'obtiens toujours la vie ou les vies les plus déterminantes qui me seront confiées pour clarifier les interrogations ou les blocages du moment.
Je reçois surtout les expérimentations de vie les plus justes, en relation avec la vie présente.

Ce n'est jamais un hasard si à chaque consultation, les personnes se reconnaissent à la première minute...
Je n'ai pas le choix, je demande simplement les vies antérieures les plus importantes. En quelque sorte, ces vies me sont transmises ou plutôt imposées par les énergies de guides spirituels de l'être concerné.
À aucun moment, je ne me permets d'aller fouiner dans la vie antérieure qui m'est exposée.
Je me laisse guider dans le respect du canal, des guides et de la personne qui se trouve en face de moi.

Ainsi, je n'ai jamais eu de débordement émotionnel difficile à gérer. Au contraire, nous bénéficions d'une belle complicité. Le but étant pour la personne de trouver et d'entreprendre un travail personnel sur son chemin de guérison, quel qu'il soit.
Plusieurs personnes m'ont indiqué, même bien des années plus tard, que, grâce à ces informations, elles ont pu faire face à une problématique soudaine dans leur vie présente en faisant simplement un rapprochement de situation. Elles ont toute de suite fait le lien entre le questionnement actuel et la concordance de l'information reçue lors de la consultation.
Voilà pourquoi je dis lorsque vous décidez de connaître votre mission de vie : « Soyez prêt à entendre ce que les guides ont à vous communiquer ! »
Que ce soit à travers l'expérience que vous avez vécue lors d'une de vos vies antérieures ou simplement un message que les guides ont envie que vous saisissiez ! Une bride de vie ou une image est parfois suffisante pour éclairer la lanterne.
Des situations stagnantes qui vous empêchent d'avancer peuvent ainsi trouver la clé ou les clés qui permettront à la personne de se libérer.
Il peut s'agir de blocages qui perdurent depuis plusieurs vies... et malheureusement cet être qui, n'en ayant pas encore pris conscience, traîne ce problème depuis la nuit des temps.

Ces gens reviennent avec le même bagage, qui encombrera à nouveau leur vie présente ne sachant pas donner d'explications à ces différents obstacles.

C'est le pourcentage de l'inconscient qui est le plus important dans la partie enfouie de l'iceberg que nous représentons.

Je cite cet exemple déjà connu, car effectivement un iceberg possède une partie visible bien plus petite que celle enfouie sous l'eau.

C'est un peu comme si vous aviez au fil des vies mis dans votre sac à dos de nombreuses expériences.

Comme dans un ordinateur, les données sont classées et ressortiront dans vos futures vies selon les besoins requis à cet enseignement nouveau, l'âme devra alors expérimenter.

Comme une roue sans terminaison, celle-là même dont parle Platon, égale au recommencement sans fin jusqu'à ce que vous puissiez trouver le moyen de travailler sur la problématique, et vous en débarrassez définitivement.

Ainsi, nous avançons vers le but de notre mission.

C'est la tâche de l'expression de la pureté de l'être, venu expérimenter une succession de vies… Notre essence continue de vie en vie à construire et à perfectionner les expériences vers ce but de la mission universelle.

C'est sur le mur de lumière que se présentent les éclairages de vie qui, après leur lecture, offrent une explication et même des solutions pour la vie présente.

Comme dans les chapitres précédents, je vous propose quelques consultations.

## LA CONSULTATION DE NADÈGE

Je reçois Nadège dans mon cabinet pour la première fois, elle me semble être une personne d'une grande douceur et d'un calme absolu.

Je ne m'attendais absolument pas à devoir lui donner des informations très difficiles et à lui transmettre des descriptions de son comportement d'une incarnation durant laquelle elle avait expérimenté une telle vie de dominante.

Je vois cette femme dans une de ses vies antérieures, dans le rôle d'une véritable tortionnaire, une femme envahie par une agressivité verbale et physique qui dirige sa famille à la baguette. Je perçois des êtres autour d'elle sous son emprise autoritaire.
C'était bien au-delà du despotique personnage que les ressentis continuaient à des degrés plus au moins forts à me parvenir. La colère prédominait et je me trouvais dans une espèce de tourbillon de violence.

J'ai même dû lui dire qu'elle avait été une tornade de douleur pour ses proches. L'amour avait été totalement absent de cette vie de souffrance, de domination et de soif de pouvoir.

La mort de l'un de ses enfants, dans cette vie antérieure, certainement après un mauvais coup, restera gravé dans sa mémoire d'âme avec une très grosse souffrance renforcée par une forte culpabilité.
Cette femme a causé la mort de son petit en le maltraitant.
Pas plus de détails heureusement !

Le personnage féminin qui m'est présenté se révèle avec un embonpoint certain, de taille moyenne, un corps musclé, fort et très masculin.

L'âme de la femme frêle devant moi n'a visiblement pas dupliqué son enveloppe terrestre pour cette vie !
Je transmets la description de ce personnage qu'elle avait incarné, et avant même que j'en termine le portrait, Nadège avec un regard

nouveau me lance : « Je comprends pourquoi j'ai tout le temps peur de grossir ! Je suis une inconditionnelle des régimes, dès que ma balance m'indique la moindre prise de poids, c'est l'enfer ! »
Pas une seule révélation concernant des détails plus douloureux sur l'enfant.
Je ne me permets pas d'intervenir et laisse Nadège parler.
Pourtant, avec un timbre de voix modifié, elle s'était exprimée sur ce sujet avec une note légèrement autoritaire.

La phrase que je lui ai transmise en fin de réception de cette vie antérieure fut celle-ci :
« Pourquoi tant de colère dans le fond des yeux, alors que ce miroir de l'âme laisse entrevoir le langage de la douceur ? »

Je n'ai pas compris le sens de cette phrase jusqu'à ce que Nadège parvienne enfin à me donner un éclaircissement.
Elle était restée à me regarder sans un mot.

La bouche entrouverte, elle n'arrivait plus à me dire quoi que ce soit.
Elle a commencé par sortir un mouchoir de sa poche et, après un petit moment de silence, la larme à l'œil, elle m'a dit : « J'ai honte. »

Nadège reprend la parole avec une voix tremblante et débordante d'émotion.
« Je suis de nouveau la personne de cette vie-là. Je n'ai pas d'enfant à mon grand désespoir, mais je comprends maintenant pourquoi. Je bats mon mari, je maltraite mes collègues et même mon chien est victime de ma colère. Hervé est comme mon esclave à la maison, et j'en suis profondément accablée. Ma mère aussi subit mes colères, elle en a souffert durant toute mon enfance. »
Nadège pleure à présent et elle répète son profond désarroi.

Le regard de Nadège apparaissait très triste, comme si je venais de lever un voile de vérité sur son aspect de douceur qui lui servait de masque, ou plutôt de refuge. Ses yeux dans les miens m'appelaient au secours.
Je dois rester absolument neutre et impartiale face à ce genre de situation.
Nadège prenait conscience qu'il était urgent de sortir de sa tanière, et de débarrasser son être de cette souffrance, dont elle ne connaissait pas l'origine jusqu'à aujourd'hui.

Elle aura eu des réponses lors de notre entretien, comme toujours les portes de la guérison s'ouvrent à ce moment-là.
Avec cette dynamique de guérison, elle allait libérer sa famille aussi et tous les gens de son entourage !
Les points les plus douloureux et importants de son existence actuelle étaient ainsi mis en lumière.
Et c'est là que réside toute la beauté de ces connexions.
Le langage de l'âme est un mystère, et, grâce à la guidance de l'univers, les principaux états émotionnels mis en lumière pour Nadège vont l'aider à guérir.
Ainsi, elle pourra poursuivre son chemin dans l'espoir d'une réconciliation de son être.
Voilà certainement le but de ces connexions : retrouver la paix de l'être et l'harmonie de vie pour continuer l'expérience de cette vie présente.

Bien entendu, ne croyez pas que c'est un hasard.
Non, tout ce qui ressort lors de cette entrevue sert à vous remettre sur votre chemin et à aller vers la mission de vie que vous avez choisi d'accomplir lors de votre nouvelle incarnation sur notre terre.
C'est un travail d'assimilation de mémoires aussi.

Ces mémoires, je vous le rappelle, sont des expériences enregistrées venant de nos vies antérieures.

Les blocages, quels qu'ils soient, sont sources d'épreuves et d'obstacles qui peuvent inhiber la découverte du chemin de vie.

Je demande systématiquement lors de ces rendez-vous si les personnes sont bien d'accord pour entendre ces lectures de vies antérieures avant de commencer l'entretien. Je propose à chacun de prendre des notes sur ce que les guides vont leur apporter ou, je dirais plutôt, leur offrir. Parfois, la surprise de l'écriture guidée survient.
Oui, il s'agit là d'un véritable cadeau !

Ces notes contenant les informations des mémoires à assimiler, venant de leurs diverses vies antérieures, seront précieuses pour leur nettoyage émotionnel à venir.

Ce passage de renseignements est salvateur pour la personne.

C'est avec tellement de reconnaissance que je suis à ce moment-là dans ma « mission de passeur d'informations » avec amour.

De toutes les manières, nous sommes tous passés par des vécus hétéroclites et nombreux. C'est pourquoi il est très important de ne pas rester dans le jugement, quelle que soit la vie que nous venons d'effectuer, ou plutôt expérimenter.

Ces existences si disparates sont nécessaires à l'évolution de notre âme… Ce sont de multiples expériences que nous acquérons sur cette bonne vieille école que représente la terre.

Je prends l'exemple d'une incarnation d'âme dans le corps d'une femme. Il est fort possible que cette femme ait eu divers vécus tels que : une vie de mère, de veuve, de femme célibataire, de prostituée même, de femme fortunée, de femme battue, de princesse, de pauvrette, de maîtresse, de nonne, etc.
Bien entendu, si dans tous ces rôles bien différents des mémoires à assimiler perdurent, il faut comprendre que c'est lors du choix de l'âme, lorsqu'elle remplit le sac à dos, qu'est déterminée cette vie future avec ce rôle précisément. Par contre, la personne sera confrontée à l'attitude de ces personnages par la vie passée impliquée et par l'empreinte occasionnée sur leurs mémoires d'âme.
Les concordances de mémoires d'âme des vies antérieures et des rôles établis forment une incidence existentielle.
Puis, il y a cette possibilité de l'âme qui n'a pas réussi sa vie en tant que femme singulièrement obsédée par le corps de l'homme. Il y a de nombreuses raisons à cela : sa beauté physique, sa virilité, sa force ou ses privilèges selon certaines époques, et tellement d'autres encore. Mais l'âme peut être fascinée par la représentation masculine, à tel point que c'est au moment du choix du sexe que l'âme prendra une décision, selon ce principe.
Dans ce cas, lors de sa prochaine incarnation, cette âme choisira sûrement de s'incarner dans une vie d'homme…

Elle connaîtra donc, aussi, divers cheminements, toujours dans l'apprentissage et dans le but de faire grandir ses expériences, cette fois dans le masculin. Elles seront diverses également : soldat, homme fortuné, vie de père, de célibataire, d'ermite, de prince, de don Juan, de solitaire, curé, etc., et vice versa pour l'homme attiré et subjugué par le corps féminin.

Les vies antérieures ne sont pas toujours celles que l'on espère, à l'image de princesses ou de princes, de prêtresses, ou encore de chevaliers…

C'est selon la progression de notre âme que les choix s'établissent ! Au cours de son ascension céleste, l'âme se verra contrainte par le destin de s'incarner et d'assumer l'existence en lien avec ses vies passées.
Son degré déjà atteint vers la pureté aura une incidence sur son évolution.
Les très vieilles âmes, et les jeunes âmes aussi, devront, quel que soit leur niveau, endosser des rôles de : dirigeant, misérable, philosophe, cultivateur, prince, artiste, vagabond, et ainsi de suite...
Toutes ces connaissances doivent être établies afin que l'âme continue son ascension.

J'aimerais revenir sur la notion de vieille âme dont certains se qualifient avec grande fierté.
Permettez-moi d'appeler cela un détail, car l'âme peut redoubler, comme cela arrive à l'école lorsque nous redoublons de classe, et cela autant de fois que nécessaire en fonction de l'assimilation d'une mémoire.

Comme à l'école, certains feront du sur-place en redoublant jusqu'à ce que son apprentissage soit correct.
Donc, l'âge de l'âme n'est rien.
Il n'y a pas de dominance entre les âmes.

Ce n'est pas parce qu'il s'agit d'une vieille âme que les rôles dans la vie sont socialement ou spirituellement plus importants.

Comme je vous l'ai déjà évoqué, lorsque l'âme est délivrée de son aspect physique, de son corps incarné, elle va, selon ses expériences, ses mérites, ses actions de destinée, qui ont contribué à la faire grandir, accéder à une partie de l'univers où tout cela lui sera expliqué.

Ces explications venant des énergies divines permettent à l'âme d'appréhender les épreuves, les choix, les comportements parfois vécus douloureusement pour l'être incarné, mais aussi pour son entourage !
Elle sera peut-être éclairée par les guides de lumière.
C'est le plan de la compréhension !

L'âme assumera ses responsabilités et les conséquences de ses actes de cette existence accomplie. Ainsi, elle inscrira dans sa mémoire d'âme les faits et l'essentiel à la réalisation de sa mission pour l'humanité.
Son ascension et les blocages qui sont en lien avec cette dernière vie achevée dépendent de la manière dont l'âme accepte de recevoir les leçons tirées de cette même vie.

Les expériences retrouvées dans des lectures de vies antérieures apportent des informations capitales.
Voici deux exemples de personnes, à qui le fait d'avoir pris connaissance de leurs points de résistance leur aura permis de régler certainement des stagnations ou restrictions inscrites dans l'inconscient, voire des programmations.

## LA CONSULTATION DE PAOLA

Cette jeune femme est venue pour connaître sa mission de vie : en recherche depuis plusieurs années de ce qu'elle doit entreprendre malgré une forte attirance pour les médecines alternatives, elle doute de la direction qu'elle est en train de prendre, et elle se disperse en effectuant une multitude de formations…

Je commence donc ma consultation, comme toujours, avec amour et respect de la personne, ainsi que des guides.

La guidance me montre une première vie de femme soumise, sensible, empreinte de solitude, de manque de confiance dû à un partenaire de vie très cruel...
Je ressens une présence puissante à ses côtés, une domination masculine dans la mouvance de cette première vie. Paola aura gravé une soif de liberté et d'indépendance, en conséquence de la soumission prononcée négativement de cette vie passée.

La seconde est plus terrifiante.
Beaucoup de couleurs très sombres me parvenaient, des images d'une époque, où, semble-t-il, régnait le trouble. L'incarnation de Paola représentait un homme plutôt jeune, sous les ordres d'un maître enchanteur pratiquant la sorcellerie.
Sous l'emprise de ce personnage puissant, qui ne lui laissait pas le choix, cet homme qu'incarnait Paola pratiquait des rituels et de terribles offrandes, au nom de je ne sais quelles croyances.
À cette époque, le sacrifice était apparemment d'usage.
Les indices de cette vie révèlent un lieu se situant en Amérique du Sud.
Les principales victimes de ces scènes pour le moins douloureuses à commenter pour moi étaient des enfants.
Je vivais lors de ce canal des souffrances indescriptibles. Je continuais à transmettre, et je saisissais combien cet homme souffrait et culpabilisait de devoir par obligation envers son maître malfaisant tuer tous ces petits êtres sans défense.
Les ordres tyranniques d'un gourou manipulateur et sanguinaire à l'extrême anéantissaient cette incarnation de Paola.
C'était un déchirement venu de ses propres entrailles que je ressentais !
Puis, les images se sont arrêtées, l'homme a réapparu avec un visage meurtri, la peur et la rage au ventre.
Je ressens sa culpabilité, son dégoût d'une manière douloureuse d'avoir tué autant d'enfants.

Ces moments toujours délicats, mais ô combien libérateurs, sont accompagnés par la guidance divine de Paola.
Ces énergies de guides veillent à ne pas apporter les informations qui peuvent affecter trop fortement la personne.
Les mots sortis sont dits avec tempérance et subtilité, nous percevons très fort leur présence, et ces énergies d'amour nous entourent chaque seconde. Mais le message doit être entendu, sans laisser la peur envahir et prendre place dans l'esprit de la personne.

Les larmes silencieuses de Paola se mêlaient aux miennes dans la douceur, nous permettant d'évacuer les émotions ressenties au cours de ce douloureux épisode.
Ce jour-là, j'avais avec moi un traducteur, car je ne parle pas la langue de Paola. Ce dernier a accompagné nos états émotionnels.
Ce fut très attendrissant, car en même temps que je passais les informations et les maîtrisais dans mon corps physique, Paola aussi les vivait, et ce fut très touchant.
Paola a donc pris conscience de ce qui bloquait sa vie, et a décidé de reprendre tout cela en main.

Elle a découvert la problématique de sa dépendance affective avec ses enfants, et l'angoisse qui la taraudait sans cesse de perdre l'un d'eux…
Sa persuasion obsessionnelle de la peur de voir mourir sa progéniture, si elle ne les protégeait pas, n'avait plus lieu d'être. Cette angoisse venait d'être mise en lumière !
C'est un point important pour elle qui jamais ne laisse ses enfants seuls et sans surveillance. Mettre ses enfants à l'école pour cette maman est synonyme d'un grave danger.
Paola a pris la décision de ne plus être sous l'emprise de ces émotions, n'ayant plus de légitimité dans cette vie actuelle.

Cela dit, quoi qu'il s'agisse de faire pour supprimer ces mémoires encombrantes, je préconise toujours de donner ce phrasé au moment du travail de nettoyage : « Il n'y a aucune raison que je souffre aujourd'hui de ce problème récurrent, qui n'est plus le mien dans cette vie. Je demande à mes guides (je peux les citer si j'ai leur nom) de bien vouloir me débarrasser de ces émotions et de tous les éléments perturbants l'expérience de ma vie présente, qui sont en lien avec mes vies antérieures ; ainsi, je coupe toutes les programmations négatives pour moi. »

Paola a également découvert les blocages de son histoire amoureuse lors de cette consultation.
Le pouvoir et l'incompréhension de sa méfiance étaient liés à la soumission dans l'une de ces vies à un partenaire, compagnon ou mari, avec lequel elle avait subi dans son rôle de femme des maltraitances et la privation de sa liberté.
Elle avait, dans plusieurs vies, enduré les mêmes souffrances émotionnelles, toujours avec un relationnel difficile, quelle que soit son incarnation.
Après avoir reçu cette information, Paola comprenait pourquoi, malgré de nombreuses tentatives et thérapies suivies, aucune solution n'avait été trouvée.

Une direction nouvelle, vers la guérison, pourrait maintenant être entreprise en toute conscience.

Sa conception de surprotection liée à la vie antérieure mise en lumière va enfin pouvoir être travaillée et cesser d'affecter le reste de la famille.
Voilà un nouvel exemple de ce qu'une lecture de vie antérieure permet à ces personnes désireuses d'aller à l'essentiel sur leur chemin de guérison.

Paola allait trouver le moyen de se libérer de toutes ses peurs, c'est capital pour cette jeune mère de famille.
La notion de sécurité et de gardienne sera harmonisée, de même que ses relations dans sa vie bénéficieront de ces guérisons.
Paola a très bien compris les subtilités de cet entretien, qui lui permettront de continuer son cheminement.

## LA CONSULTATION DE PIERRE

Je me souviens de cet homme, Pierre, venu en consultation pour une dépression grave. Nous avons entrepris ensemble de faire une séance de soin énergétique (SE&R) pour lui venir en aide.
Après notre séance, durant laquelle il m'avait été permis de débloquer de nombreux dysfonctionnements et blocages énergétiques, Pierre se lève en me disant : « Je me sens bien plus léger. C'est un peu comme si vous m'aviez retiré un poids ou un énorme boulet. »
Je venais de terminer un soin basé sur l'écosystème et la resynchronisation énergétique, donc je n'étais pas étonnée de cette réflexion.
Un sourire et de jolies couleurs sur ses pommettes en disaient long.
Ses yeux avaient également retrouvé une belle luminosité.
Ce regard pétillant avait remplacé la tristesse de ce visage terne du début de la séance.
Une fois de nouveau installé dans son fauteuil à mes côtés, la discussion reprend, puis au bout d'un bon moment d'échange et de partage, Pierre me lance : « Je dois vous avouer quelque chose. »
Il marque un temps d'arrêt puis, après ces quelques secondes hésitantes, il reprend avec toujours son regard bien fixe : « J'ai une peur terrible de mourir et de me réincarner en insecte ! » Il s'est exprimé très rapidement, mais il l'avait dit. Il m'a semblé qu'il venait de se débarrasser d'un lourd bagage. J'attendais que Pierre reprenne la parole, parce que le trouble se faisait ressentir. En fait, il n'avait jamais évoqué cette phobie avec qui que ce soit.

Quel soulagement pour lui ! Parce qu'oser dire cette douleur morale et mettre le doigt sur un tel blocage est libérateur ! Cet aveu allait lui permettre de s'émanciper de cette souffrance qu'il n'avait jamais pu formuler. Cette phobie avait pris place involontairement au plus profond de son être…

Pierre allait ainsi pouvoir se délivrer et passer à la vitesse supérieure. Je lui proposais de demander une lecture de ses mémoires d'âme à l'univers avec l'aide de la guidance. Je lui expliquais comment cette consultation donnant accès aux vies antérieures lui permettrait de trouver les causes de cette impasse et ses limites intérieures.
Je lui suggérais cette séance, en perspective de sa guérison émotionnelle et pareillement pour prendre connaissance de sa mission de vie.

Je sentais pour lui la nécessité de passer par ce mode d'information, dans le but de trouver les racines de ses souffrances.
Lorsque le bon moment se présente, il faut le saisir !
D'une part, cela lui permettrait de se réconcilier avec sa peur de la mort, et d'autre part, d'admettre que ses vies antérieures s'étaient bel et bien déroulées en tant qu'être humain.

Découvrir sa mission de vie lui apporterait une clé supplémentaire pour ouvrir des possibilités de recherches intérieures enfouies sous ses émotions cachées depuis trop longtemps.
Peut-être Pierre aurait-il enfin une réponse à sa phobie des insectes, et encore plus fort, s'accorderait-il la démonstration de l'impossibilité d'être réincarné dans la peau de l'une de ces petites bêtes.

Pour lever des barrières à certaines entraves, il faut assurément donner des explications sur le sujet de la réincarnation, celles pour lesquelles Pierre attendait des réponses.

Quelques semaines plus tard, Pierre est venu me consulter pour connaître sa mission de vie. Nous avons aussi fait une lecture d'âme concernant sa phobie des insectes, et là Pierre a vraiment tout compris.

Il avait vécu une vie antérieure durant laquelle il avait dû effectuer une traversée en mer, à bord d'un très gros bateau pour une destination lointaine. Je pourrais situer approximativement cette époque à la fin du XVIe siècle.
Je l'ai retrouvé, dans la soute de ce bateau, les pieds prisonniers par un cordage et les mains attachées dans son dos.
L'incarnation de Pierre se tenait parmi une cargaison assez importante où divers gros sacs de marchandises l'entouraient, ne lui laissant que peu de place pour remuer.
Il était sale, ses vêtements avaient des traces de boue, de crasse incrustées, et je pense qu'il n'avait guère le choix de pouvoir aller et venir à sa guise pour soulager ses besoins humains.
Il s'agissait, à n'en pas douter vu la situation, d'un prisonnier placé dans cet endroit, faute de geôle à bord de cette embarcation.

Tout à coup, j'ai vu de nombreuses bestioles sortir d'un des balluchons. Puis, très vite, l'image s'est figée, les insectes grouillaient et leur nombre prenait de l'ampleur tout autour de ce pauvre homme. Alors, la terreur de l'homme (incarnation de Pierre) s'est fait ressentir, son visage était horrifié et ses membres tétanisés.
Je n'étais pas bien du tout, je sentais dans ma poitrine une gêne, puis des cris me sont parvenus à la limite de hurlements.
Je percevais la peur profonde et la panique de cet être.
Non seulement je voyais des insectes qui ressemblaient à des cafards et qui lui montaient sur tout le corps et la figure mais, pour arranger le tout, une colonie de fourmis est survenue, augmentant la dureté de cette scène.

Pas facile de décrire tout cela à Pierre sans craindre une crise d'angoisse.

Eh bien, imaginez-vous que tout s'est très bien passé. Pierre a su garder son sang-froid. Il écoutait attentivement.
Parce qu'encore une fois, les mots sortent avec justesse, sagesse, et en parfaite harmonie, sans exubérance.
La première de ses réflexions était de me faire remarquer qu'il détestait la mer et les bateaux.
Je m'attendais à ce qu'il s'exprime sur l'épisode des insectes grouillants sur son corps, eh bien non.
Il continuait en m'indiquant qu'il ne voulait pas monter sur un bateau, peu importe sa taille, en disant simplement qu'il n'y trouvait aucun plaisir.
Il comprenait maintenant pourquoi, sans n'avoir jamais imaginé un lien possible entre sa phobie des insectes et cette résistance à la mer. Il est également un maniaque de la propreté, et ne supporte aucune odeur qui pourrait lui être incommodante.

De plus, son père avait péri en mer, lorsqu'il était tout petit.
Il n'a gardé aucun souvenir de ce dernier.
Il a, selon l'histoire racontée par sa maman, pu me dire que ce terrible accident était arrivé lors d'une partie de pêche.
Ce n'est pourtant pas un hasard que cette histoire soit dans la vie de Pierre.
C'est aussi une expérience pour, si je peux m'exprimer ainsi, réveiller son inconscient sur cette problématique de la mer et cet épisode douloureux.
Les messages qui lui étaient transmis à ce moment ont été salvateurs pour Pierre. Nous ne nous attendions ni l'un ni l'autre à autant de précisions, ouvrant des portes à une libération certaine des peurs incomprises jusqu'à ce jour.

Ce bagage doit être assimilé pour libérer son sac à dos.
Toute expérience de ce type est liée à une mémoire d'âme devant rétablir des similitudes afin de se guérir d'un questionnement non résolu dans une vie antérieure.

Sans systématiquement chercher un rapport avec une vie antérieure ou pas, il est important de ne pas négliger les investigations que notre être doit expérimenter, simplement en gardant à l'esprit ce fait d'ascension ou d'exploration de notre âme.

Je voudrais apporter une précision concernant la transmigration.

Il faut faire la différence entre la réincarnation et la transmigration. Ce qui n'est pas vraiment la même chose. L'incarnation est le retour de notre âme dans l'expérience humaine, dans un corps physique humain, pour une période de vie bien définie sur la terre.
Alors que la transmigration de l'âme est un concept selon lequel une âme humaine peut passer dans le monde physique en tant qu'animal, végétal ou sous une autre forme de vie. Ce concept est erroné.
La transmigration de l'âme dans le dictionnaire est le passage d'un corps dans un autre pour l'âme.
L'âme ne passe jamais d'un corps à un autre.
Chaque âme pour chacune de ses vies façonne et prépare l'enveloppe corporelle qui lui sera bénéfique pour l'expérimentation de sa vie sur terre. Il n'est pas question de déménagement en cours de route.
Nous ne pouvons pas nous réincarner en insecte lorsque nous sommes dans une expérience humaine.
Si l'âme expérimente le plan humain, elle devra incontournablement avoir exploré toutes les convenances caractéristiques de ce règne.
Et cela est pareil pour tous les animaux, c'est-à-dire le monde animal et le monde végétal, quel qu'il soit.

L'âme est dans la même condition d'évolution chez les animaux que chez les végétaux.
Prenons des exemples : un chien se réincarnera en cheval ou chat…
L'arbrisseau de buis quant à lui choisira selon ses besoins existentiels spirituels d'incarner un arbre fruitier, un rosier, etc.
Cette précision me semblait importante.

Toutes ces expériences de rencontres dans les vies antérieures de ces personnes, pour lesquelles leur âme a pris différents rôles, contribuent à l'évolution de l'âme. Elles permettent la prise de conscience en offrant à ces gens des ressources pour parvenir à leur guérison spirituelle.

***MESSAGE DE L'UNIVERS***

***Décembre 2016***

Au secret de ta volonté
Se cachent là tes projets.
Par la lumière tu mettras
Ton cœur dans la joie.
Le germe du bonheur,
Qui se trouve en la divine fleur,
Ce pistil, énergie de vie
Créativité de ton essence,
Est ta fleur de vie.
Se trouve en son lit
Le germe qui donne un sens
À ta divine conscience.

# Le dessin de votre vie

*« C'est quand il y a quelque chose au-dessus de la vie que la vie devient belle. »*

Jean d'Ormesson

Prenez un moment pour vous où le temps n'existe plus !

Nous ne devons pas nous poser de limites pour donner un tournant à notre vie !

Je vous propose ce petit exercice, à la portée de tout le monde, bien agréable à réaliser.
L'endroit choisi doit être calme pour une parfaite liaison de l'âme et de l'être.
Vous aurez au préalable préparé une feuille de papier à dessin, de jolis crayons de couleur ou feutres selon votre affinité.
Retrouvez-vous comme lorsque vous étiez enfant sans jugement et sans vous poser la question de savoir si vous êtes un fin dessinateur ou pas. Vous allez dessiner votre vie de manière succincte.
Je ne parle pas de celle que vous vivez actuellement, mais celle dont vous rêvez. Vous devenez créateur en apportant toute votre intention.
Le but est de mettre vos rêves ou vos désirs sur papier, d'une manière très ludique.

Tout en vous concentrant à votre future œuvre, il faudra commencer par disposer vos précieux crayons avec toute votre attention.
Vous savez comme jadis, enfants, alors que vous vous prépariez à faire le plus beau dessin du monde pour un parent ou un proche, et que votre souhait le plus profond était de le rendre heureux, de lui faire plaisir !
Ce dessin fait avec amour, vous souvenez-vous, vous y aviez mis tout votre cœur, du taillage des crayons aux pointes bien fines, jusqu'au choix des couleurs. Tout avait été étudié avec précaution, afin de ravir les yeux de la personne à qui ce cadeau était adressé.
Le choix de vos couleurs détermine l'essence de votre dessin et embellira un graphisme sortant tout droit du cœur, et de votre être.
Eh bien, c'est dans les mêmes conditions, avec autant d'amour et d'intérêt, mais cette fois pour vous-même.

L'attention particulière sera la vie que vous aimeriez avoir, avec le maximum de détails.

Si vous souhaitez voyager, dessinez un avion dans le ciel par exemple et écrivez en dessous « mes voyages ».
Une maison ? Alors, dessinez-la, des enfants autour de vous ? Dessinez-vous entouré de ces derniers.

Une voiture, une moto ou tout autre rêve peuvent s'inscrire sur ce dessin.
N'oubliez pas votre intention, et l'amour.

Mettez de la joie sur cette page, du soleil aussi, pas de noirceur, pas de pluie, pas de nuages...
Apportez toute votre concentration à ce moment présent, prenez soin de vouloir passer cette information de désir, tout au fond de votre être, qui ne demande qu'à se manifester.
Vous êtes créateur de votre avenir.
Une fois votre création terminée, prenez le temps de l'admirer, de la ressentir en profondeur, avec votre âme.
Mémorisez cette page et inscrivez-la dans votre pensée.
Vous pouvez aller jusqu'à vous féliciter, et même vous ovationner, pourquoi pas ?
Mettez la page de vos rêves entre vos mains et présentez-la à l'univers...
Établissez le contact avec vos énergies guides ou angéliques et en toute simplicité dites-leur : « Voilà, je vous présente mon dessin, c'est celui de la vie que je souhaite, et je demande votre contribution pour m'aider à réaliser ces vœux. »
Vous pourrez fermer les yeux et, toujours avec beaucoup d'amour, rétablir le contact avec les choix représentés dans votre dessin.
Surtout, n'oubliez pas de vous dessiner et de faire figurer à vos côtés celui ou celle et tous ceux avec lesquels vous aimeriez partager cette vie.
Attention, en ajoutant des personnages, de ne pas vouloir attirer une personne particulièrement à vous, si ce n'est pas le chemin de celle-ci. Vous ne devez pas porter d'attention spécifique, bien entendu.

Une fois votre demande accomplie, placez ce joli dessin dans un endroit qui est le vôtre où personne n'y portera attention.

C'est à vous et seulement à vous !
Vous l'utiliserez comme un mantra ; puisque vous aurez enregistré votre dessin dans votre pensée, alors il sera simple de le visualiser aussi souvent que nécessaire.
Présentez et renouvelez cette demande à l'univers dès que le besoin se fait ressentir en vous.

Il n'y a aucune limite.

Si vous vous trouvez dans une situation déconvenue, ne vous rendez pas responsable.
Ne vous accablez pas si les rêves que vous avez inscrits sur ce dessin ne se réalisent pas.

Il est nécessaire de ne pas se mettre dans une émotion de fatalité ou de résignation, mais plutôt de concevoir différemment cette déception.
Demandez-vous si c'est le bon moment, ou non, pour que se réalise votre souhait ou votre rêve.
Cette demande ne va-t-elle pas enfreindre le bon déroulement du programme de votre expérimentation terrestre ?

Vous comprenez pourquoi la fameuse loi de l'attraction ne dépend pas uniquement du pouvoir de l'intention.
Ce n'est pas une évidence, mais plutôt une fonction des paramètres du choix de l'âme et des mémoires d'âme que la personne portera dans ses bagages.

Vous avez plusieurs options pour parfaire ce dessin : le modifier ou le recommencer.

Si par contre il y a des possibilités, il est intéressant de booster l'hypothèse du projet de vie, pour parachever sa réalisation.
La perspective de la vie belle doit rester la priorité.

C'est à vous de jouer !

**MESSAGE**

Âme miroir du fond du cœur,
Tout en secret de ton être.
La flamme divine
Anime la lumière jaillissante de l'âme.

Accorde la conscience à la flamme,
Elle nourrit et se confond en ta vie.

En sommeil de l'être,
Sur le mouvement du chemin,
Nulle envolée sans ailes,
Et nulle lumière sans la céleste union.

Le temple qui t'habite,
Sagesse au fond de ton corps.
Mélodie d'amour qui
Fait naître l'énergie de vie,
Pour illuminer le temple
Qui te guide,
Sur le chemin de l'unique.
L'éveil de ta conscience,
Mystérieuse, et divine nourriture
Qu'est la vie…

# La femme dans son rôle divin

*« La femme est l'avenir de l'âme. »*

Florence Léautaud

Les femmes sont des passeuses d'âme par excellence.
Je conserve cette appellation « passeur », ainsi vous savez ce que j'évoque.
Les passeurs d'âmes masculins sont des accompagnateurs, mais je vous donnerai mon opinion qui, bien sûr, n'engage que moi.
Il y a également des accompagnatrices de l'âme, tout dépend de la façon dont ce passage s'effectue.
Je vous expose quelques explications à ce sujet.

La femme possède en elle une vocation divine de par sa capacité à enfanter. Le passage d'âme se fait principalement par le ventre de la femme.

Sans sexisme de ma part, le rôle de la femme dans notre humanité est particulièrement puissant. Elle vit dans cette expérience de femme la possibilité de passages multiples pour l'âme.

J'ai eu la chance de rencontrer un guérisseur à Hawaï à deux reprises, qui m'a affirmé la puissance féminine, capable de trouver

selon lui le moyen de poursuivre la procréation sans présence masculine. Surprenante affirmation ! Ce chaman guérisseur part du principe que la femme représente le pilier de la vie sur terre, pilier de la famille aussi.
Certains appelleront cette notion le féminin sacré.
Sur le moment, un peu étonnée par ce point de vue, j'ai bien saisi l'idée du pilier sans aucun doute, mais de là à ce que la femme puisse continuer à procréer une humanité à elle seule me laissait perplexe.
Aujourd'hui, je comprends le sens subtil de la sagesse tel que ce chaman me l'a expliqué.
La femme est l'espérance de tout passage de vie sur notre terre.
D'après Cahu le guérisseur, l'univers emploiera les moyens si besoin est pour que la femme reste la porte de lumière. Bien sûr, cette vision de l'absence du masculin n'est pas réelle, mais le fond de la théorie de cet homme allait plus loin dans sa conviction, tout comme en est ma pensée à présent.
La femme possède en elle la matrice. C'est sa force.

C'est l'élément qui a pu faire peur aux hommes de connaissance et d'ouverture de conscience à une certaine époque.
Le Moyen Âge, de la fin de l'Empire romain (au v^e^ siècle) au début de la Renaissance (à la fin du xv^e^ siècle), a été une période où les femmes avaient leur place dans la société.
Elles pouvaient exercer un métier. Il y avait des femmes écrivaines, femmes médecins et même des femmes d'influence, de justice, menant des soldats, comme Aliénor d'Aquitaine qui accompagne son époux lors de la deuxième croisade.
Blanche de Castille en 1230 conduira l'armée, mettant fin à une rébellion en Bretagne.
Éléonore de Provence et bien d'autres auront une place importante et une considération parmi les plus normales en leur temps.

Les abbesses ne sont pas rares, et elles ont un pouvoir pouvant égaler parfois celui d'un évêque. Sœur Hildegarde, devenue mère abbesse à Bingen (1098-1179).

D'autres exemples de femmes qui ont marqué une époque : Christine de Pizan et Jeanne d'Arc au XVe siècle.

Mais une déferlante de jalousie s'abat sur elles, dès le XIIe siècle les grandes écoles et universités sont de véritables citadelles masculines où les femmes ne sont pas autorisées. C'est au XIIIe siècle, en 1298, que le pape va changer la condition féminine et leurs droits vont disparaître.
La religion attribue à la femme de multiples interdictions, et l'Église proclame que les femmes n'ont pas d'âme.
Il est inutile de vous donner des détails sur la considération féminine après cela.
Il y a non seulement cette infériorité, mais vient s'y ajouter l'idée de la religion chrétienne pour qui la femme est la descendante d'Ève, « le péché originel ». Cette dernière est jugée responsable de l'expulsion du jardin d'Éden.
La gent féminine est considérée comme tentatrice.
La femme est accusée d'être impure au moment de ses règles, elle se voit accablée de censures et de vétos durant cette période menstruelle.

Encore une précision qui me semble importante.
Les premières chamanes, sorcières blanches et autres sages-femmes (celles qui possédaient la connaissance des plantes) étaient des femmes.
À cette époque, la grossesse et l'accouchement représentaient un véritable danger, les femmes avaient recours aux sages-femmes, aux guérisseuses et utilisaient les remèdes de ces dernières qui détenaient une pharmacopée et des savoirs ancestraux.

Une multitude de femmes ont employé ces procédés afin d'éviter les nombreuses grossesses successives, et protéger ainsi leur vie.
Mais les femmes de connaissance ont fini par déranger les théologiens de cette période, qui dans leurs désirs d'avancement ne reconnaissaient plus ces pratiques.
Toutes les femmes ayant un savoir seront persécutées et tuées, qualifiées de magiciennes, d'hérétiques et de sorcières.
Puis la grande chasse aux sorcières touche même les foyers sans enfant, où la suspicion de cet état de stérilité n'est même pas envisagée, celles-ci seront traitées de sorcières également.
Une vraie guerre, une chasse aux sorcières est déclarée pour faire perdre leurs droits aux femmes, et ce n'est pas l'affaire du Moyen Âge, mais juste au moment du passage à l'époque moderne. Selon les historiens, les différents papes rédigeront des bulles pontificales contre la sorcellerie, et cette chasse débutera au XII^e^ siècle.
Puis, petit à petit, les hommes ont pris leur place en y ajoutant le pouvoir, ils ont instauré la crainte et la peur plus que de mesure et chassé ces dernières.
La plupart de ces femmes, parce qu'elles dérangeaient une société masculine, seront accusées de sorcellerie, de magie noire, d'envoûtement.
Elles ont été torturées, brûlées vives au nom de la sorcellerie et cela par milliers sur le bûcher de l'Inquisition.
Tous leurs droits seront remis en question, et l'homme prend le pouvoir, commence dès lors la comparaison systématique de ces femmes savantes au monde de la sorcellerie.
La faculté de médecine dès le XIV^e^ siècle va faire en sorte d'interdire aux femmes l'apprentissage et l'exercice de la médecine.
À partir du XV^e^ siècle, les femmes se sont progressivement vues refuser l'accès au monde du travail.
La société de cette époque a cantonné ces dernières aux tâches domestiques, à l'éducation des enfants, sous l'asservissement des maris.

Les hommes ont pris une place majeure.

Il en ressort néanmoins que la puissance les habite tout particulièrement.
L'homme a abusé de son énergie masculine et de sa force physique par peur du manque.
Mais les femmes sont depuis la nuit des temps les portes du divin.
L'utérus pour les femmes est le moyen de stockage le plus important au niveau énergétique.
Je ne parle pas de l'énergie féminine et masculine qui est un tout autre débat.

Aujourd'hui, les hommes qui possèdent cette force naturelle physique reconnaissent leur part de féminité et l'acceptent, apportant ainsi un autre point de vue sur la femme.
Les femmes parées de cette force intérieure ont elles aussi une part masculine. Elles vivent dans cette expérience de femme aux multiples possibilités du divin, qui leur permettent le passage.
Les faisabilités de ces passages d'âme comprennent : la naissance, la fausse couche, l'avortement, la mort *in vitro*.
Bien qu'il soit délicat d'aborder ce sujet tabou, comme l'est celui de la mort, cette approche peut être néanmoins libératrice pour quelques femmes à qui ce vécu semble si douloureux. Certaines éprouvent tant de culpabilité après une fausse couche ou un avortement.
Elles sont très nombreuses à continuer leur chemin sans rien dire et dans cette souffrance émotionnelle.
Je ne formulerai aucun jugement sur l'avortement. Je laisse chacun avec ses idées, ses croyances, et donne simplement mon point de vue.

Le fait de comprendre cet épisode de vie, cette expérience qui fait partie du parcours choisi par l'âme, pourra du moins, je le souhaite, apaiser leur esprit et répondre en partie à leur interrogation, tout comme le sentiment d'injustice qui est souvent ressenti dans ces vécus de mort d'enfant.

Les femmes sont les actrices principales dans ce rôle de passage vers la lumière, pour ces âmes qui ont côtoyé leur ventre, ne serait-ce que brièvement pour la plupart.

Il n'en reste pas moins toutes ces expériences de deuil périnatal.

Peut-être que l'idée d'avoir participé à ce passage pourra aider quelques-unes de ces familles qui traversent cette épreuve, mais aussi toutes celles qui après bien des années sont toujours dans la souffrance de cette perte d'enfant.

Pour les hommes, dites-vous que votre contribution n'est pas moindre non plus, elle est capitale, bien entendu.

Rappelez-vous qu'il n'y a pas de hasard. Tout est programmé et vous gardez le libre arbitre lors de vos rencontres et expérimentations.

C'est une expérience qui se vit à deux dans ce cas-là, selon l'acte, le moyen ou la possibilité de travailler à l'assimilation d'une mémoire d'âme.

Que ce soit la perte d'un bébé après plusieurs mois de grossesse, voire au moment de l'accouchement, ou quelques jours après, la douleur des parents est souvent insurmontable.

Lors de certaines consultations, des personnes, qui étaient venues me trouver pour divers sujets, ont dès le tout premier instant de ma connexion divine été enfin éclairées sur ce passage d'âme qu'elles ont effectué sans même en avoir eu conscience. Je ne prétendrais pas avoir des réponses, mais une belle considération de cette possible intelligence de la part divine humaniste.

Leurs détresses morales alliées au tourbillon de la vie perturbée par cette épreuve n'ont pas laissé place à ce moment-là à l'éventualité d'un fonctionnement d'un point de vue divin.

Les guides de lumière accueillent ces expériences avec amour, et les messages qui en découlent apportent des éclaircissements à certains parents, et surtout aux mamans.

Voilà le déroulement d'un passage d'âme vers la source divine par le ventre de la femme.
Toutes les âmes ne franchissent pas la lumière de cette façon, ce sont seulement celles qui n'ont pas saisi l'opportunité du passage instantané au moment de la mort.
C'est une des façons différentes de passage, car ce n'est pas systématiquement que l'âme empreinte le tunnel de lumière. Certaines sont acculées à cause de divers motifs et résistent à ce départ sans avoir la conscience de l'importance de ce passage pour leur ascension.
C'est alors que nous donnons cette appellation de blocage sur ce plan terrestre, comme je vous l'ai déjà exposé, à une âme qui ne s'élève pas instantanément vers la lumière après la mort de l'individu.
Les âmes qui passent lors des avortements, des fausses couches également se trouvent libérées grâce aux femmes.
Elles sont des portes vers la lumière.
Comprenez qu'il n'y a absolument aucune raison de culpabiliser.
Personne ne peut apporter de jugement sur ce passage.
D'autres passages d'âme lors de mort *in utero* font partie de ce concept de libération pour retourner vers la lumière.
Des portillons, des sorties, ou des issues de secours, nommez comme vous le voulez cette manière que l'âme a choisie, grâce à la guidance, de continuer son chemin vers la source.
La matrice de la femme est un merveilleux outil de l'intelligence divine.
Un lien subsiste entre l'âme qui effectue ce passage et l'âme qui en bénéficie, c'est un lien d'amour profond qui les unit.
Sans ce lien, dans ce sens du passage, l'âme ne peut prétendre à cette assistance de la part de la femme qui contribue à ce passage.

Ces deux âmes ont certainement expérimenté ensemble dans l'une de leur vie antérieure ou dans plusieurs selon le cas.
C'est l'énergie de l'ange de naissance qui portera l'âme en recherche de son chemin vers la lumière, jusqu'au ventre de celle qui pourra lui offrir sa traversée divine.

Le ventre de la femme est la porte vers la vie pour les âmes qui reviennent expérimenter sur terre.

Les femmes sont les divines portes sur le chemin de l'ascension de l'âme.
Il y a, grâce à elles, ces différents passages : celui de l'âme qui retrouve la lumière et sa liberté, celui de l'âme qui investit à nouveau l'exploration terrestre pour accomplir ses prochaines vies.
Dans un sens comme dans l'autre, la femme joue ce rôle transcendant quelle que soit la destination.
Les liens affectifs entre les âmes peuvent être lors du passage vers la vie terrestre bien différents.
Dans ce sens, il n'y a pas d'obligations de lien d'amour profond.

Quoi qu'il en soit, ce sont les liens existentiels éternels qui évoluent au cours de nos rencontres et de nos différentes vies.

Voilà mon idée, et après de nombreux messages de mes guides, je peux à présent dire que chaque âme passe par le ventre de la femme, avant de parcourir le chemin terrestre.
Je trouve cela absolument magnifique ! C'est la plus grande force que l'on puisse avoir !

La femme est réellement l'avenir de l'âme.

## LA MISSION DE VIE DE VALÉRIE

Je reçois Valérie à la suite d'une formation au cours de laquelle cette femme me demandait si en faisant cet apprentissage elle était bien à sa place dans ce stage de soins énergétiques.
Je comprends ce questionnement légitime, mais je ne peux pas y apporter de réponse sans connexion divine.
Le rendez-vous étant fixé pour essayer de satisfaire sa demande, Valérie m'avoue qu'elle attend beaucoup de ce moment. Je ressentais son impatience.
Elle m'explique qu'elle n'osait pas avancer davantage dans ce domaine du soin énergétique sans avoir la validation de ses guides, et attend de cet entretien des confirmations.

Une petite mise au point est nécessaire.
Bien des personnes se questionnent sur leur travail ou ont des interrogations d'ordre matériel auxquelles elles reçoivent des informations bien singulières.
Avoir conscience de sa mission de vie est considérable, mais il m'a semblé capital d'expliquer à Valérie l'importance de garder à l'esprit que les indications qui allaient lui être données lors de cette consultation peuvent aboutir à un tout autre sujet.
Ce fut le cas pour Valérie, qui souhaitait avoir des réponses d'ordre professionnel.
Elle devra faire appel à son libre arbitre.
En aucun cas, je ne pouvais et ne devais me permettre d'influencer ses choix.
En l'aidant à trouver sa mission de vie, elle aurait une piste, tout en sachant que son être lui-même connaît ce qui est bien pour elle, et comme je l'ai déjà dit, il est aussi son guide.
Qui plus est, c'est le plus déterminant, puisqu'il est en lien direct avec ses guides spirituels.

Voici le déroulement de la consultation de Valérie, vous allez comprendre que lorsque le message est important pour la personne, la réponse n'est pas toujours celle à laquelle elle s'attendait.
Tout au début de la séance, je me concentre sur la demande de Valérie pour être au fait de sa mission de vie.
J'invite son ange gardien à notre séance, celui qui depuis son incarnation l'accompagne.
Il est très facile de découvrir celui-ci, en vous référant à votre date de naissance, je vous le rappelle.
Dès que je suis en contact avec lui, je sollicite sa guidance pour connaître la mission et apporter les renseignements les plus justes pour Valérie.
Si la réponse est positive, alors je demande les protections nécessaires à cette séance. Avec cet ange, je me permets de continuer sur un plan auquel il m'a été autorisé d'accéder lors de l'annonce de ma nouvelle mission de vie. Ce plan, je le nomme mon balcon de lumière.

Une fois sur ce plan qui est un état d'illumination, je patiente à l'écoute de ces énergies de lumière devant intervenir pour cette guidance de mission de vie de Valérie. Je prends le temps nécessaire afin qu'elles se fassent ressentir.
Je retrouve sur ce même plan des âmes qui sont en attente de leur devenir.
C'est alors que l'énergie d'une âme me demande de remercier Valérie.
« Merci pour son amour libérateur lors de son passage vers les plans divins. »

Après m'être assurée de l'intention bienfaitrice de cette énergie, je reste attentive et réceptive.
Je réclame plus de précisions sur sa volonté de remerciement. Je l'interroge sur sa manifestation qui me semble très particulière.

Sa réponse est simple, elle n'a pas eu jusqu'à ce jour le moyen, ou le canal, qui lui aurait permis de s'exprimer.
Elle recommence avec insistance à évoquer sa reconnaissance envers Valérie, elle lui a donné la possibilité de son ascension dans les états supérieurs.
« Merci de l'avoir aidée à trouver le chemin vers le plan de retour et vers la lumière... »

J'en profite pour lui demander la faveur d'informations sur ce passage que lui a permis Valérie.

Je perçois un semblant de brouhaha. Puis l'âme reprend sa transmission, peut-être ai-je loupé quelque chose...
Il me semble que non, mais je ne me permets pas de l'interrompre.
Cette âme a besoin de remercier Valérie !
De ce plan que je nomme mon balcon de lumière, où je suis autorisée à cette rencontre, se trouvent de nombreuses énergies que je capte avec tellement de douceur, d'amour et de paix surtout.

Je reçois maintenant très clairement ce que Valérie doit comprendre à travers ce remerciement.

C'est une âme qui a déjà été en lien avec Valérie. Elles ont eu plusieurs vies antérieures ensemble. C'est donc pour cela que cette dernière a été guidée par son énergie spirituelle, ou ange gardien du moment, vers Valérie.
Tous ces contacts ne se font pas sous la forme d'un dialogue avec un échange de paroles, comme vous pouvez le deviner, c'est une communication céleste, plutôt une lecture subtile.

Ces passages d'âme, parfois vécus dans une grande solitude pour les femmes, impriment l'état émotionnel douloureusement.
Mais ces passages sont des actes d'amour inconditionnel.

L'âme retrouve son chemin vers la lumière, et leur reconnaissance est alors immuable.
Je continue de recevoir les affirmations de cette énergie émanant de l'âme. Après avoir quitté son corps, qui lui servait de substrat sur la terre, elle s'est retrouvée flottante au-dessus de celui-ci, ne pouvant plus rien faire pour tenter de le réintégrer.
Cette âme ne comprenait pas ce qu'il lui arrivait à ce moment de son existence terrestre.
Les informations continuent à couler.

Elle a longtemps cherché comment retrouver son corps, mais, hélas, aucune possibilité ne s'était présentée. Elle s'est retrouvée prise entre deux sensations, dont elle ne pouvait plus se libérer. Son âme avait quitté définitivement le corps physique qu'elle incarnait. Elle se retrouvait comme prisonnière du temps, si je peux m'exprimer ainsi !
Voilà ce que l'on nomme communément « l'entre-deux mondes ».
Le ressenti apparemment est vécu comme deux sensations bien distinctes par l'âme.
Ce sont des informations très intéressantes pour répondre à des interrogations sur ce passage des âmes.
Jusqu'à ce qu'elle réussisse à apaiser son esprit qui convoitait encore très fortement son âme, qu'elle se calme et retrouve la connexion à son guide spirituel, qui essayait en vain de lui montrer l'issue de secours de cette âme.

L'issu ou plutôt la porte du retour sur le chemin de l'ascension dans le plan divin était le phénomène de passage par la matrice de Valérie à ce moment-là.

Valérie devait vivre dans sa vie de femme, dans cette vie présente sur terre, l'expérience plutôt douloureuse de renoncer à une grossesse. Cet avortement l'avait marquée d'une manière indélébile, personne n'en avait eu connaissance, sauf le compagnon de Valérie.

Cet épisode de vie a laissé s'installer des émotions douloureuses dans sa mémoire.
Puis le dialogue intérieur avec cette énergie reprend et l'âme s'exprime à nouveau. Le fait de ne pas donner naissance volontairement à un être humain (l'enfant qui aurait pu matérialiser cette âme) est le moyen pour une âme de retrouver le chemin vers la lumière. C'est une situation de retour à la vie dans la matière tout simplement, c'est-à-dire une incarnation à nouveau. Puis la répétition de ce moment du départ qu'est la mort afin de récupérer le passage dans la lumière.

Un long moment de silence se passe entre ce message que je terminais de transmettre et celui de la prise de conscience pour Valérie.

Le regard dans le vague, je l'interroge pour m'assurer que tout va bien pour elle et si elle veut ou non reprendre la communication avec cette âme.

Sans aucune hésitation, Valérie me demande de continuer le contact, ce que je fais très vite.

À ce moment, on me révèle des liens, ils ressemblent à des petits filaments très fins dorés ou argentés ; c'est difficile pour moi de faire une différence, je ne distingue pas suffisamment ces liens, peut-être n'est-ce ni l'une ni l'autre de ces couleurs. Peu importe, c'est une sensation très lumineuse, voire pétillante !
Je vous reparlerai de ces mêmes liens plus tard.

En suivant ce fil, j'ai trouvé des messages des guides de cette âme, qui me montraient qu'effectivement elle avait déjà expérimenté une vie aux côtés de Valérie !

Le lien antérieur qui les unit est gravé par un lien émotionnel d'amour profond. C'est le plus solide des liens, celui-ci est éternel !

Je n'en croyais pas mes oreilles célestes ! Valérie non plus ! Cette guidance a continué en me donnant encore plus de détails entre ces deux âmes.
Ces échanges pour lesquels je suis le traducteur de ces passages d'informations sont ce que j'appelle plus simplement des lectures de mémoires.

Valérie avait été la sœur de cette dernière dans une vie antérieure, c'était la plus importante des vies communes en lien avec celle d'aujourd'hui.
Grâce à ce lien et à la guidance divine, cette âme avait pu trouver la porte de lumière.
Ainsi, elle peut maintenant poursuivre son ascension vers la source.

Valérie comprend à présent pourquoi elle recevait tous ces remerciements et retrouve son sourire avec un bel amour dans le regard, qui me va droit au cœur.
Elle avait été la personne qui avait passé cette âme sans être consciente de ce mécanisme de l'incarnation de l'âme.
La blessure enregistrée profondément ou la culpabilité inscrite allait pouvoir être transmutée par l'amour et ainsi trouver sa guérison.

Merci, Valérie, pour cette complicité d'âme à âme, que nous avons pu vivre avec l'univers ce jour-là.

Nous avons continué la séance de Valérie, qui se trouvait être une mission d'enseignement dédiée aux enfants.

J'allai découvrir, en discutant avec elle en fin de séance, que Valérie était en train de terminer ses études de kinésithérapeute et qu'elle souhaitait s'orienter vers les enfants souffrant de handicap.
Sa mission lui aura permis de confirmer sa vocation pour aider les enfants. Elle était également bien à sa place dans le stage

de formation énergétique. Ces connaissances seront un fabuleux outil spirituel, dans le domaine de la santé, pour son activité.
Nous avons affiné la mission sur le lien d'enseignement, il se trouve que ce mot n'est pas réservé au fait de professer l'écriture ou la lecture.
L'enseignement peut aussi être basé sur l'apprentissage du maintien de la santé et de tout ce qui en découle.

Pour Valérie, cela a résonné comme une évidence.
Je ne sais à ce jour si Valérie a découvert le chemin vers sa mission, mais je n'ai aucun doute sur sa dévotion à y parvenir.
Mais avant de nous quitter, Valérie m'a avoué que le plus important de cette consultation resterait gravé dans son cœur, et même si la réponse à son questionnement professionnel avait satisfait sa curiosité, c'était la reconnaissance de ce passage d'âme qui lui apportait le plus de bonheur lors de cette consultation.
De belles surprises arrivent ainsi, aussi inattendues qu'extraordinaires.

La mission qui suit sera celle de Nina, qui m'a semblé intéressante à partager pour ce chapitre sur le rôle sacré du féminin.

## LA CONSULTATION DE NINA

Je vous décris la consultation de Nina pour le moins originale.
C'est sans jugement et sans chercher le faux du vrai des propos de cette jeune femme que je vous transmets cette expérience de femme et de passeuse d'âme.
Prenez cela comme un vécu en toute simplicité.

Depuis mon balcon de lumière, le premier contact d'une mémoire d'âme se présente à moi et me requiert de passer un profond remerciement pour Nina.

La gratitude pour ce que cette incarnation avait occasionné pour elle en l'aidant à retrouver la lumière.

J'interroge Nina pour savoir si elle peut me donner quelques informations sur ce message.
Je n'ai pas de réponse de cette dernière, qui semble plutôt surprise.

Puis je lui demande si elle a vécu l'épisode d'une fausse couche ou d'un avortement.

« Non », me répond Nina, très sûre d'elle.

Je questionne à nouveau Nina : « Avez-vous des enfants ? » Je lui demande si elle a vécu un signe de fausse couche, qui aurait pu se vivre sans manifestation médicalement parlant.
Il n'est pas rare pour de nombreuses femmes de faire une fausse couche sans s'en rendre compte, et d'autres possibilités passant inaperçues, comme les grossesses gémellaires.
Non, Nina n'a aucun souvenir de cela, et elle confirme sa réponse en restant bien droite dans sa position assise.
Je lui transmets malgré tout le message, ce que cette mémoire d'âme me communique avec insistance, et l'informe d'un besoin de guérison pour elle.
Nina, très émue, me dit alors qu'elle sait de quoi il s'agit.
Elle n'a jamais osé confier cet épisode de sa vie, craignant sans aucun doute la raillerie ou de devoir passer pour une folle.
Je vois dans ses yeux une grande hésitation à poursuivre.

Jamais elle n'a pu livrer son expérience sur ce sujet, pas même à sa maman. Sa difficulté à me parler disparaît bien vite, Nina reprend en confiance, ressentant qu'il est temps pour elle de s'exprimer.
C'est le moment pour elle de sentir la douceur tout autour d'elle.
Elle est accompagnée par de belles énergies d'amour.

Elle était rassurée maintenant, et voici ce qu'elle allait évoquer sur son expérience de jeune femme.

Toutes les jeunes filles ont un jour ou l'autre le vécu d'un retard de règles un peu plus prononcé que d'autres.
Cette fois pour Nina, ce retard de plusieurs jours lui a semblé différent, et elle était persuadée qu'elle était enceinte. Phénomène qu'elle ne peut expliquer, mais son corps ressentait une présence en son ventre, et tout en elle tentait de le confirmer, comme une femme qui attend un enfant peut l'éprouver.
Elle a vécu cette histoire dans une profonde et grande solitude. La sagesse essayait de raisonner cette adolescente en lui rappelant que cela ne pouvait être possible, d'autant qu'aucun rapport sexuel avec un garçon au préalable n'avait eu lieu. Elle ne comprenait plus ce qui lui arrivait.
Elle a décidé à cette époque de garder pour elle cette sensation troublante.
Ce retard de règles a provoqué une impression très surprenante, voire douloureuse pour elle, d'être une future mère.
Nina qui était très jeune a eu très peur en s'imaginant toute une histoire si ce phénomène était exact. Sans partenaire, ce n'est évidemment pas possible, Nina le savait, d'autant qu'elle ne pouvait donner aucune explication à cette forte conviction de sa grossesse. Mais la peur l'envahissait tout de même.
La présence de ce bébé était puissante et le ressenti des sensations bien réelles de son corps.
Sa plus grosse douleur a été de ne pas pouvoir se confier sur cette aventure et de sentir la vie en elle, dans son ventre, en ne sachant pas comment appréhender cette épreuve.
Les mots « folie » et « schizophrénie » ont amené Nina à entreprendre des recherches sur son cas et vous devinerez bien qu'elle a pu avoir très peur d'être enfermée.

Ses menstruations sont revenues tout naturellement avec plusieurs semaines de retard.
Voilà peut-être un passage d'âme peu banal.

C'est la première fois que j'entendais un passage vers la lumière comme celui-ci.

En fait, le message de l'âme confirmait que cette expérience de Nina adolescente avait bien été un passage pour elle vers la lumière et lui avait permis de retrouver ce cheminement.

Il ne s'agit pas d'une véritable gestation, mais une forte sensation pour cette jeune fille est restée gravée dans sa mémoire de femme depuis toutes ces années.
À chacune de ses grossesses par la suite, Nina revivait cette douloureuse histoire en silence.
Aujourd'hui, grâce à cette connexion, Nina a pu exprimer, sortir de cette souffrance, verbaliser cette expérience trop lourde à porter, et surtout comprendre qu'il y avait peut-être eu effectivement une manifestation divine.
Elle a pu se libérer de son traumatisme…

C'est un parcours difficile aussi à transmettre, le sujet peut mener à débat, mais très sincèrement nous sommes des êtres d'une subtilité assez surprenante. D'un point de vue médical, ce cas est impossible, mais maintenant je me pose la question d'un point de vue spirituel.

J'aimerais faire passer ce message : il est temps de considérer la femme et son rôle avec plus de douceur et d'amour lors de ces expériences. Il est temps aussi d'envisager l'accouchement avec plus de délicatesse et d'attentions, et de soutenir toutes les recherches et améliorations pour une naissance plus douce.

Tout cela afin de contribuer à une arrivée avec plus d'amour sur terre pour chaque humain.

L'expérience de ce passage est capitale pour notre évolution humaine future. Cette amélioration du passage serait bénéfique pour stopper l'émotion la plus délicate qu'est la peur.

Chante, mon cœur,
Cœur, qui habite mon corps,
Vibre, mon cœur,
Tu inspires mon bonheur.
Rayonne, mon cœur
Tu ravives mes pensées d'amour,
Réchauffe-moi, mon cœur,
Tu activeras mon esprit.
Nourris-moi d'amour, mon cœur,
Tu donneras vie à mon enfant intérieur.
Habite-moi, mon cœur,
C'est la lumière de mon être que tu allumeras.

Florence Léautaud

# La mort et les passeurs d'âmes : comprendre la mort pour en avoir moins peur

*« La réalité est un pied de nez à la vérité alors que la vérité une invention humaine. »*

Florence Léautaud

Je ne peux m'empêcher de citer la mission que certains d'entre nous se donnent, « les passeurs d'âmes ». Ce n'est pas une mission en soi, je dirais même que nous sommes tous des passeurs d'âmes, mais nous ne le savons pas.

Ou plutôt devrais-je dire que cet accompagnement devait être pour chaque humain un devoir envers son prochain.

Le fait est que nous avons peur, donc nous évitons le sujet et nous pleurons nos défunts, jusqu'à souffrir pour certains d'entre nous de culpabilité, faute de ne pas avoir pu agir aux heures du grand départ.

Quel dommage ! C'est pourtant un moment vécu plus ou moins à maintes reprises par toutes les âmes, mais bien sûr cela reste dans nos mémoires inconscientes. Notre mémoire d'âme, pour l'avoir expérimentée lors de nos nombreux retours vers la lumière, possède la connaissance de ce passage et en connaît les mécanismes.

Notre mental prend une fois de plus le dessus !
Nos peurs nous remplissent face à la mort jusqu'à manquer à notre faculté innée de soutenir la personne agonisante.

Les passeurs d'âmes se donnent pour mission d'aider l'âme des défunts à trouver le chemin de la lumière en les accompagnant spirituellement.
Cet accompagnement sera effectué, non dans la peur, mais dans l'amour, la vacuité et la sérénité.
Le but du passeur d'âmes serait de libérer l'âme de toutes ses angoisses pour sa consécration d'ascension vers la lumière.
Il est possible lors du décès qu'effectivement certaines mémoires énergétiques du corps physique influencent et contrarient le déroulement paisible du départ.
Il y a la probabilité aussi que certains êtres aient besoin d'un soutien extérieur pour se libérer, et laisser en bon entendement le mécanisme de ces mémoires continuer son travail en laissant l'âme entamer son chemin.

Certains passeurs d'âmes se trompent sans volonté de leur part, simplement à cause de leur manque de connaissances ou de leur besoin d'exister dans cette mission, sur le ressenti avec l'âme.
Ils interprètent faussement la donnée de l'âme. En réalité, ils traduisent seulement les informations parasitaires abandonnées par le défunt. Nous ne devons pas intervenir sur le chemin que l'âme doit entreprendre, même si c'est vers la lumière que certains s'acharnent à vouloir amener l'âme du disparu au plus vite.
Cette action utopiste peut entraver la bonne voie de certaines personnes sensibles dans ces moments de perte d'un être cher.

Soyez vigilants, et je vous demande, les passeurs d'âmes, de bien réfléchir à l'action que vous menez.
Comment peut-on être sûr de ce passage, et surtout est-il juste pour la bonne ascension de cette âme ? Cela, nous ne le savons pas !

Parfois, des hommes, des femmes, des enfants meurent et se retrouvent bloqués dans l'ascenseur de lumière, si je peux m'exprimer ainsi. Certains d'entre nous parleront de « l'entre-deux mondes ».
Mais cet « entre-deux » n'est pas ce que les scénarios de films peuvent prétendre. Tout est dépeint telles des scènes apocalyptiques de ce plan, laissant une illusion et un imaginaire pouvant être terrible, et apportant une vision chaotique.
C'est plutôt un étage stagnant où l'âme cherche l'issue pour continuer un chemin qu'elle devra sélectionner en fonction de plusieurs critères.
Cette situation intermédiaire est aussi parfois nécessaire pour accepter ce départ de la vie terrestre.
L'entre-deux mondes est néanmoins une souffrance pour l'âme. C'est une sorte de salle d'attente où le temps n'existe pas, où l'âme qui n'est plus dans la matière n'a pas trouvé ou saisi l'éventualité d'aller rejoindre la lumière.

Pourquoi une telle souffrance ? Je réponds tout simplement : parce que c'est un monde immatériel et qu'il n'y a aucune possibilité de contact avec ceux et celles qui restent dans le monde de la matière. Je n'emploie pas le mot « vivant », mais « incarné », pour que vous puissiez comprendre que l'âme continue de vivre au-delà de son aspect physique lors de sa vie terrestre.

Alors, pour peu que ces âmes se soient accrochées trop fort à leur vie terrestre, il y a des conséquences.

Que ce soit pour des raisons de dépendance, soit par amour de leurs proches, soit par leur attachement à des biens ou à cause de la tâche qu'elle s'était donné d'accomplir.
Peut-être que certains paramètres ne pouvaient se résoudre dans une seule vie.
Il faut parfois plusieurs vies avant de terminer une mission ou de pouvoir même la mettre en place.
Cela se fait en lien avec les mémoires d'âme et ses assimilations.

Tous ces arguments peuvent bloquer l'âme et l'empêcher de trouver la lumière.
Une autre croyance, à mon sens tout aussi délicate, est le sujet complètement erroné ou enchanteur de la prise de possession d'une âme incarnée sans sa volonté.
Il s'agit de mon opinion, et ce n'est pas le thème principal de ce livre.
Croyez-vous qu'en terminant une vie l'âme soit aussi empressée et tourmentée au point de s'octroyer une vie qui ne lui appartient pas, et qui ne lui appartiendra jamais ? Je pense que ces idées fantasques nourrissent des concepts ou théories spirituelles qui ne sont pas les miennes.
De plus, cette notion est susceptible d'engendrer des peurs.

Je nomme le passeur d'âmes, mais j'emploierais plutôt maintenant le qualificatif d'accompagnateur du mourant. Celui-là permet en quelque sorte de faire prendre conscience de la véritable nature de sa conception énergétique. Cette notion est importante, puisque c'est cette mémoire énergétique abandonnée par sa mémoire d'âme qui reste sur terre.
La mémoire d'âme a quitté aussi son enveloppe corporelle temporelle pour poursuivre sa vie dans un autre monde.
Ce peut être le cas d'une personne décédée subitement à la suite d'un accident de la route, par exemple.

Cet être n'a pas eu le temps de vivre sa mort et peut donc se retrouver dans cette condition d'errance. C'est une situation d'incompréhension de ce qui lui est arrivé. L'esprit distingue ce corps et donne la sensation de flotter au-dessus, il est alors comme un spectateur de ce départ soudain !

Cependant, l'accompagnateur d'âmes, appuyé par l'être de lumière ou du guide de la personne, selon ses croyances, permettra à l'âme de trouver et d'oser partir vers ce chemin de lumière.

L'accompagnateur d'âmes tient dans cette situation le rôle de soutien aux fonctions des énergies divines présentes.

C'est ce que décrivent aussi les témoignages d'individus ayant vécu une EMI (expérience de mort imminente).

Différents phénomènes peuvent entraver le bon déroulement du départ de l'âme. Je prends l'exemple d'une personne dépendante de l'alcool, ou toute autre substance, il sera compliqué pour cet individu de quitter cette terre, et surtout son addiction.

Sa mémoire énergétique restant sur terre portera ses souffrances, et lors du départ, certaines difficultés d'abandon peuvent amener un dysfonctionnement de séparation des mémoires.

Cet être se retrouve avec ce dilemme, celui de la terre et de toutes ces tentations, et celui d'aller vers la lumière qui pour lui représente l'inconnu, lui faisant certainement peur.

Attention, ce n'est heureusement pas systématique que toutes les personnes addicts se trouvent dans cette situation.

La peur du jugement peut être active, vu toutes les croyances dont nous sommes imprégnés.

Nos croyances nous ont tellement fait peur du jugement dernier, et la société nous a tracé un chemin inéluctable et parfois fataliste. Mais il n'en est rien. Pas de jugement.

Laissez-moi vous apporter un conseil : allez vers la lumière, c'est la continuité du cheminement de votre âme.

J'ai toutefois le sentiment que nous sommes tous capables de cette attention envers nos semblables.
Être passeur d'âmes en tant qu'être humain comme nous l'avons vu dans le chapitre précédent appartient au féminin. L'accompagnateur est en chacun d'entre nous, femmes et hommes.
Je respecte ces personnes qui se sont donné cette vocation de passeur d'âmes, même si ce n'est pas exactement le mot convenant à leur rôle, car elles partent d'un sentiment d'amour et d'aide envers les personnes défuntes. Elles font un travail énergétique en nettoyant les mémoires énergétiques parasites qui polluent notre terre.
Ce sont ces mêmes mémoires que les gens sensibles ressentent et subissent parfois, en s'encombrant de ces énergies néfastes, elles disent percevoir la présence du défunt à leurs côtés.

L'accompagnateur d'âmes libère ces énergies, il effectue une tâche de purification et participe donc à l'ascension de l'âme.

Nul besoin d'être doté d'un pouvoir, il suffit d'avoir la volonté de servir son prochain lors de ce départ, et d'aider dans l'amour inconditionnel.

Voici une phrase simple pour vous aider à participer à cette ascension : « Pars vers la lumière, dans l'amour et la paix ! »
Les guides sont là pour le passage, seule l'intelligence divine peut prétendre réellement à toutes formes de passage vers ce retour à la source divine.
L'humilité est de reconnaître qu'aucun humain n'a pu apporter de témoignages concrets.
Laissons avec indulgence et sagesse la place sur ce point au spirituel, et non au raisonnement humain.

Nous ne sommes pas tous égaux devant la mort, aussi, il est important de respecter cela et de ne pas s'autoriser à faire quoi que ce soit.

Pensez-vous que les énergies de lumière aient besoin de notre intervention terrestre pour ce passage ?

J'espère de ne choquer personne, mais simplement éveiller votre curiosité.

Accueille ta nouvelle vie
Sur tous les chemins
La réalisation guérie.

Filtre d'étoiles
Ton voile sacré et divin
Te protège du commun.

Partage ta foi
Elle donnera à chacun
La force de trouver son chemin.

L'abondance de sincérité
Flamme de la veilleuse
Lumière divine du tout.

Tant d'adorations pour vous
Arrivent dans l'immensité
Sauf celle de vous unir
Vers une nouvelle voie.
Limpide transition
Sans peur, vous vous rendrez
Vers la plénitude
De vos pensées les plus pures.

# Les liens

*« Le murmure de l'âme*
*est la puissance révélatrice qui l'insuffle. »*
FLORENCE LÉAUTAUD

Nous sommes tous reliés les uns aux autres.
Cette certitude me vient d'une connexion durant laquelle ces états de liens entre tous m'ont été montrés d'une manière absolument fabuleuse.
C'est le souvenir d'un moment de partage avec la mémoire d'âme de ma maman.
Je me trouvais en contact divin avec cette mémoire d'âme à laquelle je ne m'attendais pas du tout.

Même si ce n'est pas un conseil que je vous donne, de parler aux défunts, je m'adressais ce jour-là à elle pour lui confier une souffrance intérieure.
Eh bien, oui, voilà un comportement bien humain de s'adresser aux personnes décédées les plus chères, même si nous savons que la réponse risque d'être inexistante.
Il n'empêche que j'ai tout de suite décerné ce contact. J'ai perçu aussi la présence de mon guide.
De manière identique à mes lectures de mission de vie, je venais d'établir le premier vrai contact avec elle.

Elle ne s'était pas réincarnée, et visiblement ne le souhaitait pas pour le moment. Cette âme dans un plan de guidance se manifestait de la même manière que celles des énergies angéliques.
Mon écran céleste en action, elle me montrait la solution pour la retrouver n'importe quand et n'importe où lorsque j'en exprimerais le besoin.
Un peu stupéfaite par cette belle découverte, je restais attentive à cette réception d'informations. Toujours est-il qu'une multitude de fils d'or, très fins, lumineux et très rapprochés les uns des autres se mouvaient devant moi.
Sur le moment, cette surprenante vision ne me disait pas grand-chose. Puis l'information m'est apportée que ces liens correspondent au fonctionnement actif d'une vie. Je ne saurai pas vous décrire véritablement cette intervention surnaturelle, dans la mesure où je ne trouvais aucune explication quant à ces liens à ce moment-là.

L'un des liens était relié à l'âme de maman. Je l'ai ressenti très fortement et, au-delà de cette perception, j'ai eu l'impression que le lien m'apportait l'information d'éternité entre nos deux âmes. Dorénavant, je n'avais qu'à prendre conscience de ce lien pour qu'il me soit possible d'une liaison d'âme à âme avec elle.

À la suite de cette découverte des plus surprenantes, j'ai pu voir que nous étions toutes et tous reliés entre nous par des liens différents…
C'est grâce à des fils d'apparences plus ou moins lumineuses, dorées, argentées, épaisses, fibreuses, qui correspondent à différentes significations.
Je ne rentrerai pas dans les détails, cela fera l'objet d'un autre livre.

Dès ce moment, j'ai compris à quel point les liens qui nous unissent ont une importance capitale sur nos relations au quotidien.

Je reçois aujourd'hui un bon nombre de personnes en souffrance existentielle avec les individus les touchant dans leur vie quotidienne. Ces gens saisissent dès la première consultation les différends qui les opposent dans cette vie présente, grâce à une lecture de ces liens éternels.
Ce n'est parfois qu'une question de lien affectif qui survient, sans crier gare, et elle perturbe la relation de la vie présente.
Parfois, un éclairage sur les liens qui nous ont réunis dans une vie antérieure et leurs effets apporte des indications sur des problématiques relationnelles actuelles.

Vous pouvez considérer, alors que l'une de vos relations devient difficile, voire destructrice, sans raison, et cela quelle qu'en soit la nature, affective, amoureuse ou lien de travail, qu'une question se pose.
Cette relation est réactivée par une mémoire et risque de créer une programmation sous l'influence d'une expérience de vie antérieure entre les deux protagonistes. Les liens des mémoires ressurgissent spécifiquement dans ce moment présent pour être assimilés avec la personne qui se présente dans la vie actuelle.
Cela fait partie du précepte d'ascension de l'âme.

Des réponses apportées par ces liens permettent de se débarrasser des emprises émotionnelles trop lourdes à porter.

C'est vraiment une expérience libératrice de connaître les liens qui nous ont unis dans d'autres vies.
Nos rencontres ne sont pas le fruit du hasard.

Ce sont nos choix qui comportent des risques.

## MESSAGE REÇU EN JUIN 2015

Se relier à la vie
Voilà ta survie
L'ombre cache la réalité
À tous les hommes de leur divinité.

Ton chemin sera lumière
Lorsque tu trouveras ta rivière
À l'intérieur de ton corps
Ton âme unie à ton cœur

Du mariage de l'amour et de l'harmonie
Tu trouveras la guérison de ton esprit.

Va, en ta profondeur,
Illuminer ton cœur

Alliance pure et divine
Pour que chacun ranime
L'étincelle de la vie, bien à l'abri
Au miracle de l'univers.

Que ton être soit en ta chaire
L'esprit à la matière reliée
Enfin pour l'éternité.

# Les animaux et le monde végétal

*« C'est lors de tes hivers intérieurs, lorsque tu cherches la lumière, que ce compagnon que tu nommes animal donne sa chaleur et ne cherche comme le photophore qu'à t'éclairer et toucher ton cœur. »*

FLORENCE LÉAUTAUD

Quoi de plus innocent qu'un animal ?

Les animaux ont eu une place importante dans l'éducation que mes parents nous ont donnée, et je les en remercie.
Ils nous ont permis cette communication avec nos amis du règne animal et l'éveil de la nature en nous emmenant tous les dimanches découvrir la campagne normande.

Sur le trajet vers mon domicile, mon regard s'est tourné vers un champ où se trouve un club canin : un terrain d'entraînement pour l'agilité et l'obéissance…
Pas de souci avec cela, pourtant il y eut un jour où mes émotions ont pris le dessus, me laissant envahir par la colère.
Un homme, avec une gestuelle débordante ressemblant à un épouvantail, mimait l'agression d'un berger allemand. Ce dernier, la mâchoire grande ouverte, tentait de se défendre avec malveillance.

Le gros chien s'acharnait une fois la prise en gueule sur le bras de l'homme, qui continuait de son côté à attaquer avec un bâton. Cette image, pourtant commune, m'a ce jour-là passé un message d'injustice envers ces animaux que nous qualifions de compagnie. Je n'ai pas arrêté ma voiture pour me calmer. Je ne sais pas pourquoi j'avais été autant touchée par cette scène, mes mains tremblaient et tout mon être était contrarié par cette vision d'éducation canine. Des mémoires ressortaient certainement et sûrement, parce que j'ai eu comme compagnon un chien de cette race et qu'il y eut entre nous un véritable amour.
La séparation avec ce compagnon a été très difficile pour moi.

À quoi cela rime-t-il de vouloir absolument utiliser des procédés de violence pour faire comprendre à ces animaux déjà protecteurs avec leurs maîtres qu'ils doivent les défendre en cas d'attaque ?
Je ne me permettrai pas de juger, mais de poser simplement cette réflexion !

Le règne animal est gouverné par l'instinct, qui est son fonctionnement naturel, c'est son moyen de défense.
Sa vie est ainsi faite d'intuitions, de pulsions, d'attirance, de flair et de divers besoins qu'il cherche à assouvir.
Il connaît une multitude d'émotions, et celle de la peur anime son instinct de défense immédiatement lorsqu'il se sent en danger.
Alors, à quoi sert-il de jouer avec ses peurs et d'exciter son instinct sous prétexte de l'éducation ?
Quel qu'en soit le motif, les humains le trouveront juste !
C'est parce que les animaux n'ont pas d'autre choix que d'obéir ou de courir pour ne pas être tué qu'ils sont dotés de sens et de cet instinct de survie que nous n'avons peut-être plus.
L'animal ne ressentira ni la culpabilité, ni la honte, ni même la nécessité de nourrir l'ego.

Par contre, les états de l'inquiétude, la terreur, le besoin d'amour, la dépendance et l'abandon appartiennent à ces émotions qui agiront sur son comportement et son aptitude de survie…
Toutes ces âmes viennent elles aussi travailler sur leurs mémoires pour leur ascension.
Ce sont des âmes pures, elles expérimentent sur terre pour la plupart des parcours de sacrifice et de dévotion envers leurs maîtres.
Je prends évidemment pour référence les animaux domestiques qui font partie de notre quotidien.
Ces âmes ne viennent pas avec les mêmes aboutissants que celles qui cheminent pour vivre la vie des humains sur terre.
Leur but n'est pas celui de l'être humain, en quête d'éveil !

L'animal représente la limpidité, voire l'innocence, et restera une création de l'univers dans des véhicules aux apparences multiples.
Son agressivité peut découler d'un trait de caractère tout comme les humains.
Et ces âmes qui choisissent l'expérience animale ou végétale n'appréhendent pas la vie de manière équivalente.

Les animaux existent partout, du plus petit au plus grand, pour ouvrir la conscience humaine, ne l'oublions pas !

Leur sensibilité et leur attitude savent nous donner parfois de belles leçons de vie.
Ils nous permettent de ne pas oublier que la création est un tout, et que l'énergie qui en découle est la vie !

Ils sont à part entière reliés à notre évolution, et il appartient à chacun le choix de se voir grandir en respectant et s'enrichissant de ces êtres.

L'animal est une création divine, tout comme nous le sommes tous en tant qu'humains.
Ne cherchons pas non plus la beauté, la perfection esthétique, chez nos compagnons animaux !

J'ai eu l'occasion d'une réponse, lors d'une de mes connexions à mes guides sur cette réflexion :
Il y aurait dans cet univers de création des échelons, et dans le règne animal, comme dans celui du règne végétal, des degrés différents entre les espèces.

Si je prends l'exemple du chien qui la plupart du temps dépend de l'humain sur tous les points de vue, la fourmi, quant à elle, expérimente l'autonomie de la vie en communauté.
Avec ces expériences de partage, de collectivité, de différences dans l'exécution de la survie de la fourmilière, il y a également toute une hiérarchie qui habite cette magnifique organisation.

Mais je ne suis qu'au début de mes découvertes à ce propos.
Je pourrai si cela m'est permis aller plus loin dans quelque temps.
Les animaux ont une participation dans notre expérimentation terrestre, si nous leur accordions un petit peu plus d'attention.

C'est grâce à mon travail avec ces merveilleux outils que sont l'énergie et la thérapie des fleurs de Bach, que j'ai la conviction que l'âme des animaux doit être reconsidérée et entendue au même titre que les humains et toute la nature en général.

Les animaux ont eux aussi une conscience et possèdent également une partie divine.

Tous ceux qui œuvrent dans la communication animale seront d'accord avec moi. N'ayant que peu de connaissances sur ce sujet, je ne m'y attarderai pas plus.

Je vais tout de même vous citer la partie la plus magnifique d'un de mes rendez-vous mission de vie.

## LA CONSULTATION DE CAROLINE

Caroline, comme la plupart de mes consultants, est venue me voir pour éclaircir sa mission de vie, bien qu'elle fût déjà sur le bon chemin, cette expérience allait lui apporter une belle rencontre.
Sa mission devait être en lien avec l'éducation des enfants.
C'est rassurant pour bon nombre de personnes d'avoir une confirmation sur des certitudes profondes. Ce simple fait leur donne des ailes dans la continuation de leur chemin.

Mais ce n'est pas de cela dont j'aimerais vous faire part.
Nous étions donc en pleine connexion avec les guides lorsque survient le ressenti d'une âme. Comme vous pouvez l'imaginer, ce n'est en fait qu'une énergie qu'il m'est permis de capter, en plein milieu de la séance.

Elle s'est adressée à moi en douceur, et je sentais quelque chose de différent. Je ne saurais le dire ou argumenter ce nouveau contact, c'était tout à fait autre chose. Je contrôle mon attention, de toute manière, ce n'est jamais le moment de chercher des explications au cours de la réception d'informations. Le plus important pour moi est de rester concentrée et de me laisser en confiance, tous les sens en éveil, et surtout garder la communication.
Ce fut des remerciements et un sentiment venant du cœur, une demande très particulière pour Caroline.

Je ressentais cet amour et cette gratitude d'une manière débordante. Ce contact me demandait clairement de rappeler à Caroline sa présence dans cette vie et de lui dire qu'il y aurait des retrouvailles ! Cette mémoire d'âme que je captais à ce moment-là m'invitait à transmettre toute sa reconnaissance.
Puis le mot « maîtresse » me vient.
Sur le moment, j'ai cru que j'allais me trouver, comme cela est fréquent, en connexion avec une incarnation humaine d'esclave ou de personne sous influence dans une de ses vies antérieures.
J'attends un moment que tout ça prenne sens. Je ne pose pas de questions, je reste attentive, toujours.

Tout à coup, c'est l'apparence d'un chien qui me parvient. Il est d'une couleur claire, jaune paille et semble assez grand, mais je ne distingue pas sa race bien évidemment, je ne peux pas aller jusqu'à de telles précisions.
L'interaction que je captais était tout bonnement l'âme qui avait incarné un chien proche de Caroline.
Pour la première fois de tout mon vécu de lecture d'âmes, je venais de recevoir cette divine communication animale.

Le mot « maîtresse » m'a interpellée à nouveau. Je suis restée attentive, à l'écoute, comme lorsque je perçois une âme qui expérimente la vie humaine.

Un sentiment de timidité intense, je vous avoue que les mots me manquent, car je ne sais toujours pas transcrire ce sentiment que j'ai pu discerner à cet instant. Je maintiens ce ressenti d'une différence certaine.

Pourtant, je sentais une distinction, et le message puissant me dit ceci : « Nous sommes capables de communiquer avec vous ! Malgré les plans différents qui nous séparent, nous pouvons toujours passer des messages. Quelle que soit la transition que l'âme choisit à la fin de son ascension, la communication restera la même. »

La puissance d'amour que dégage cette énergie me permettra la lecture d'information d'une fillette, qui était vraisemblablement Caroline, petite fille.
Puis le ressenti d'un gros chagrin, mêlé à la fierté.
Que pouvais-je donner comme indication à cette femme devant moi ?
Le peu de messages que je lui apportais me paraissait bien maigre.
Je disposais juste de fragments d'images de cette petite fille et de ce chien, que je lui transmettais sans chercher à comprendre.
Ce n'est pas mon histoire, il est impératif de rester sur ma position, et surtout de ne rien interpréter à la place de cette jeune femme, encore moins de l'influencer sur le contenu de ses souvenirs.

J'ai donc demandé à celle-ci si elle avait perdu un chien.

« Non, je ne suis pas très en lien avec les animaux, et du reste je n'en ai pas », me rétorque Caroline.

Je reprends un peu désarmée face à cette situation : « C'est très ennuyeux, j'ai avec moi en présence divine un message d'une mémoire d'âme qui apparemment est celle d'un chien et qui tient à vous remercier. »
Caroline écarquille les yeux d'étonnement et se concentre sur ses souvenirs. Rien ne lui revient sur cet épisode.
Je lui demande de bien vouloir chercher dans ses souvenirs d'enfance, afin de pouvoir avancer sur cette communication inouïe.
Évidemment, le message est de plus en plus important, et puisque je ressens une telle insistance, je poursuis : « Petite fille, aviez-vous un chien de couleur claire ?

— Eh bien, oui, sauf que ce chien n'était pas sympa du tout, il nous pinçait les fesses dès qu'il le pouvait. Ma mère était plutôt sa favorite, quant à moi, il ne me paraît pas avoir été très proche de lui. Cet animal n'a pas vraiment marqué ma vie, sauf cet épisode dont je n'avais jusqu'à présent plus le souvenir… »

C'est en continuant de parler de son chien enfant que Caroline va relater un fait qui va répondre à toutes les questions.
Un soir de Noël, alors que toute la famille était réunie et bien occupée à festoyer, les parents avaient isolé l'animal dans une pièce, afin qu'il ne soit pas dérangé par les convives.
Ce chien était très vieux et malade, la fillette qu'elle était à cette époque allait pourtant vivre un grand moment avec son compagnon.
Dans la soirée, Caroline poussée par un fort instinct en toute innocence est allée le voir. Elle se souvient du ressenti de cette force invisible, la poussée à retrouver cet animal. L'enfant avait certainement eu une prémonition, en pressentant l'appel de son chien lui réclamant sa présence.
Elle aura compris l'importance d'être auprès de lui, la décision entre rester avec le chien qui se mourait et les nouveaux cadeaux à découvrir n'a pas dûe être simple.
Mais Caroline savait qu'elle devait rester près de lui, intuitivement.
Et il arriva ce que vous devinez tous, la fin de la vie de cet animal.
Caroline a caressé son ami, lui a parlé, l'a rassuré à sa manière comme une petite fille, certainement avec toute l'innocence de son âge, face à la mort.
Toujours est-il que cet enfant a accompagné le départ de ce chien, qui aujourd'hui venait lui apporter toute sa reconnaissance.

C'est invraisemblable, me direz-vous ?
Oui, et tellement magnifique !

En relatant cette histoire du passé, Caroline était très émue, car elle a pu ressentir tout ce que l'on me demandait de lui transmettre. Elle avait complètement occulté cet épisode de vie.
Maintenant que l'émotion d'une telle force et tellement inattendue retombait, Caroline put m'exprimer le bonheur d'avoir reçu ce message, et cela lui permettrait de comprendre son choix de ne pas prendre un animal aujourd'hui.

Le règne animal possède son propre mode de communication, comme celui du règne végétal.
Les végétaux ont eux aussi une mémoire, et je pense très souvent à ces très vieux arbres centenaires.
Pouvez-vous imaginer les mémoires qu'ils possèdent ? Sans dire que nous ne leur arrivons pas à la cheville avec nos petites vies, nous devons réaliser cette grandeur tout autour de nous.

C'est une façon de prendre avec dérision ces fabuleuses incarnations de ce plan végétal ; pour certains végétaux des vies très courtes et pour d'autres des vies de centenaires…
Les animaux et les végétaux peuvent être aussi des messagers pour nous autres les humains, des miroirs, aussi.
Lorsque j'interviens en thérapie des fleurs de Bach pour aider les animaux émotionnellement, il n'est pas rare qu'un des maîtres ait les mêmes problématiques à gérer.

Nos compagnons à quatre pattes sont dans un rôle protecteur, qui n'est absolument plus à démontrer.
Ce n'est pas du chien de garde exclusivement auquel je fais allusion lorsque je parle de protection.
Les animaux jouent des rôles des plus divers qui sont bien au-delà de ce que nous pouvons imaginer.

L'animal est capable de prendre nos douleurs physiques ou de nous les amoindrir. Il arrive même qu'il prenne nos maladies.
L'animal domestique, prenons le chien comme référence, est aussi l'amour, cet amour inconditionnel dont je vous ai déjà parlé. Pour ceux qui souffrent de non-amour, il aura un rôle capital, mais d'une manière semblable, c'est son aptitude à nous aider à guérir aussi.

Ces êtres supportent tout de l'être humain. Cela va des sautes d'humeur de ce dernier jusqu'au besoin de domination extrême.
Si nous prenons l'exemple du cheval, vous constaterez qu'il est dominé en constance.
S'il le souhaitait, d'un seul coup de sabot ou bien même d'un coup de reins, il pourrait se débarrasser de ces humains qui lui imposent certains états de domesticité. Mais il n'en fait rien, et c'est très certainement son chemin dans cette vie.

Les animaux ont eux aussi des missions à accomplir, et c'est ensemble, au gré de nos rencontres entre ces mondes différents, que nous nous acheminons sur le même parcours peut-être pour une mission commune ou en parfaite symbiose, qui sait ?

Les fleurs et les plantes qui reviennent de vie en vie s'appellent des vivaces.
Qui sont les témoins de ces multiples vies ?
Dans nos champs, jardins et prairies, elles réapparaissent de saison en saison et pour elles, c'est une succession de vies.
C'est une poésie de la vie dont nous sommes les observateurs.
Mais qui est le témoin de qui ?
Cette végétation est la spectatrice de nos retours éternels aussi.
Toute cette flore possède une partie divine qui nous est encore inconnue, et pourtant elle ascensionne en revenant tout comme nous de vie en vie.

Les fleurs se fanent comme nous vieillissons et prenons des rides, elles éprouvent la fragilité et la maladie tout comme notre enveloppe physique.
Cette nature nous donne des fruits, et nous en retour que lui offrons-nous ?

J'attire votre attention sur le respect que nous devons accorder à tout ce qui est vivant.

# Mes messages

*« Les anges ne tombent pas du ciel ;*
*ils émergent plutôt du fond de nous. »*

Karen Goldman

Rappelez-vous que, selon votre demande, votre cerveau est capable d'apporter ses données personnelles. Son système constructeur, comme je vous l'ai expliqué, est fabuleusement doué et, grâce à ses données, peut vous représenter l'aspect matérialisé du guide que vous souhaitez interpeller.

Alors, gardez bien le contrôle et concentrez-vous.

Je vais maintenant évoquer quelques-uns de mes propres messages, différents selon les moments, et surtout selon les circonstances, et les guides !

Selon nos besoins, nous pouvons nous adresser à différentes énergies.

Cette notion de besoins fait écho aux informations que nous pouvons recevoir et aux raisons pour lesquelles nous faisons appel à ces énergies.

Je pourrai nommer ça le partage.

Chaque être humain est accompagné de son ange de naissance, qui a pour mission de l'assister à tout moment de sa vie, sans jamais l'abandonner, en lui laissant toujours son libre arbitre.

Si vous ne le sollicitez pas, alors il ne se manifestera pas. Sachez toutefois que ces anges sont doués d'une écoute en toute confiance, leur patience est sans limites, et infiniment équitable.

Vous désirez un bon conseil, appelez-les, ils n'attendent que cela. Les anges sont oubliés des humains, qui pour la plupart ne connaissent pas ou ne veulent pas croire en leur existence.
La mission de vie choisie par votre âme est connue par ces êtres de lumière appartenant à l'intelligence divine.
C'est aussi notre lien avec cette intelligence.
Je vous conseille vivement de maintenir le contact avec lui, de ressentir sa présence, de lui permettre de vous aider, et de votre côté de l'aimer et d'accepter sa bienveillance pour vous. C'est un échange d'amour.
Encore une fois, je vous dirais ceci : AUTORISEZ-VOUS ce partage !
Je vais vous transmettre quelques-uns de mes dialogues à la fin de cet ouvrage, et également des prières. Ces êtres de lumière doués d'un amour immuable et inconditionnel, m'ont communiqué ces textes, en voici une première lecture.
Ce phénomène est arrivé après mon incident. L'être de lumière avec lequel j'ai la plus importante connexion est Isis.
La déesse Isis, cet extraordinaire être symbolise entre autres la féminité sacrée.
Isis, l'ailée, comme les anges…
Une femme ange, voilà comment se présente Isis à moi !
Je vous partage quelques lignes de conversation avec ce guide que j'appelle Isis.

« Mère Isis, je te ressens, qu'as-tu à me délivrer ?
— Tu es mon enfant, aies confiance en toi. Tu es mes yeux sur terre. Tu es beaucoup, et tu ne le sais pas encore…
— Que dois-je faire ?
— Poursuivre ton chemin, vers où je te guide, confiance et sérénité, les grands jours arrivent, je suis là toujours à tes côtés.
Tu devras bientôt faire face à la volonté de Dieu, mais je serai là, toujours. N'oublie pas, tu n'es jamais seule ! L'homme qui t'ouvre des portes… Ce sera à toi de les franchir… au-delà de tes colères et de tes chagrins. »

## JE VOUS OFFRE MA PRIÈRE À ISIS

Isis, Isis, Isis
Toi, ma mère
Déesse de la Terre
Je viens à toi,
Mon cœur est toi,
Il bat comme l'univers en moi
Il chante et se réjouit pour toi.
Mon cœur, c'est toi,
Toi, Isis, tout au fond de moi
Tu es là, toujours
Dans l'amour.
Je te rends grâce de veiller mon âme,
Car c'est à toi seule
Que je confie cette flamme
Qui me console et me guide.
C'est à toi, Isis
Que je demande la guidance
Pour me porter sur le chemin
Qui me conduit vers mon destin,
Pour lequel j'ai choisi
Ma mission de vie
À travers ton amour.
Isis, je sillonnerai ma vie
Pour accomplir avec sagesse et humilité
La mission que tu m'as confiée,
Avec vérité, j'aiderai mon prochain
À trouver lui aussi
Son chemin.

Voici une nouvelle réponse qui m'a été donnée par Isis, alors que je cherchais mon propre chemin.

> « Regarde ton cœur avec les yeux de l'amour.
> C'est un autre regard sur le monde qui s'ouvre.
> Une lumière divine, prospère, généreuse et délicieuse…
> Le bonheur en découle, et la vie ainsi peut progresser.
> La douleur est humaine !
> Regarde ton cœur, écoute-le. »

Ces magnifiques moments de connexion avec Isis, en ce qui me concerne, sont indescriptibles.
Ces moments, où votre propre guide se relie à vous, sont aussi accessibles et possibles, si vous le souhaitez profondément !

Je vous invite à rentrer en contact avec celui ou ceux qui vous guident…

Installez-vous confortablement et prenez une respiration profonde, mais douce à la fois.
Respirez profondément, plusieurs fois, et laissez votre souffle se réguler…
Imaginez-vous l'escalier de lumière allant vers le ciel.
Avec ce merveilleux ressenti d'amour qui vous entoure.
Vous reprenez la méditation proposée dans le chapitre « La rencontre avec votre guide », si vous le souhaitez.
Adaptez vos demandes en fonction de ce que vous désirez, en conservant toujours à l'esprit le phénomène que votre imaginaire peut vous emmener sur des chemins fantastiques.
Surtout, gardez bien les pieds sur terre !

Je vous souhaite de belles retrouvailles dans l'amour et la compassion divine.

### MESSAGE

Oh ! sainte lumière qui veille en moi,
Donne-moi la sagesse et la patience,
Donne-moi l'énergie de vie,
qui est en moi et en toute créature,
Essence d'amour que nul ne peut ignorer.

Au cœur de la lumière,
Un seul battement d'ailes
Pour celui qui guide mes pas,
Celui de mon ange à qui appartient
La lumineuse alliance
Des mondes spirituels et terrestres.

Invitation à la libération de l'esprit divin,
Il guide notre âme sans fin,
À l'éternel chemin de sa reconnexion,
Vers la clarté de notre mission

## ISIS

**Prière à Isis, qui m'a été envoyée lorsque je séjournais sur île de la Réunion en janvier 2016.**

Isis, mère de la Terre-Mère
Et de ses enfants
Écoute mon cœur !
À toi, qui entends par ces voies de l'amour
Je demande ton aide
Accorde-moi ce lieu de cœur
Et que ta force intervienne
Pour moi, dans cette attente qui m'habite

J'autorise tous les changements
Que tu penses nécessaires dans ma vie
Pour que je sois dans la réussite
Je te demande, mère Isis
(formulez ici votre demande)
Par la force d'Horus, ton fils veillant sur toi,
Je demande que sa puissance s'unisse à la tienne.

Je te rends grâce, chère mère Isis
Que la paix et l'amour couronnent cette demande.

## PRIÈRE À MON ANGE GARDIEN

À toi, mon ange gardien…
Toi qui connais mon chemin
Toi qui sais ce que mon âme dans sa quête attend
Toi qui sais ce que je cherche
Guide-moi.

## MESSAGE REÇU

Voler et donner
Chanter et louer
L'amour du toujours
Ne l'entends-tu pas ?
Cet amour
Il naît et vit en chacun de nous
Il est à chaque pas
Pourquoi ne le vois-tu pas ?
Ton esprit est-il là ?

Elle danse dans la lumière
Ton âme
Il court dans la matière, ton essentiel.
Il se pose en silence,
L'ange qui est ton gardien
Une perle d'amour
Autour du cou
La lumière sur ton être
Céleste éther

À la vague de l'océan de lumière
Flotte un esprit solitaire.
Il cherche sans fin
Le bon chemin.
Comme vibrant dans l'océan,
La vague au soleil levant
L'enfant de la terre
Cherche le père

Une main tendue,
Et tout n'est pas perdu.

Dans cette lumière
L'amour ouvre en douce prière
À l'âme bien gardée,
Qui a toujours cherché
Le chemin de son salut,
Un chemin vers l'absolu.

L'océan des profondeurs
Sublimera sa grandeur
Esprit, tu n'es jamais perdu
L'ancre du Divin a su
Par la puissance de ta foi
Trouver la lumière qui est en toi.

FLORENCE LÉAUTAUD

Merci de revenir de vie en vie afin d'expérimenter
Merci à toi, petit oiseau
Qui, en écrivant ces phrases, me chante tes louanges.
Merci à toi, soleil
Merci à ce ciel bleu bienfaiteur qui contient tout !
Merci à la vie
Merci à toutes ces fleurs qui ravissent de couleur,
de senteur et de beauté.
Merci à tout ce qui m'entoure
Merci à la douceur du printemps que je déguste
à la terrasse de mon jardin sublimant mon bonheur.
Merci à tous
Merci, merci…

FLORENCE LÉAUTAUD

## MESSAGE DE RAPHAËL POUR FLORENCE

Sur le bord du rivage,
Tu trouveras
Non pas ce que tu cherches,
Mais ce que nous avons
Pour toi.
Il est temps, bientôt
Au rayon de soleil qui te réchauffe
La lumière t'apportera
La paix de l'âme.
Au cœur du nid de la vie
Sans fin, tu te coucheras.
Au réveil de ton âme
Enfin, tu trouveras
Notre cadeau pour toi !
Paix en ton âme
Joie en ton cœur.

## TEXTES REÇUS
## LORS DE DIFFÉRENTES FORMATIONS

Je rends grâce à l'univers de la confiance qu'il m'accorde pour la diffusion de ces textes.

### *MESSAGE*

***Hawaï, dans la nuit du 5 au 6 décembre 2015***

Au long du chemin parcouru par vos âmes
Pensez à la fontaine de jouvence
Homme sournois sur le chemin de la guerre
Nature divine sur le chemin de la vie
Suis ton cœur qui éclaire les chemins
Laisse les oiseaux de la source te guider
De leurs grandes ailes blanches t'élever…
Donne à tes yeux le regard de l'amour
Éveille ton âme à la grandeur et garde l'objectif du bonheur
C'est ici et maintenaient qu'il faut préparer la semence

Préparez les nouveaux temps
Préparez-vous à ce bienheureux changement

Veillez sur tous les enfants
Prenez les ailes pour vous aider…
nous sommes à vos côtés.

## MESSAGE

### Rolle, le 20 mai 2016

Merveille
Magie de la vie
Au réveil du printemps,
Pose ton être sur cette prodigieuse saison de renaissance
C'est là où tu te trouves
C'est ton être qui vibre en ce moment magique!
Le commencement de ta nouvelle vibration, en connexion avec la lumière.
La chaleur surnaturelle de la vie, de toute existence, provient de la lumière.
Accorde à ton corps la découverte de la lumière divine.
C'est ta renaissance que tu animes
Ton printemps que tu inscris sur le chemin de la connaissance
Et de l'expérience,
Vers de nouvelles vibrations célestes.
Suis ton âme,
Elle sait où se trouve
Le second souffle
Qui sera ta saison de renaissance!

## MESSAGE

### Paris, mars 2016

Larme de nos cœurs
Pas de vie sans âme, matrice extraordinaire, ouvre le cœur,
Retrouve le chemin de ton âme
Ouvre le cœur
Laisse la spirale de la vie te donner l'énergie de lumière.
Avance, avance toujours dans la lumière
Le guide de l'univers, toujours en toi, te donnera la voie
Joie en ton cœur
Paix à ton âme
Substance de l'univers
Vibre l'amour, c'est ton expérience humaine.

## MESSAGE

### Nantes, le 5 avril 2016

Ce n'est plus le temps des recherches,
Mais celui de la transcendance
La barque que tu prendras
Flottera comme tu le désireras, au gré de ta pensée
La conscience a besoin de liberté
pour comprendre l'amour et la bonté.
Voyage au fil de l'eau, élément vital,
comme la lumière du soleil
Et la mère terre.
Nous veillons sur vous, étincelles extraordinaires de vie.

Les retrouvailles d'âmes se produisent
après la mise en lumière
De vos consciences.
Sans jugement, ni rapproche
Allez !

## MESSAGE

### *Paris, le 22 mars 2016*

Libérez-vous de vos liens
Les liens de votre être
Et ceux de tous les enfants
Chair de chair
Enfants de l'univers
Partage de lumière
Ouverture de vos cœurs
Quelle que soit la couleur,
La lumière est en vous.
Telle la fleur dévoile son cœur,
Le cœur de ton être
Dévoile ton âme.

## MESSAGE

### *Narbonne, le 4 mai 2016*

Dans l'immensité de ton âme,
Mélodie du cœur,
Chant de vie à l'univers

Nourris ton être et allume l'étincelle des tiens
Dans la lumière de l'immensité divine.

Entends et reçois
Récolte et sème à nouveau

N'attends pas le bonheur,
Cherche-le en ton cœur
Ne compte pas sur autrui
Toi seul en es le créateur.

Là, tout au fond de toi,
Habite le bonheur,

L'immense caverne de joie et d'amour
Se trouve en toi.

Pourquoi attendre ?
Hâte-toi

Le temps, c'est l'infini, et
L'infini, c'est le royaume de l'âme.

# Conclusion

L'homme, dans sa quête de l'ouverture spirituelle, semble oublier que la force éternelle en lui est son âme.

La mission de vie qui nourrit cette partie divine de son être amène encore plus de conscience. C'est toute l'humanité qui œuvre pour le but de la mission de l'homme vers l'amour universel et inconditionnel.
Notre société étant ce qu'elle est actuellement, la peur apporte son lot de blocages, obstrue tous les chemins et toutes choses qui naissent de la création de l'homme.

Je vous conseille de rester créateur de votre vie, et pour cela de vous sentir aimé par toutes ces énergies divines qui nous entourent et veillent à développer nos capacités.
Allez sur votre chemin en paix, vers la guérison et la conscience. Il vous mènera sur la mission de vie que votre âme a choisie pour lui donner le sens de son existence.

Ne me croyez pas sur parole, ce n'est pas ce que je cherche.
Soyez curieux, et autorisez-vous cette investigation intérieure en toute simplicité.
J'ai modestement mis ces idées pour partager mon possible, ce possible qui me donne confiance et foi en la vie, sur le chemin de la réalité humaine.

Je n'ai pas d'objectifs à atteindre en écrivant ce livre, sauf celui de vous rendre libre dans cet univers spirituel !

Un grand merci à tous ceux qui m'ont apporté leur soutien et leur amour…

Et merci à l'univers !

# Bibliographie


Laurent Debaker, *La Sagesse de Ho'ponopono* (Coffret), Le Courrier du Livre, 2019.

Lucie Bernier et Robert Lenghan, *La Technique des petits bonshommes allumettes*, 2016.

Benjamin Leautaud, *L'Écosystème énergétique : Le futur des soins énergétiques*, autopublication, 2015.

Hazel Ravel, *La Bible des Anges*, Guy Trédaniel éditeur, 2015.

Pour en savoir plus à propos de l'auteure, vous pouvez vous reporter à ses sites Internet : www.florence-leautaud.com et www.serformations.com ; ou la contacter directement par e-mail à l'adresse : viaflorence34@gmail.com.

Composition : Soft Office

Achevé d'imprimer en octobre 2021
sur les presses de la Nouvelle Imprimerie Laballery
58500 Clamecy
Dépôt légal : octobre 2021
Numéro d'impression : 110573

*Imprimé en France*

La Nouvelle Imprimerie Laballery est titulaire de la marque Imprim'Vert®